역사문화학

디지털 시대의 한국사 연구

이남희(李南姬)

원광대학교 한국문화학과, 대학원 문화콘텐츠학 교수
전라북도 문화재전문위원, 도시계획위원

고려대학교 사학과를 졸업한 후 한국학중앙연구원 한국학대학원에서 한국 근세 사회사 연구로 박사학위를 받았다. 일찍부터 삼국사기, 고려사, 조선왕조실록, 문집 등 고전 국학 자료의 디지털화에 관심을 가져왔다. 서울시스템 한국학DB연구소 소장을 역임했으며, 현재 인문콘텐츠학회 부회장, 조선시대사학회 편집위원, 한국고문서학회 이사 등을 맡고 있다.
『조선왕조실록으로 오늘을 읽는다』, 『영조의 과거: 널리 인재를 구하다』, 『조선후기 잡과중인 연구』, 『21세기 정보화 시대의 한국학』(공저), *Click Into the Hermit Kingdom*(공저) 등의 저서가 있으며 『사서오경: 동양철학의 이해』, 『학문의 제국주의』 등을 우리말로 옮겼다. 그 외에 역사문화학, 디지털인문학 그리고 문화콘텐츠와 관련하여 다수의 논문을 발표했다.

역사문화학
디지털 시대의 한국사 연구

2016년 2월 22일 초판 인쇄
2016년 2월 25일 초판 발행

지은이 | 이남희
교정교열 | 정난진
펴낸이 | 이찬규
펴낸곳 | 북코리아
등록번호 | 제03-01240호
주소 | (13209) 경기도 성남시 중원구 사기막골로 45번길 14
우림라이온스밸리2차 A동 1007호
전화 | 02-704-7840
팩스 | 02-704-7848
이메일 | sunhaksa@korea.com
홈페이지 | www.북코리아.kr
ISBN | 978-89-6324-468-6 93900

값 20,000원

*이 도서의 국립중앙도서관 출판예정도서목록(CIP)은 서지정보유통지원시스템 홈페이지(http://seoji.nl.go.kr)와 국가자료공동목록시스템(http://www.nl.go.kr/kolisnet)에서 이용하실 수 있습니다.
(CIP제어번호 : CIP2016006401)

역사문화학

디지털 시대의 한국사 연구

이남희 지음

북코리아

서문
디지털 시대의 역사문화학

'아는 것이 힘'이라 한다. 맞는 말이다. 지식과 정보는 그 모든 경쟁에서 유리하게 만들어준다. 마치 알약 먹듯이 지식과 정보를 단번에 먹을 수 있다면, 그리고 그것이 곧바로 자신의 지식과 정보가 된다면 얼마나 좋을까. 누구나 한 번쯤은 그런 생각을 해봤을 것이다.

TED 30주년 콘퍼런스(2014)에서 니컬러스 네그로폰테 매사추세츠 공과대학(MIT) 교수가 미래사회에 대한 강연에서 공상소설에서나 나올법한 그런 얘기를 했다. "미래에는 정보를 알약 형태로 만들어 필요할 때마다 먹기만 하면 지식이 늘어날 것", "정보를 담은 알약 성분이 혈관을 타고 흘러 뇌에 이르고, 곧 지식으로 나올 것"이라고 한다. TED는 Technology(기술) · Entertainment(엔터테인먼트) · Design(디자인)의 머리글자를 딴 것으로, 과학 · 예술 · 공연 등이 어우러진 지식 콘서트다.

그 예언은 이루어질까. 그렇다면 누가 굳이 열심히 공부하겠는가. 쾌재를 부르는 사람도 많을 것이다. 30년 전 그는 당시로서는 파격적인 예언을 한 적이 있다. 제1회 TED 콘퍼런스(1984)에서 디지털과 관련된 혁신적인 아이디어들, "터치스크린(touchscreen), 키오스크(kiosk), 웹 인터페이스(Web Interface), 1인 1컴퓨터 시대의 도래, 대용량 매체로서의 CD롬의 탄생" 등을 말했다. 하지만 그 당시에는 아무도 믿지 않았다. 터치스크린을 말했을 때 "모니터를 손으로 만지면 화면에 먼지가 묻을 텐데……" 하는 반응이었다. 그런데 지금은 어떤가. 이미 움직일 수 없는 현실이 되어 있다.

현재 사회는 급변하고 있다. 급격하게 디지털사회로 변화하고 있으며 직업군도 바뀌고 있다. "앞으로 20년 내에 미국의 현존하는 일자리 가운데 47%가 사라질 것"이라 하며, 또한 "10년 내에 현존하는 주요 기업 중 40%만 살아남을 것"이라 한다. 이미 주식거래는 컴퓨터 알고리즘에 따라 이루어지고 있으며, 뉴스 기사도 로봇에 의해 작성되고 있다. 취업난은 우리나라만의 문제는 아니다. 전 세계의 문제다.

그러면 어떻게 대처해야 할 것인가. '상상력'과 '아이디어', 더 가깝게는 '역사문화'와 '콘텐츠'에 주목하는 것이 좋겠다. 한국콘텐츠진흥원의 산업통계(2015)에 따르면 2014년 국내 콘텐츠산업의 매출액은 94조 원, 수출액은 52억 달러에 달했다. 문화콘텐츠는 상상력과 아이디어가 곧 상품이 되는 미래 산업으로 새로운 부가가치를 창출하는 '21세기 연금술'이라 할 수 있다. 이제 생각을 바꾸어야 한다. 발상의 전환, 인문학의 융합화, 기술과 상상력의 융복합학이 요청된다. 역사문화와 콘텐츠를 융합할 수 있는 전문 인력의 수요가 늘어날 것이다. 미래를 열어가는 데 큰 도움이 될 것이다.

이 책은 그동안 역사문화학과 관련해서 발표했던 글과 새롭게 쓴 글을 한 권으로 묶은 것이다. 어떤 부분은 현 시점에 맞춰서 새롭게 고쳐 써야 할 부분도 있을 것이다. 글의 체재나 문맥 등은 손을 댔지만 발표 당시에 주장했던 논지는 가능한 그대로 두는 것을 원칙으로 삼았다. 꼭 필요한 경우에는 관련된 사항을 보주(補註)로 덧붙이기도 했다. 『삼국사기』, 『고려사』, 『조선왕조실록』, 문집, 방목, 고문서 등과 같은 역사문화 원전을 어떻게 디지털화했는가 하는 것은 세월의 흐름에도 불구하고 여전히 의미가 있다고 여겼기 때문이다.

오늘날 우리는 인터넷으로 역사 문헌들을 손쉽게 검색하고 또 원하는 자료를 찾는다. 하지만 그런 문헌들의 데이터베이스가 언제 어떻게 이루어졌는지, 그리고 어떤 구조를 가지고 있는지에 대해서는 거의 모르고 있다. 문헌 데이터베이스 구축의 역사와 맥락, 그리고 테이터베이스 구조를 이해하고서 자료를 검색한다면 더 효율적으로 활용할 수 있을 것이다.

요컨대 많은 연구자들이 사용하는 디지털화된 문헌, 다시 말해서 데이터베이스('제품')의 제작과정('역사')을 살펴봄으로써 그들의 구조와 맥락을 한층 더 잘 파악할 수 있을 것이다. 문헌 데이터베이스가 갖는 의미와 특성에 대한 이해를 토대로 훨씬 더 잘 활용할 수 있기 때문이다. 더 나아가 역사문화 문헌 데이터베이스를 구축하고자 하거나 관심 있는 분들도 작업 지침서로 활용, 참고할 수 있지 않을까 한다.

그동안 발표했던 글들을 한 권의 책으로 묶으면서 가장 눈에 띄었던 것은 용어의 변화였다. 전산화에서 정보화, 그리고 디지털화로 변화해오고 있었다. 그 같은 변화야말로 시간의 흐름을 단적으로 말해준다고 하겠다. 디지털 환경의 변화라는 측면에서 역사문화학 분야가 어떻게 변해왔는지 가늠해볼 수도 있겠다.

예를 든다면 마이크로소프트의 첫 번째 운영체제 윈도 3.1이 출시된 것은 1993년이다. 지금으로서는 상상하기 어려운 전산 운영시스템 시기였다. 파일을 저장하는 플로피 디스크(floppy disk)의 용량은 500KB와 1.44MB, 크기는 5.25인치(13.34cm)와 3.5인치(8.89cm). 그리고 파일명은 8자리까지 가능했다. 실록 전산화 당시 파일명을 보면 왕대는 알파벳 1자리, 권수 3자리, 재위연수 2자리, 월수 2자리로 모두 8자리를 부과했다. 필자가 처음 컴퓨터를 사용했던 1980년대 하드디스크 용량은 20MB. 50여 년 전 컴퓨터는 하나의 큰 방이었다. 컴퓨터의 크기는 급속하게 작아지고 있다. 이제 컴퓨터는 책상 위로, 그리고 자동차, 손목시계, 블루투스 헤드셋 등으로 들어오고 있다.

미래를 제대로 준비하려면 과거를 알아야 한다. 현재는 과거의 미래이기도 하다. 마찬가지로 현재는 미래의 과거이기도 하다. '역사의 효용성'이라 하겠다. 미래 사회의 트렌드 역시 예외는 아니라고 생각한다. 과거를, 역사를 제대로 알아야 할 필요가 있다고 하겠다.

역사문화학 분야에서 '디지털'화의 효시는 『CD-ROM 조선왕조실록(1995)』이라 할 수 있다. 『조선왕조실록』의 디지털화가 가능했던 것은 3,000여 명의 학자가 26년간에 걸쳐 번역한 『국역본 조선왕조실록(1968~1993)』이 있었기 때문이다. 실록의 국역 역시 500년간에 걸쳐 왕도 볼 수 없었던 888책 1,893권이라는 방대한 역사 기록 『조선왕조실록(1392~1863)』이 남아 있었기 때문이다.

오늘날 많은 사람들이 실록을 활용하고 있다. '조선왕조실톡'이란 웹툰(webtoon)과 드라마가 나올 정도이다. 이제 누구나 언제든지 'e-조선왕조실록'을 검색하여 사용할 수 있다. 그런데 간과해서 안 될 점은 'e-조선왕조실록'은 『CD-ROM 조선왕조실록』 위에서 가능했다는 것이다. 'e-조선왕조실록'과 『CD-ROM 조선왕조실록』의 데이터베이스 구조는 동일하다. 미디어만 바뀌었을 뿐이다. 『고려사』, 『고종 · 순종실록』, 『잡과방목』, 『사마방목』 등의 CD롬과 인터넷 데이터베이스 역시 마찬가지다.

역사학도로서 필자가 전산화 · 정보화 · 디지털화에 관한 글을 발표했던 것은 역사문화 데이터베이스 구축 및 개발에 참여했기 때문에 가능한 일이었다. 역사 문헌의 전산화 및 데이터베이스 구축, 전통 민속과 문화를 수록한 전자도서 등 국학 자료의 첨단 과학기술과의 접목 작업을 진행했다. 그 같은 일련의 작업에 참여하면서 느낀 점들도 적지 않았다. 그런 느낌과 소회야말로 이 책을 가능하게 해준 원동력이었다.

이 책은 크게 다섯 장으로 구성되어 있다. 제1부에서는 문화산업시대 역사문화학에 대해 다루고 있다. 문화의 산업화, 산업의 문화화에 왜 주목하고 있는지에 대하여 설명한 후, 지역사회의 변화와 함께 부상하고 있는 지역 문화콘텐츠화의 중요성을 강조하고 있다. 이어 다양한 문화콘텐츠 인프라사업과 문화정보의 검색과 활용에 대하여 검토하고 있다. 문화산업 시대에 역사문화학이 지닐 수 있는 역할과 위상에 대해 재고해볼 수 있을 것이다.

제2부에서는 인문학 전산화의 '기원'에 대하여 검토하고 있다. 먼저 자료 입력 및 가공을 통한 데이터 편찬, 프로그램 개발 등 일련의 데이터베이스 구축 과정에 대해 검토해보았다. 이어 디지털 시대가 열리던 2000년대를 전후한 시기에 전산화가 어떻게 이루어졌는지 더듬어 보고 있다. 고대, 중세, 조선시대 등 각 시대별로 한국사 자료의 전산화를 살펴보고, 이어 지방의 역사 기록인 향토사 자료, 그리고 한국철학 원전 자료의 전산화 현황에 대해 추적해보았다. 이를 통해 당시 새롭게 떠오르고 있던 전산화의 효용성에 대해 가늠해볼 수 있을 것이다.

제3부에서는 역사학 자료의 정보화라는 측면에서 대표적인 관찬사료인 『고려사』, 『조선왕조실록』, 그리고 『고종 · 순종실록』 디지털화에 대해 다루고 있다. 먼저 고려시대의 대표적 사료인 『고려사』의

디지털화 현황과 과제에 대해 살펴보고, 이어 『조선왕조실록』과 『고종 · 순종실록』의 디지털화 과정 및 그 특징에 대해 논의하고 있다. 전산화를 통해 새롭게 밝혀진 실록의 사론, 원주 등의 변화상에 대해서도 확인할 수 있을 것이다.

제4부에서는 과거 합격자 명부인 방목(榜目)의 디지털화에 대해 다루고 있다. 역과, 의과, 음양과, 율과 합격자와 가계 구성원 4만여 명의 신상정보가 담긴 『잡과방목』과 생원, 진사 시험 합격자 4만여 명의 신상정보가 담긴 『사마방목』 디지털화 현황에 대해 살펴보고 있다. 방목은 인적 정보 및 시험에 관한 다양한 정보를 담고 있어 데이터베이스를 구축해 보다 과학적으로 분석, 연구하는 것이 효율적이라 하겠다. 이런 작업에 힘입어 종래 생각지 못했던 새로운 연구 지평을 열 수 있었다.

제5부에서는 고문서의 정리 표준화와 「고문서정리카드입력기」 현황과 활용에 대해 살펴보고 있다. 먼저 기존의 고문서 전산화 사례를 분석해본 다음, 앞으로 이루어지게 될 고문서 정리 표준화 작업에서 고려해야 할 점들에 대해 주목하고 있다. 고문서 정리 표준화의 필요성을 강조하는 한편 개발된 「고문서입력기」 수준을 업그레이드하여 고문서 목록을 정리하는 데 사용할 수 있도록 할 것을 제안하고 있다. 아울러 원활한 작업 진행을 위해서는 학계와 관련기관의 대화와 협조 체계 구축이 필요하다는 것을 강조했다.

그동안 필자는 고전 국학 자료의 데이터베이스 개발은 전산 기술자나 인문학 연구자 어느 한쪽의 노력만으로는 이루어질 수 없다는 점을 역설해왔다. 두 분야의 연구자들이 긴밀하게 협력하여 공동 작업을 추진해나가는 것이 바람직하며 또 효율적이다. 상대 분야의 전문 지식을 이해함과 동시에 자신의 전문 지식과 융합시켜야 할 것이다.

다시 말해 역사, 문화, 사상 등 인문학 분야의 전문 지식을 토대로 하고 사회, 문화의 제반 현상과 수요를 올바로 이해하면서 이를 디지털 기술과 접목시키는 것이 요망된다.

현재 우리 사회에서는 여전히 '인문학의 위기'를 말하고 있다. 하지만 역설적으로 그 같은 현실 자체가 인문학적 탐구의 대상이 된다고 하겠다. 그래서 인문학이 중요하다고 생각한다. 동시에 인문학 분야도 새로운 시대에 걸맞은 형태로 변모해가야 하지 않을까 한다. 인문학 연구에서 연속성도 필요하지만 때로는 새로운 매체나 방법론에서 과감한 도약도 시도해야 할 것이다. 고문헌과 역사문화 관련 데이터베이스 구축에 직접 참여했던 필자의 경험과 기록, 다시 말해서 '디지털 시대의 한국사 연구'라는 부제를 갖는 이 책이 새로운 인문학의 가능성을 보여주는 하나의 작은 사례가 될 수 있었으면 좋겠다.

차 례

제3부 『고려사』와 『조선왕조실록』 디지털화

제4부 방목(榜目)의 디지털화

제5부 고문서 표준화와 디지털화

부록

표 차례

그림 차례

제1부

문화산업시대와 역사문화학

1. 문화의 산업화, 산업의 문화화
2. 지역문화의 콘텐츠화
3. 문화콘텐츠 인프라 사업
4. 문화정보의 검색과 활용
5. 역사문화학과 문화산업

1
문화의 산업화, 산업의 문화화

1) 왜 문화콘텐츠인가?

오늘날 우리는 정보화 시대를 살아가고 있다. 우리나라는 이미 세계적 수준의 정보기술 강국이다. 인터넷 검색창에 알고 싶은 주제나 단어를 입력하고 엔터키를 누르면, 불과 일 초도 안 돼서 그와 관련된 수많은 정보를 손쉽게 얻을 수 있다. 그러다 보니 이젠 정보가 너무 많아서 어떤 것이 좋은지 구별해내는 데 시간도 걸리고 그것을 식별해낼 수 있는 안목도 필요하게 되었다. 뿐만 아니라 그런 네트워크를 통해 흐르는 내용물, 즉 콘텐츠(contents)가 구체적으로 어떤 것인가 하는 점이 더 중요해졌다.

정보화 추세와 더불어 콘텐츠의 등장은 사람들로 하여금 문화(culture)에 더욱 주목하게 한다. 콘텐츠에 담기는 내용임과 동시에 그런

〈그림 1.1〉 '고려시대 전통복식' 문화원형 디지털콘텐츠화사업

형태를 이루는 것이 문화이기 때문이다. 그래서 문화와 콘텐츠가 만나는 접점으로서의 문화콘텐츠가 한층 더 중요한 요소로 떠오르게 되었다. 문화의 깊이가 없는 콘텐츠는 오래가지도 않을뿐더러 지속적으로 사람들의 관심을 끌 수 없다.

문화콘텐츠는 바야흐로 고부가가치의 창조적 상품(creative product)을 매개하는 핵심 분야의 하나로 떠오르고 있다. 1970~1980년대가 제조업을 기반으로 하는 '산업시대', 1990년대가 정보산업을 기반으로 하는 '지식의 시대'였다면, 2000년대는 문화산업을 기반으로 하는 '창조성의 시대'라고 할 수 있다.

문화콘텐츠가 미래사회를 향해 나아갈 수 있는 핵심적인 동력이라는 점에 대해서는 이견이 없다. 문화콘텐츠는 경제적 · 산업적인 측면에서도 중요성이 커지고 있다. 미래 학자들은 산업 발전의 축이 제조업에서 지식기반 서비스 산업으로, 최근에는 콘텐츠 기반 경제 시대로 옮겨가고 있다고 진단한다. 우리 사회에서도 문화콘텐츠 관련 정책 및 담론이 활성화되기 시작했다. 그런 만큼 관련 분야가 서로 협력해 더불어 발전할 수 있는 포괄적인 네트워크 형성과 운용이 중요하다. 미래지향적일 뿐만 아니라 새로운 트렌드로 이어질 것이다. '문화의 산업화', '산업의 문화화'라고 해도 좋겠다.

2) 문화콘텐츠의 개념

콘텐츠란 '내용물'이란 뜻으로, 1990년대 중반부터 등장했다. 유럽에서 '멀티미디어 콘텐츠(multimedia contents)'라는 용어를 쓰기 시작했으며, 미디어(media)에 담기는 내용물, 구체적으로는 문자, 사진, 음성, 음향, 동영상, 도표, 지도 등을 포함한다. 미디어가 변해왔듯이, 콘텐츠의 형식 역시 바뀌고 있다. 콘텐츠는 아날로그, 아날로그를 디지털화한 경우, 처음부터 디지털로 만든 것으로 나눌 수 있다. 디지털콘텐츠는 원정보(原情報)의 효용을 높이기 위해 디지털 형태로 만든 것이다. 예컨대 차례(茶禮)을 지내는 DVD가 있다고 하자. 차례는 아날로그 콘텐츠, DVD는 미디어, 그리고 DVD로 보는 차례는 디지털콘텐츠가 된다.

문화콘텐츠란 창의력 · 상상력을 원천으로 '문화적 요소'가 체화되어 경제적 가치를 창출하는 문화상품을 말한다. 「문화산업진흥기본법」을 보면, 창의성과 함께 예술성 · 오락성 · 여가성 · 대중성을 '문화적 요소'에 포함시키고 있다.

그러한 문화상품을 만들고 경제적 가치를 창출하는 것, 그것이 문화콘텐츠산업이다. 문화콘텐츠의 개발, 제작, 생산, 유통, 소비 등과 이에 관련된 산업을 말한다(「문화산업진흥기본법」 제2조). 문화유산, 문화관광, 공연예술, 공예, 축제, 모바일, 출판, 만화, 음악, 게임, 영화, 애니메이션, 방송, 광고, 캐릭터, 지식정보, 콘텐츠솔루션 등을 들 수 있다. 영국, 미국, 일본에서는 창조산업(Creative Industry), 엔터테인먼트산업(Entertainment Industry), 콘텐츠산업(Contents Industry)이란 용어를 쓰고 있다. 내용은 거의 다르지 않다.

3) 문화정보시대의 변화

오늘날은 정보 환경 자체가 급격하게 변하고 있다. 무엇보다 종래의 일방적인 정보 제공과는 달리 쌍방향적인 생산과 소비가 같이 이루어지는 '생비자(生費者, prosumer)의 시대'가 구현되고 있다. 생산자는 생산만 하고 소비자는 소비만 하던 패턴과는 달리 소비하면서 생산도 할 수 있다는 개념이다. 신문의 독자가 블로그(blog), UCC(User Created Contents), 위키피디아(wikipedia) 등을 통해 직접 편집자 역할을 하면서 정보를 제공할 수 있게 된 것이다. 이런 변화는 이른바 'C-세대(Contents Generation)'를 출현시켰다. 소비자가 콘텐츠를 창조한다는 뜻인 C-세대는 당연히 스스로 만드는 콘텐츠 문화를 지지한다.

문화콘텐츠 분야는 지금 이 순간에도 급격하게 변화하고 있다. 여기서는 몇 가지 특징적인 점들만 지적하고자 한다. 첫째, 문화콘텐츠 분야는 고부가가치 산업이라는 점이다. 문화콘텐츠 제품은 미디어 융합에 따른 콘텐츠의 재탄생으로 인해 하나의 콘텐츠가 다양한 미디어에 담길 수 있다. 소스만 있으면 다양한 미디어를 통해 이용할 수 있게 된 것이다. 그래서 사용자의 취향과 요구에 맞춰 적절하게 활용할 수 있다. 문화콘텐츠 분야는 다른 산업과는 달리 유통 과정에서 창구효과(window effect)가 높다. 이는 미디어를 달리하면서 새로운 수요가 계속적으로 창출되어 새로운 이익이 발생하는 것을 말한다. 초기 생산 비용이 들기는 하지만, 재생산 비용이 저렴하기 때문에 미디어를 달리하여 수익을 극대화할 수 있다.

둘째, 다각화 현상을 들 수 있다. 문화콘텐츠의 내용과 활용 형태가 다양해지고 있을 뿐만 아니라 제작 기술 등 그와 관련된 양상 역시 다각화하고 있다는 점이다. 그에 따라 부문별로 수익 창출원의 변화가 나타나기도 한다. 예를 들면, 음악 시장에서는 음반 중심에서 음원(音源) 중심 수익 추구로 바뀌고 있다. 디지털 음원의 유료화, 컬러링 같은 음악 콘텐츠를 이용한 부가서비스 구매가 활발해지고 있다.

콘텐츠 제작 기술의 발달로 인해 문화콘텐츠 상품 역시 다양해지고 있다. 예컨대 오프라인 출판시장의 감소와 온라인 출판시장의 성장세가 나타나고 있다. 나아가 e-book(전자책)의 경우 인터넷 상에서 구매 즉시 이용할 수 있으며, 언제 어디서나 열람이 가능하다.

셋째, 세계화 추세를 들 수 있다. 문화콘텐츠 상품의 해외시장 진출 및 성공 사례 증가와 함께 해외 거대 문화기업의 국내 진출이 증가하고 있다. 영화, 드라마 수출과 국내 가수들의 해외 음반 발매 등으로 문화콘텐츠의 해외 교류가 증대되고 있다. 미국 · 남미 지역으로의 캐릭터 진출, 대만 · 중국 · 일본 등 동아시아 지역으로의 온라인게임의 진출 확대, 신흥 해외시장 BRICs(브라질 · 러시아 · 인도 · 중국) · 중동 · 중앙아시아 등 세계 시장으로 한류(韓流)가 확대되고 있다. 바야흐로 지구미디어 시대를 맞이하고 있는 것이다.

드라마 「가을동화」와 「겨울연가」가 중동과 아프리카 지역 최대 방송사인 이집트의 ERTU(The Egyptian Radio and Television Union)에 판매된(2004년) 이후, 방송영상 콘텐츠의 중동지역 수출이 크게 늘어나고 있다. 우즈베키스탄에서 「겨울연가」는 시청률 60%로 네 번이나 재방송되었다. 공연 예술로서의 뮤지컬 「난타」 역시 성공적인 사례다. 사물놀이 장단을 바탕으로 한 대사 없는 공연, 비언어(non-verbal) 뮤지컬 난타는 처음부터 세계를 겨냥해서 만들었다. 에든버러 연극제 전석 매진, 상설 공연장 개관, 2015년 8월 현재 51개국 290개 도시 공연, 3만 회 공연, 관객 1,008만 명, 1997년 초연 이후 벌어들인 돈만 2,000억 원. 외국인 관광프로그램에 포함되어 연간 약 38만 명의 외국인이 관람하고 있다. 전통무예 태권도와 택견을 중심으로 한 「점프」도 해외에서 호평을 받고 있다.

4) 21세기의 연금술, 문화산업

정부에서도 일찍부터 문화산업을 전략 사업으로 육성 · 지원해오고 있다. 2003년 문화콘텐츠산업을 10대 성장 동력 산업으로 선정한 바 있다. 2005년에는 '문화강국 C-Korea 2010' 전략을 발표하여 세계 문화산업 5대 강국 실현이라는 목표를 제시했다. 이어 2009년에는 한국문화콘텐츠진흥원, 한국방송영상산업진흥원, 한국게임산업진흥원, 문화콘텐츠센터, 한국소프트웨어진흥원 디지털콘텐츠사업단 등 5개 기관이 '한국콘텐츠진흥원'으로 통합되었다. 현재 콘텐츠 전 분야에 대한 산업 육성 기능을 종합적으로 수행하고 있다.

최근 문화에 관한 국민의 기본적인 권리와 국가 및 지역의 역할을

〈그림 1.2〉 '디지털한양' 문화원형 디지털콘텐츠화사업과 영화 「왕의 남자」

토대로 문화정책의 방향을 제시하고 지원하는 제도적 기반으로서 「문화기본법」(2013), 문화융성 관련 법안으로 지역 고유의 문화가치와 정체성에 부합하는 문화발전을 위한 새로운 법 제도적 기반으로서 「지역문화진흥법」(2014)을 비롯하여 「대중문화예술산업발전법」(2014), 「문화예술후원활성화에 관한 법률」(2014)이 제정되었다.

2014년 국내 콘텐츠산업 매출액은 94조 9,472억 원, 같은 해 국가경제성장률은 3.3%인 데 비해 문화산업의 연평균 성장률(2010~2014)은 6.7%, 수출액은 52억 7,351만 달러로 전년 대비 7.1% 높은 성장률을 보여주었다(한국콘텐츠진흥원, 『2015콘텐츠산업통계』, 2015).

지난(2015) 2월 박근혜 대통령은 문화창조융합벨트 출범식에서 이렇게 말했다. "문화콘텐츠산업은 상상력과 아이디어가 곧 상품이 되는 창조경제의 대표 산업이며 관광, 의료, 교육, 제조업 등 다른 산업에 창조적 영감을 불어넣어 새로운 부가가치를 창출하는 '21세기 연금술'이다." 문화융성위원회 산하에 민 · 관 합동으로 '문화창조경제특별위원회'를 구성해 융합벨트를 총괄 기획하는 역할을 맡겼다. 민간의 협력을 얻어 한국 문화콘텐츠산업의 경쟁력과 잠재력을 키우겠다는 계획이다. 문화융성을 4대 국정기조의 하나로 내세워 국가 미래성장 동력의 기반을 다져나가고자 한다.

문화산업은 국가외교 홍보, 문화교류 등 기업과 국가 이미지를 높이는 데도 도움이 된다. 한 예로 뉴질랜드는 영화 「반지의 제왕」을 통해 천연자원이 풍부한 나라에서 혁신적이고 창의적인 나라로 국가 이미지를 업그레이드 시킬 수 있었다.

이처럼 산업적 효과뿐 아니라 국가외교 홍보, 문화교류 등 기업과 국가 이미지를 강화하고 문화를 전파할 수 있는 움직이는 국가 브랜드로서 작용하는 효과가 크다. 우리나라의 경우 한류 열풍을 통해 콘텐츠 코리아, '한(韓) 스타일' 이미지를 확대시켜 문화 강국으로서의 국가 브랜드가 높아진 것으로 평가받고 있는 점이 이를 뒷받침한다고 하겠다. '한 스타일'은 한(韓) 브랜드화를 위해 지은 전통문화의 새로운 이름으로, 우리 문화의 원류로서 대표성과 상징성을 띠며 산업화와 세계화가 가능한 한글, 한식, 한복, 한지, 한옥, 한국 음악(국악) 등의 전통문화를 브랜드화하는 것이다.

5) 창조적인 인력 양성

2015년 10월 미국의 정보기술 연구 및 자문회사인 가트너(Gartner, Inc.)는 '디지털 미래'를 주제로 심포지엄을 열고 전 세계 정보기술(IT) 업계 전망을 내놓았다. 흥미로운 것은 "2018년에 전 세계 300만 명 이상이 '로봇 상사'와 일하게 될 것이다. 또 전체 업무용 문서의 20%를 기계가 작성하게 될 것" 이라는 예측이다. 사람만 내릴 수 있었던 의사결정을 이제 '로봇 상사'가 내리게 된다는 것이다. 로봇 상사는 심지어 부하의 실적까지 평가하고 인사 결정과 보너스 지급 등도 처리하게 될 것이라 한다.

옥스퍼드대학 칼 프레이 교수와 마이클 오스본 교수는 "앞으로 20년 내에 미국의 현존하는 일자리 가운데 47%가 사라질 것"이라 예언했다. 직업군 역시 달라지고 있다. 취업난은 우리만의 문제가 아니라 전 세계적인 현상이다. 그러면 달라질 미래사회를 어떻게 헤쳐 나갈 것인가?

피터 드러커(Peter Drucker)는 "21세기는 문화산업에서 각국의 승패가 결정될 것이고, 최종 승부처가 바로 문화산업"이라 했다. 매우 적절한 지적이다. 문화콘텐츠는 미래사회를 향해 나아갈 수 있는 핵심적인 동력인 셈이다. 바야흐로 문화산업을 기반으로 하는 '창조성의 시대'인 것이다.

문화의 산업화, 산업의 문화화를 위해서는 인문학 연구자들과 전산전문가 사이의 대화와 협력이 필요하다. 어느 한쪽의 노력만으로는 바람직한 문화콘텐츠를 만들어낼 수 없다. 서로 관심을 가지고 긴밀하게 협력하여 공동 작업을 추진해나갈 때 비로소 이루어질 수 있다. 그런 사례로 일본의 리쓰메이칸대학(立命館大學) 아트리서치센터(ARC)의 작업을 들 수 있다. 이 기관에서는 '인문+이공계' 융합에 앞장서고 있으며, 1990년대 초반부터 '문리 융합' 프로그램을 추진해왔다. 고고학 등 인문학과 정보 기술을 연계해 교토(京都)의 전통문화를 디지털로 표현하는 '디지털 휴머니티' 사업이 대표적이다. 이 사업은 우수 연구 프로젝트로 선정되어 일본 정부의 지원을 받기도 했다.

문과와 이과의 융합, 인문학과 이공계 학문의 결합을 통한 통섭(統攝)은 우리에게도 많은 것을 시사해준다. 기술과 노하우를 가진 이공계와 문화 및 콘텐츠가 풍부한 인문학이 만나면 새로운 창조적인 분야를 개척할 수 있다. 디지털로 표현된 고급문화는 국제적인 경쟁력을 가질 수 있다.

미래학자 짐 데이터(Jim Dator)는 "정보사회 다음에는 드림 소사이어티(Dream Society)라는 해일이 밀려올 것이다. 경제의 주력 엔진이 정보에서 이미지로 넘어가고, 상상력과 창조성이 핵심 국가 경쟁력이 된다."고 했다. 당연히 '창조적인 인력'이 뒷받침되어야 한다. 새로운 흐름에 발맞추어 나아갈 수 있는 적극적인 인력, 나아가서는 새로운 흐름 자체를 만들어갈 수 있는 창조적인 인력이 필요하다.

이제 우리 역시 변해야 한다. 아니 변하지 않으면 안 된다. 무엇보다 창조적 발상의 전환이 요청된다. 인문학의 융합화와 융합 인문학의 변증법이 필요하다. 기술과 상상력의 융복합학이라 해도 좋겠다. 디지털 기술이 삶의 일부가 될 미래의 학생들에게 '문화' 및 '문화콘텐츠'와 연결된 창조적인 교육을 해야 한다. 장기적인 안목을 가지고 하루빨리 역사문화학과 문화콘텐츠산업에 주목해야 할 시급한 이유 역시 여기에 있다.

2
지역문화의 콘텐츠화

1) 백제역사유적지구 유네스코 세계유산 등재

2015년 7월 4일, 유네스코 세계유산위원회(World Heritage Committee)는 제39차 회의(독일 본(Bonn))에서 '백제역사유적지구(Baekje Historic Areas)'를 세계유산(World Heritage)으로 공식 등재할 것을 확정했다. 전북 익산과 충남 공주 · 부여의 백제역사유적지구가 '유네스코 세계유산'이 된 것이다. 축하할 만한 기쁜 소식이었다.

'백제역사유적지구'는 익산 왕궁리 유적과 미륵사지, 공주 공산성과 송산리 고분군, 부여 관북리 유적과 부소산성, 부여 능산리 고분군과 정림사지, 부여 나성 등 모두 8곳을 포함한다. 백제유적지구 유산이 동아시아 3국(한 · 중 · 일) 고대 왕국들 사이의 상호 교류의 역사를 잘 보여준다는 점, 그리고 백제의 내세관 · 종교 · 건축기술 · 예술미 등

〈그림 1.3〉 세계유산 익산 미륵사지 유적 '미륵사지 당간지주(보물 제236호)'

〈그림 1.4〉 세계유산 익산 미륵사지 유적 '미륵사지 석탑(국보 제11호)'

〈그림 1.5〉 세계유산 익산 왕궁리 유적 '고도리 석조여래입상(국보 제46호)'

〈그림 1.6〉 세계유산 익산 왕궁리 유적 '왕궁리 오층석탑(국보 제289호)'

을 포함하는 백제 역사와 문화의 특출한 증거라는 점을 높이 평가했다. 이로써 우리나라는 총 12건의 세계유산을 보유하게 되었다.

2,000년 역사를 자랑하는 고도(古都) 익산, 공주, 부여는 유네스코 세계유산 등재를 맞이하여 지역문화 콘텐츠의 보고(寶庫)로서 더욱 주목받을 수 있게 되었다. 예컨대 익산에는 이미 익산문화재단, 익산문화원, 익산시생활문화예술동호회, 한국예술문화단체 총연합회 익산지부 등이 지역문화 융성을 이끌어오고 있다. 효율성을 높이기 위해서는 더욱 유기적인 협력과 연대가 필요하다. 지역의 역사, 문화를 어떻게 콘텐츠화할 것인지 공동의 과제로 삼아 보다 구체적인 전략을 수립해나가야 할 것이다.

2) 「지역문화진흥법」 제정과 지역문화

'문화의 산업화, 산업의 문화화'에서 지적했듯이, '문화'는 문화산업주의시대의 도래와 더불어 중요한 키워드가 되었다. 「문화기본법」(2013)에 이어 「지역문화진흥법」(2014)이 제정되었다. 그 지역에 고유한 문화가치와 정체성에 부합하는 문화발전을 위한 새로운 법적 · 제도적 기반을 마련하고자 한 것이다.

'지역문화'는 지방자치단체 행정구역 또는 공통의 역사적 · 문화적 정체성을 이루고 있는 지역을 기반으로 하는 문화유산, 문화예술, 생활문화, 문화산업 및 이와 관련된 유형 · 무형의 문화적 활동을 말한다(「지역문화진흥법」 제2조). 그리고 이 법은 지역문화의 기획, 개발, 평가 등의 업무를 수행할 수 있는 지식과 능력을 갖춘 '지역문화전문인력'을 양성하도록 규정하고 있다(제10조). 또한 정부와 각 지방자치단체는 5년마다 「지역문화진흥기본계획」을 의무적으로 수립하여 문화의 기틀을 마련하도록 했다. 아울러 문화예술, 문화산업, 관광, 전통, 역사, 영상 등 지역별로 특색 있는 문화자원을 효과적으로 활용하여 문화 창조력을 강화할 수 있도록 '문화도시'를 지정할 수 있도록 했다(제15조).

정부는 문화융성을 4대 국정기조의 하나로 내세웠으며, 문화산업을 미래 성장 동력의 핵심으로 보고 있다. 그런 맥락 위에서 지역문화 융성을 생각하지 않을 수 없다. 흔히 지적되는 중앙과 지방의 문화 격차를 해소하고, 각 지역의 고유한 문화를 발전시킬 새로운 전기를 마련해나가야 한다. 그러기 위해서는 지역문화의 자생력 확보와 저변 확대가 필요하다. 특히 지역문화와 문화산업을 연결시킬 수 있는 전문인력의 수요가 급격하게 늘어날 것이므로 그에 부응할 수 있는 훈련된 인력이 뒷받침되어야 한다.

3) 스토리텔링과 문화도시

그러면 그 지역의 고유한 문화를 효과적으로 알리기 위해서는 어떻게 해야 할까? '와서 보라'는 것만으로는 충분치 않다. 관심을 가지고 흥미를 느낄 수 있게 해주어야 한다. 이른바 스토리텔링(storytelling)이 필요하다. 그러기 위해서는 문화유산과 더불어 거기에 담길 수 있는 스토리(이야기)가 서로 연결되어야 한다. '스토리텔링'이란 역사적 사실을 토대로 골격을 짜고 살을 붙여 흥미로운 스토리로 재구성해내는 작업이다. 따라서 그 지역의 역사와 문화가 핵심적인 요소다. 지역마다 생생한 이야기 소재들이 있기 때문이다. 그 지역의 정체성을 찾을 수 있으며, 나아가 문화 · 경제 · 산업까지 활성화시킬 수 있을 것이다.

먼저 그 지역의 역사, 문화, 생활민속, 인물, 문화유산 등에 내재된 다양한 이야기를 발굴해내야 한다. 이어서 수집한 자료들을 재구성해 스토리텔링화하고, 문화콘텐츠를 재생산하는 것이다. 스토리텔링을 통해 문화유산의 가치와 경쟁력은 더 높아지고 문화 관광자원으로 활용할 수도 있다. 부가가치 창출은 자연스러운 부산물이라 하겠다.

이미 많은 지방자치단체들이 많은 관심을 기울이고 있다. 한 사례로 '제주도 유배문화' 스토리텔링을 들 수 있다. 조선시대의 대표적인 유배지였다는 점에 착안하여 추사 김정희의 제주도 유배생활을 더듬어볼 수 있게 했으며, '추사의 길'도 만들었다. 영호남의 선비들이 과거시험을 보러 한양으로 가는 길에 주목한 '문경새재 과거길' 같은 시도도 있다. 외국의 사례로는 덴마크의 '호르센스(Horsens) 중세 축제'를

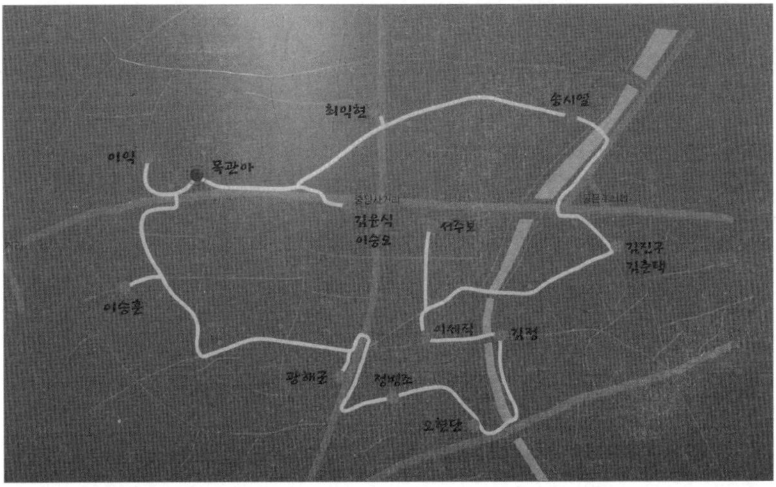

〈그림 1.7〉 제주유배길

〈그림 1.8〉 문경새재 과거길

〈그림 1.9〉 호르센스 중세 축제

들 수 있다. 정확한 역사적 고증을 통해 전통적인 분위기를 연출하고, 호르센스 박물관에서 인가한 상품만 판매한다. 또한 케첩 같은 것도 중세에 없었기 때문에 금지한다고 한다.

익산도 지역의 역사와 문화를 근간으로 하는 스토리텔링화 작업을 해나가야 할 것이다. 왕궁리 유적과 미륵사지에 얽힌 무왕과 선화공주 이야기 등 좋은 역사적 · 문화적 자원들을 적극 활용해나가야 할 것이다. 비슷한 맥락에서 마을 단위의 문화 활성화 사업으로 평창군 '이효석 문화마을', 부산 '감천문화마을', 기능이 정지된 담배공장을 구도심의 문화예술 중심공간으로 재창조한 '대구예술발전소', 버려진 폐탄광 시설을 문화예술 및 관광시설로 리노베이션하여 활용하고 있는 '정선아트마인' 등도 지역의 문화적 가치를 재발견해낸 사례라고 할 수 있겠다. 앞에서 설명한 것처럼 「지역문화진흥법」에서는 '문화도시'를 지정할 수 있도록 했다.

〈그림 1.10〉 평창 이효석 문화마을

〈그림 1.11〉 부산 감천문화마을

〈그림 1.12〉 대구예술발전소

〈그림 1.13〉 정선 아트마인

4) 지역문화와 축제

그 지역의 대표적인 역사와 문화를 널리 알릴 수 있는 것으로 '축제'를 들 수 있다. 여기서도 중요한 것은 그 지역의 독특한 역사와 문화를 담아내는 것이다. 그러기 위해서는 역사와 문화에 대한 원형 탐구가 선행되어야 한다. 아울러 앞에서 말한 스토리텔링이 중요하다. 그래야 다른 축제와 차별화하여 다양한 가치를 창출해낼 수 있다.

좋은 사례로는 중국의 「인상유삼저(印像 劉三姐)」를 참고할 수 있다. 「인상유삼저」는 중국 광시성(廣西省) 구이린(桂林)의 산수(山水)를 실제 배경으로 꾸민 대형 무대극이다. 유삼저는 유씨 집안의 셋째 딸이란 뜻이다. 마을에 전해지는 민족의 설화를 줄거리로 하여 밭 갈고 고기 잡는 동네 농어민 600여 명을 아마추어 배우로 훈련시켜 세계에서 보기 드문 웅장한 야간형 수상공연으로 성공하고 있다.

이 외에도 금강을 활용한 야간형 수상공연으로, 공주와 부여의 수상공연이 있다. 진주 남강유등축제는 1592년 김시민 장군의 진주대첩에서 왜군을 저지하거나 병사들이 가족에게 안부를 전하는 통신수단으로 쓰인 '유등(油燈)'을 활용한 것이다. 작은 프로그램이었던 '유등놀이'를 신규 축제로 개발한 것으로, 강 위에 띄우는 등 독특한 야간형 소재로 부각되었다. 독특한 소재로 인정받아 대한민국 대표축제(2011~2013)로 선정되기도 했다. 익산에서 행해지는 축제로는 서동과 선화공주의 국경을 넘어선 사랑을 테마로 한 서동축제가 있다. 1959년에 시작된 마한민속제전에서 유래해 지금까지 이어지고 있으며 2004년 그 명칭이 서동축제로 변경되었다. 익산의 대표 축제로 자리매김했지만 조금 더 바란다면, 더 좋은 콘텐츠를 개발하여 더 많은 사람들에게 알릴 수 있었으면 좋겠다.

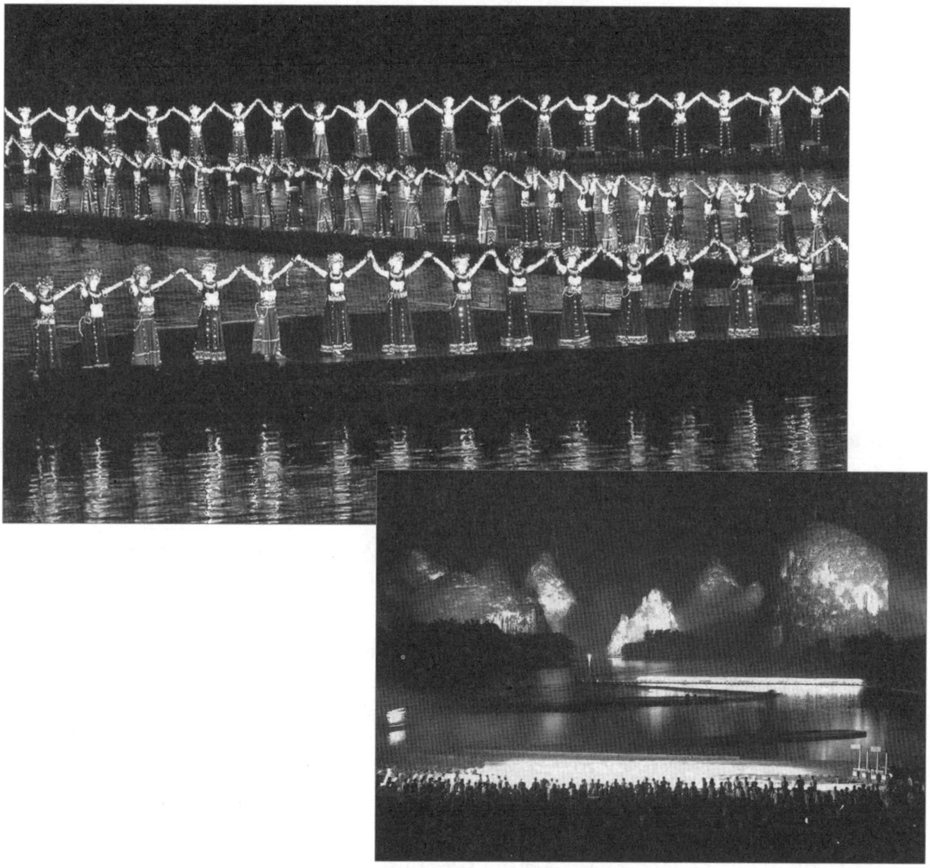

〈그림 1.14〉 중국「인상유삼저」무대극

〈그림 1.15〉 진주 남강유등축제

5) 종교문화의 콘텐츠화

지역문화 콘텐츠화와 관련하여 종교문화 역시 중요한 한 부분을 구성하고 있다. 종교문화는 넓은 의미에서 문화의 한 부분임과 동시에 그 일부를 구성하는 만큼 종교문화를 체험할 수 있도록 해주는 종교문화 관광기획 등의 배려가 필요하다. 종교문화의 콘텐츠화는 역사적인 자료를 현재화할 수 있을 뿐만 아니라 문화를 체험할 수 있는 문화관광으로도 이어질 수 있다.

거시적으로 보자면 종교문화 콘텐츠를 독자적인 하나의 문화산업 영역으로 발전시켜나가는 것이 좋겠다. 주지하는 바와 같이 세계적으로 유명한 관광지는 모두 종교와 관련되어 있다. 성지(聖地)를 찾아가는 순례(巡禮)와도 이어진다. 기독교의 예루살렘 순례, 이슬람의 메카 순례, 인도 힌두교의 갠지스 강 순례, 티베트인의 라사 포탈라궁전 참배 등은 그 좋은 사례라 하겠다. 스페인 산티아고 순례길 800킬로미터는 예수의 열두 제자 중 하나였던 야곱의 무덤을 향해 걷는 순례길이다. 일반 신도들에게는 성지 순례이지만, 다른 사람들에게는 관광을 통해 그 종교의 특성과 역사문화를 알 수 있는 문화관광이기 때문이다.

한국국학진흥원에서 추진하고 있는 안동권을 중심으로 한 지식정보 기반 유교문화권 체험관광 서비스, 영주 · 봉화권을 중심으로 한 유교문화권 기록 자료 및 역사체험 콘텐츠 사례는 유교라는 종교문화를 관광 콘텐츠화했다는 점에서 주목된다. 다른 종교나 종교기관에서도 종교의 대중화 차원에서 종교문화콘텐츠를 적극 관광자원화할 필요성이 있다고 하겠다.

이런 측면에서 본다면 익산은 중요한 종교문화 자원을 지니고 있다. 대한민국의 4대 종교인 원불교의 중앙총부가 익산에 있다. 원불교의 고유한 문화유산을 많은 사람에게 더욱 널리 알리는 것과 더불어 문화콘텐츠와 접목시킬 필요가 있다. 다른 형태의 교화라고 해도 좋겠다. 또한 전라북도는 고대의 미륵 불교로부터 조선시대 유교 등 종교의 성지가 밀집되어 있는 곳이다. 김제 금산사, 익산 미륵사지(사적 제150호)(불교), 김제 금산교회(전북문화재자료 제136호), 익산 두동교회(전북문화재자료 제179호)(기독교), 익산 나바위성당(사적 제318호), 전주 치명자산(致命者山) 천주교 순교자묘(전북기념물 제68호)(천주교), 전주 경기전(慶基殿)(사적 제339호), 전주향교(사적 제379호)(유교) 등이 있다. 이러한 전주 · 김제 · 익산 등 지역의 종교 유적지와 관련된 성지순례길 조성과 종교문화 체험 프로그램 역시 생각해볼 수 있겠다.

6) 글로컬(glocal) : thinking globally, acting locally

세계적인 석학 기 소르망(Guy Sorman: 파리대학교 정치학연구소 교수)은 한국의 문화적 원형을 국가브랜드로 알리는 것이 필요하다고 조언했다. "소비자들은 자동차나 휴대폰을 구입할 때 꿈도 함께 산다. 아이폰이나 맥도날드를 살 때 미국이라는 나라에 대한 꿈의 일부를 사는 것이다. 글로벌사회에서는 제품만이 아니라 꿈의 일부를 돈을 주고 사는 것이다. 외국인이 관광객으로서, 소비자로서 '한국의 꿈(Korean Dream)'을 사도록 한국은 문화적 부가가치를 적극 알려야 한다."고 했다.

오늘날의 세계는 한편으로는 세계화(globalization)가 진행되고 있지만, 그와 동시에 지역화(localization)도 이루어지고 있다. 국가의 위상과 역할이 상대적인 것으로 변해가고 있다. 세계화에 대해서는 더 이상 설명이 필요치 않다. 이 글과 관련해서는 역시 지역화에 주목하지 않을 수 없다.

'글로컬(glocal)'이란 단어는 지극히 상징적이다. 글로벌(global)과 로컬(local)에서 유래하는 조어(造語)다. 국가에 대해 지역성의 회복, 지역 독자성의 요구에 대한 움직임이 강해졌다는 것, 즉 로컬리즘(localism)이나 리저널리즘(regionalism)과 유사하다. 세계적으로 상호 의존성이 높아지는 가운데 지역의 역할이 더욱 커지는 것이다. 이른바 '글로벌 지역주의'라 해도 좋겠다.

이렇게 본다면 우리가 지역문화에 더 많은 관심을 가져야 할 이유는 충분하다. 지방자치를 말하지 않더라도 지역은 우리 삶의 공간이며, 그 문화는 우리 삶의 방식이기 때문이다. 그러니 지역문화는 곧 우리 삶 그 자체라 할 수 있다. 이제 세계적인 수준에서 지역문화를 바라볼 수 있어야 한다. "세계적으로 생각하고 지역적으로 실행해야 할(thinking globally, acting locally)" 시점이라 하겠다.

3
문화콘텐츠 인프라 사업

1) 인문학 디지털 아카이브

디지털화의 추세는 문사철(文史哲) 등 인문학 분야에도 불어 닥치고 있다. 자료 전산화가 처음 시도된 것은 1960년대였다. 와그너(Edward W. Wagner) 교수(하버드대학교)와 송준호 교수(전북대학교)가 1964년부터 문과방목(文科榜目)의 데이터베이스를 구축하기 시작했다. 과거 합격자 명부인 방목과 각종 족보, 문집 등을 토대로 1만 4,600여 명의 문과 급제자들에 관한 정보를 데이터베이스화한 것이다.

실제로 디지털 정보를 연구에 활용하게 된 것은 유네스코 세계기록유산(Memory of the World)인 『조선왕조실록』의 국역본이 전자도서(CD-ROM)로 간행(1995)된 데 힘입어서였다. 한문 원전 1,893권 888책, 번역본 413책, 16만 페이지의 방대한 자료를 DB로 구축했다.

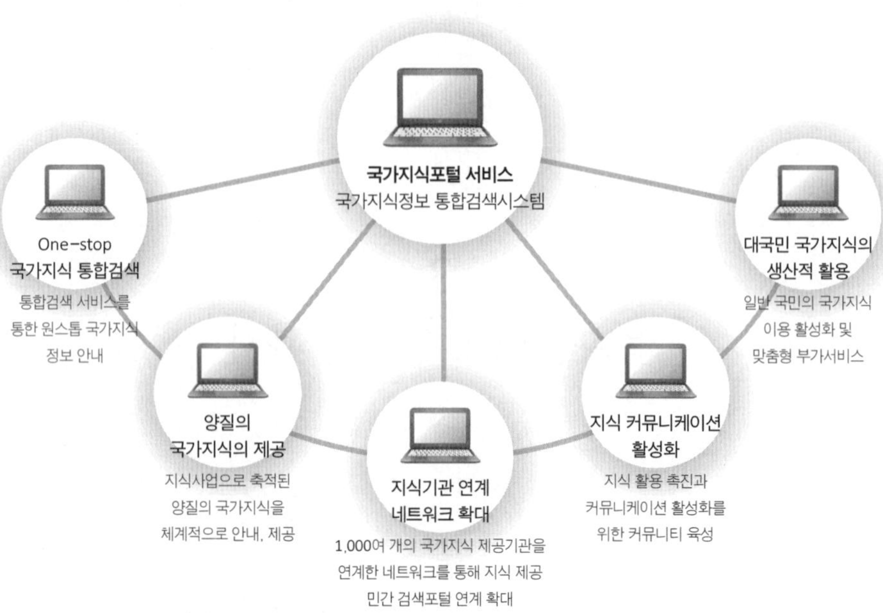

〈그림 1.16〉 국가지식포털 서비스 현황

〈그림 1.17〉 국가지식포털 초기 화면

인문학 디지털 아카이브는 역사, 문화, 사상 등의 문헌 및 유·무형의 지식 정보를 논리적으로 구조화하여 효율적으로 활용할 수 있게 만든 데이터베이스다. 세월과 더불어 마모되거나 흩어져 없어질 수 있는 정보를 디지털화함으로써 항구적으로 보존·활용할 수 있게 해준다. 최근에는 마음인문학 연구 성과를 사회적으로 공유·확산하려는 시도 또한 이루어지고 있다. 원광대 마음인문학연구소가 인문한국지원사업(HK사업)으로 추진하는 '마음인문학 전자지도'가 그것이다(http://www.mind.ac.kr). 마음에 대한 사상·치유·도야와 관련된 국내외 연구 성과를 공유할 수 있는 마음전자지도 콘텐츠를 개발하고 있다.

2) 문화콘텐츠 인프라 사업

문화산업시대와 더불어 '콘텐츠'는 중요한 키워드가 되었다. 지식과 정보가 부가가치를 창출하는 원동력으로 떠올랐다. 국가 경쟁력이란 측면에서도 전통 문화유산은 중요하다. 왜냐하면 디지털화하여 문화콘텐츠산업에 활용할 수 있기 때문이다. 먼저 문화콘텐츠 아카이브를 구축하는 것이 요망된다. 아카이브(archive)란 문서를 소장·보관하는 문서국 또는 기록보관소를 가리킨다. 문화산업을 위한 인프라를 구축하는 것이다. 인프라(infra)란 생산이나 생활의 기반을 형성하는 중요한 구조물을 말한다. 건설 용어로, 중요한 산업 기반과 생활 기반이라 할 수 있다.

문화콘텐츠 인프라 사업은 활용할 수 있는 생산재로서의 기반을 마련하는 것이다. 인프라 구축사업은 전통시대의 역사와 문화를 이해하고 활용하는 데도 필요하다. 그에 대한 지식과 정보를 습득하는 것 자체가 새로운 문화콘텐츠를 기획 · 개발하는 데 도움이 되기 때문이다.

1 지식정보자원관리(국가 DB)

'지식'과 '정보'는 국가 차원에서도 중요하다. 세계화와 더불어 국가 간 경쟁은 한층 더 치열해졌다. 국가적인 차원에서 지식의 생산 · 유통 · 공유 · 활용을 촉진하는 것은 당연하다. 미국, 유럽 등에서는 1990년대 초반부터 국가 차원에서 지식정보 DB를 구축 · 확장하고 연계시키는 프로젝트를 추진해오고 있다.

정부에서도 「정보화촉진기본법」(1995) 등 정보화 관련 법제(「공공기관의기록물관리에관한법률」(1999), 「전자정부구현을위한행정업무등의전자화촉진에관한법률(일명 전자정부법)」(2001), 「온라인디지털콘텐츠산업발전법」(2002), 「인터넷주소자원관리법」(2004), 「국가정보화기본법」(2009) 등)를 마련했다. 특히 「지식정보자원관리법」(2000)이 중요하다. 국가사업으로 진행 중인 문화예술, 역사, 과학기술, 교육학술, 정보통신 등의 전략 분야 디지털화 사업의 법적 근거가 되었기 때문이다.

'지식정보자원'이란 국가적으로 보존 및 이용가치가 있고 학술, 문화 또는 과학기술 등에 관해 디지털화 필요가 있는 자료, '국가 DB'란 지식정보자원 중 디지털화된 자료를 말한다. 「지식정보자원관리법」에 의거한 국가 인프라 구축 사업이 '지식정보자원관리사업'이다. 그 배경에는 지난 1997년 IMF(국제통화기금, International Monetary Fund) 사태가 있다. 정보통신부가 일자리 창출을 위해 'IT 뉴딜정책'으로 불리는 정보화 공공근로사업을 진행했다. 2013년까지 8,000억 원을 투입, 지식정보 아카이브를 구축했다. 그렇게 구축된 지식정보자원은 디지털 사회

간접자본이자 문화콘텐츠인프라 사업이다. 「지식정보자원관리법」은 2009년 「국가정보화기본법」으로 대체 확대되었다.

「지식정보자원관리(국가 DB)」 사업은 정부가 주도해 디지털 아카이브를 구축한 것이다. 1,000여 개의 공공기관이 연결되어 원하는 정보를 얻어낼 수 있다. 일반적인 검색에서 전문적인 검색까지 한 번에 찾을 수 있는 원스톱(one-stop) 서비스가 제공되고 있다.

대표적인 사업으로는 국가문화유산, 한국역사정보, 유교와 불교문화정보, 한국영화자료 등 문화 · 역사 분야를 들 수 있다. 그 외에 과학기술 · 정보통신 분야(과학기술, 산업기술, 건설기술, 해양수산정보 등), 교육학술 분야(학술논문, 사회통계, 국방학술정보 등), 기타 분야(산림정보 탐사용 항공정보, 근대법령 지식정보 등)가 포함된다. 2005년부터 민간 포털 사이트와 연계되어 이용되고 있으며, 2013년부터 공유자원포털, 공공정보활용지원센터와 함께 「공공데이터포털(http://www.data.go.kr)」에서 서비스하고 있다.

2 한국향토문화전자대전

「한국향토문화전자대전(http://www.grandculture.net)」은 2004년부터 2023년까지 교육부와 한국학중앙연구원에서 961억 원의 예산으로 추진하는 사업이다. 국가와 지방자치단체 예산이 공동으로 투입되는 매칭 펀드 방식이다. 초대형 지역문화유산 콘텐츠 구축사업인 셈이다. 산업화와 도시화가 급속하게 진척됨에 따라 향토문화 자료들이 급격하게 소멸 위기를 맞게 되었기 때문이다. 그래서 관련 자료를 보존, 정리하는 것이다. 국가 주도하에 편찬된 조선시대 향토문화 편찬사업(예컨대 『세종실록지리지(1454)』, 『신증동국여지승람(1531)』, 『여지도서(1757)』 등)에 비견할 수 있겠다.

〈그림 1.18〉 한국향토문화전자대전 강남구 홈페이지

이를 통해 전국 232개 시 · 군 · 구 지역의 향토문화 자료들이 발굴 · 수집되어 체계적으로 정비될 것이다. 일부는 디지털화되어 인터넷으로 서비스되고 있다. 1단계 사업(2004~2013)이 종료되고, 2단계 사업(2014~2023)이 추진 중이다. 현재(2015) 서울권역에서는 강남 · 구로 · 도봉구, 인천권역에서는 남구, 부산권역에서는 부산시와 16개 구가 모두 완료되었다. 경기권역에서는 광명 · 부천 · 성남 · 안산 · 양수 · 용인 · 포천, 강원권역에서는 강릉, 충청권역에서는 음성 · 제천 · 진천 · 청주 · 충주(충북), 공주 · 논산 · 서산 · 천안(충남), 경상권역에서는 고령 · 구미 · 김천 · 안동 · 영천 · 울릉 · 울진 · 의성 · 청도 · 칠곡(경북), 양산 · 진주 · 창원 · 하동(경남), 호남권역에서는 고창 · 군산 · 김제 ·

남원 · 순창 · 진안(전북), 여수 · 영암 · 진도 · 화순(전남), 그리고 제주권역에서는 서귀포 · 제주시가 완료되었다.

각 웹사이트를 동일한 메뉴로 구성하고 있으며 표제어, 분야, 유형, 시대 등으로 디렉터리를 분류했다. 이러한 표준화된 체계는 「향토문화전자대전」 아카이브 구축에서 기준이 되어 있다. 체계적인 시스템 덕분에 이용자는 웹사이트에서 원하는 자료를 쉽게 찾을 수 있다. 시 · 군별 시스템과 중앙 시스템의 유기적이고 효율적인 연계를 통해 인터넷뿐만 아니라 PDA, 모바일 등 다양한 매체를 통해 볼 수 있다.

3 한국학자료센터

「한국학자료센터(http://www.kostma.net)」는 2008년부터 한국학중앙연구원, 규장각, 장서각, 영남, 호남, 해외 등 권역별 자료센터의 한국학 고전 자료를 연계 서비스하는 디지털 아카이브다. 해외 소장 기관은 미국 버클리대학교 동아시아도서관, 일본 도요문고(東洋文庫), 도쿄대학 오구라문고(小倉文庫), 교토대학 가와이문고(河合文庫), 오사카부립 나카노시마도서관(中之島圖書館)이 포함되어 있다.

그곳의 '문화콘텐츠 리뷰'는 흥미로운 메뉴를 개발해냈다. 인기 있는 역사드라마의 내용을 소재로 사실과 허구 콘텐츠를 제공한다. 주제를 선정한 다음 전문 연구자들이 사료를 통해 분석하고 설명해준다. 한국학 관련 사이트의 해당 문헌 정보 페이지와 연결시켜 근거 자료를 직접 확인해주기도 한다.

한 예로 인기를 끌었던 드라마 「추노」에 대해 다음과 같은 질문과 답변을 제시하며 사실과 허구를 밝히고 있다.

〈그림 1.19〉 한국학자료센터 '문화콘텐츠 리뷰'

- 누가 노비가 되었는가?
- 도망간 노비를 어떻게 찾았을까?
- 노비는 어떻게 도망가고 어떻게 잡혀왔을까?
- 추노꾼이 정말 존재했을까?
- 노비들에게 정말 낙인을 찍었을까?
- 상전을 죽이기 위한 비밀결사가 있었는가?
- 노비의 인생역전은 어디까지 가능했을까?
- 주인과 노비 사이에는 갈등만 있었을까?
- 소현세자는 독살되었을까?
- 소현세자빈 강씨는 왜 사약을 받았을까?
- 소현세자의 살아남은 아들은 뒤에 어떻게 되었을까?

또한 역사 테마 기사를 통해 다양한 문헌과 인물, 관련된 역사지식을 살펴볼 수도 있다. '정감록, 조선의 운명을 말하다', '망원경을 든 선비, 홍대용', '145년 만의 귀환, 외규장각', '조선CSI, 누가 황씨 부인을 죽였나?' 등.

3) 인프라 활용과 전망

「지역문화의 콘텐츠화」에서 지적했듯이, 역사문화에 대한 원형 탐구는 지역문화 콘텐츠화를 위한 스토리텔링에 중요한 요소가 되고 있다. 조상의 삶의 방식과 지혜를 엿볼 수 있는 문화원형은 디지털화되기 이전부터 문화산업의 기초를 제공해주는 중요한 자산이다.

디지털 아카이브에 구축된 자료들은 이미 디지털화되어 있는 만큼 창조적인 상상력이 뒷받침되면 자유롭게 변형하거나 재구성할 수 있다. 특히 다양한 사진, 동영상, 음향, 지도, 도표 등의 시청각 영상 이미지로 재구성되어 이용자의 입체적인 이해를 돕는다. 또한 디지털화된 자료들은 다양한 '에듀테인먼트(edutainment)'로 활용될 수 있다. '에듀케이션(education, 교육)'과 '엔터테인먼트(entertainment, 오락)'가 합쳐진 에듀테인먼트는 교육과 학습에 흥미 요소를 가미한 것으로, 문화산업의 총아로 성장하고 있다.

그렇기 때문에 디지털 아카이브는 흥미를 유발하는 형태로 구축하는 것이 좋다. 교육과 재미, 감동 요소가 충족된 콘텐츠야말로 바람직한 콘텐츠라 하겠다. 전문 연구자는 물론이고 일반 사용자도 활용할 수 있도록 아카이브를 구축하자는 것이다. 디지털시대에 인문학의 기능과 역할은 더욱 커져갈 것이다. 이에 인프라 구축을 계속해나가면서 다른 한편으로 그렇게 축적된 자료를 다각도로 창조적으로 활용할 필요가 있다.

지금까지는 아카이브나 데이터베이스를 구축하는 것이 일차적인 과제였다면, 앞으로는 그렇게 구축된 디지털 아카이브를 잘 활용하여 부가가치를 만들어내는 것이 과제라고 할 수 있다. 잘 구축된 자료들을 창조적으로 활용하여 인문학적 상상력의 나래를 마음껏 펼쳐갈 수 있기를 기대한다.

4
문화정보의 검색과 활용

1) 왜 문화정보 검색인가?

우리나라는 세계적 수준의 ICT(Information & Communication Technology) 강국이다. 2014년 7월 인터넷 이용자 수(만 3세 이상)는 4,111만 8,000명(83.6%)으로 2004년에 이미 3,000만 명을 넘어섰다(http://isis.nida.or.kr). 초고속 인터넷 인프라의 급속한 확산에 힘입은 것이다. 2015년 12월 현재 초고속 인터넷 가입자 수는 2,002만 4,930명이다.

초고속 인터넷의 확산과 더불어 많은 것들이 사라지고 있다. 한때 유행했던 비디오테이프 대여점이 사라졌다. 스마트폰과 더불어 녹음기, 카메라, 라디오 등도 사라져가고 있다. 그런데 그와 더불어 '사실(fact)'도 사라지고 있다는 「뉴스위크(Newsweek)」 지의 지적은 무척 흥미롭다(2010. 12). 정보의 홍수가 역설적으로 '사실'을 사라지게 한다는 것이다.

인터넷 검색창에 단어를 입력하면 관련된 수많은 정보를 바로 얻을 수 있다. 이젠 정보가 너무 많아서 어떤 것이 좋은 것인지를 구별해내는 것이 문제다. 부정확한 정보도 적지 않으므로 식별해낼 수 있는 안목이 필요하다. 그래서 전문적인 자료와 정보를 제공해주는 웹사이트의 중요성이 더욱 커지고 있다. 역사, 문화, 사상 등의 인문학 관련 문헌 및 유 · 무형의 지식 정보를 갖추고 있는 데이터베이스에 주목하는 것이 좋겠다. '인문학 디지털 아카이브'가 그것이다.

디지털 아카이브는 시간의 경과에 의해 질이 떨어지거나 흩어져 일부가 없어질 우려가 있는 자료들을 전자적인 형태로 변환함으로써 항구적인 기록과 보존, 이용, 활용할 수 있게 해준다. 이미 디지털화되어 있는 만큼 그들을 토대로 창조적인 상상력을 발휘하면 원래의 자료들을 자유롭게 변형할 수도 있고 재구성해낼 수도 있다. 문제는 그렇게 구축된 디지털 아카이브에서 어떻게 정보를 검색하여 활용할 것인가 하는 것이다. 검색과 활용을 효율적으로 하면 시간과 비용 그리고 노력을 절감할 수 있다. 그런 구체적인 활용 사례에 대해 살펴보고자 한다.

2) 『조선왕조실록』의 검색과 활용

조선시대 500년의 역사를 기록한 『조선왕조실록』은 단일 왕조사로는 최장 기간의 역사를 담고 있다. 국보 151호(1973), 유네스코 '세계기록유산(Memory of the World)'으로 지정되었다(1997). 국역하는 데 26년

(1968~1993), 동원된 학자가 3,000여 명에 이르는 국학계 최대 연구 성과로 평가받고 있다. 국역 실록은 누구든지 쉽게 읽을 수 있지만 그 분량이 매우 방대하다. 국역서는 총 413책, 16만 페이지로, 하루에 50페이지씩 매일 읽는다고 가정할 경우 완독하는 데 8년 7개월이 걸린다.

이를 한 장의 CD에 담은 『CD-ROM 국역 조선왕조실록』(서울시스템, 1995)은 획기적인 사업이었다. 당시 서울시스템 한국학DB연구소에 재직했던 필자는 그 작업의 실무책임자였다. 그렇게 등장한 실록 CD-ROM은 역사를 대중화하고, 대중을 역사화하는 데 크게 기여했다. 2006년부터는 국사편찬위원회가 『조선왕조실록』을 인터넷으로 서비스하고 있다(e-조선왕조실록, http://sillok.history.go.kr).

『조선왕조실록』의 디지털화는 역사드라마(예컨대 「용의 눈물」)나 TV 프로그램에서도 적극 활용하게 되었다. 「TV 조선왕조실록」, 「역사스페셜」, 「한국사 傳」 등이 그런 예라고 하겠다. 그러한 흐름은 정조 대왕을 다룬 역사극 「이산」, 「대왕 세종」, 그리고 영화 「광해, 왕이 된 남자」 등으로 이어졌다. 드라마 「별에서 온 그대」, 영화 「역린」, 영조와 사도세자를 다룬 영화 「사도」 등에서도 찾아볼 수 있다.

필자는 대학에서 「조선왕조실록 보물찾기」라는 교양 강의를 개설하고 있다. 『조선왕조실록』에 대한 수업을 한 후 학생들에게 각자 전공에 맞는 주제를 선택하고 'e-조선왕조실록'에서 자료를 검색하여 발표하도록 한다. 실록을 통해 소방행정학과 학생은 조선시대 소방서 금화도감(禁火都監) 모습을 재현해내고, 패션디자인산업학과 학생은 왕의 의복에 대해 살펴보고, 경영학과 학생은 조선시대 화폐제도를 그려내는 식이다.

〈그림 1.20〉 e-조선왕조실록(국사편찬위원회)

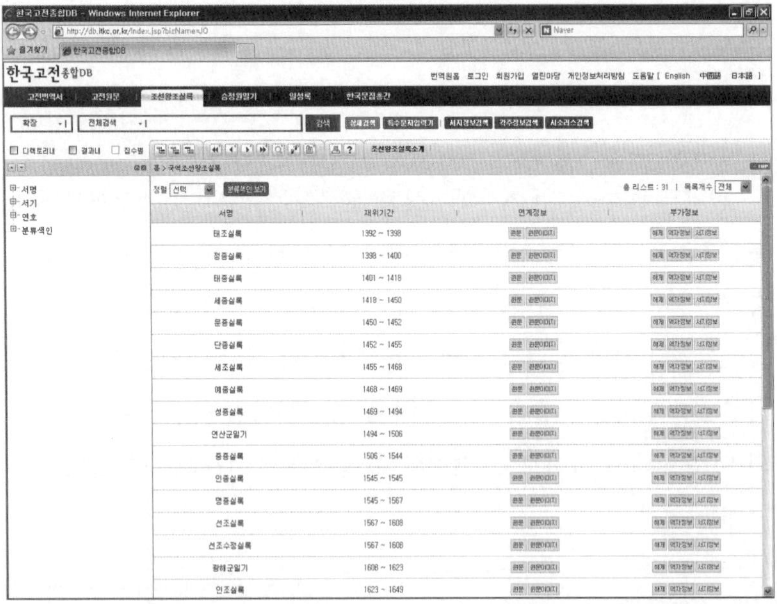

〈그림 1.21〉 e-조선왕조실록(한국고전번역원)

3) 종교문화콘텐츠의 검색과 활용

문화체육관광부와 한국콘텐츠진흥원에서는 2002년부터 「문화원형 디지털콘텐츠화사업」을 추진해오고 있다. 다양한 분야의 문화원형을 디지털화하여 문화콘텐츠산업에 필요한 창작 소재를 제공하기 위한 것이다. 사업 결과물은 '문화콘텐츠닷컴(http://www.culturecontent.com)'을 통해 확인할 수 있다. 거기서는 22만 건에 이르는 멀티미디어 문화원형 디지털콘텐츠를 온라인으로 제공해주고 있다. 가히 콘텐츠 창작소재의 보고(寶庫)라고 하겠다. 다양한 분야의 산업계 종사자들이 쉽고 빠르게 접하고 활용할 수 있다.

종교문화와 공연문화 콘텐츠와 관련된 것도 찾아볼 수 있으며 불교, 유교, 민간신앙과 관련된 정보를 얻을 수 있다. 예컨대 종묘제례악, 영산재, 강릉단오제, 무속굿 등도 포함된다. 그중에서 불교 공연문화와 관련된 주요 과제를 정리해보면 다음과 같다.

- 고려 '팔관회(八關會)'의 국제박람회 요소를 소재로 한 디지털콘텐츠
- 만봉스님 단청문양의 디지털화를 통한 산업적 활용방안 연구
- 한국 불화, 탱화에 등장하는 인물 캐릭터 소재 개발
- 사찰 건축 디지털 세트 개발
- 한국 석탑의 문화원형을 이용한 디지털콘텐츠
- 불교설화를 통한 시나리오 창작소재 및 시각자료 개발
- 범종을 중심으로 한 불전사물의 디지털콘텐츠 개발과 산업적 활용
- 운주사 '천불천탑(千佛千塔)의 신비와 와불(臥佛)의 한(恨)' 스토리 뱅크
- 한국 승려의 생활문화 디지털콘텐츠화
- 한국불교 목공예의 정수 '수미단'의 창작소재 개발
- 통일신라인 혜초의 『왕오천축국전(往五天竺國傳)』 디지털콘텐츠 개발

〈그림 1.22〉 문화콘텐츠닷컴 초기 화면

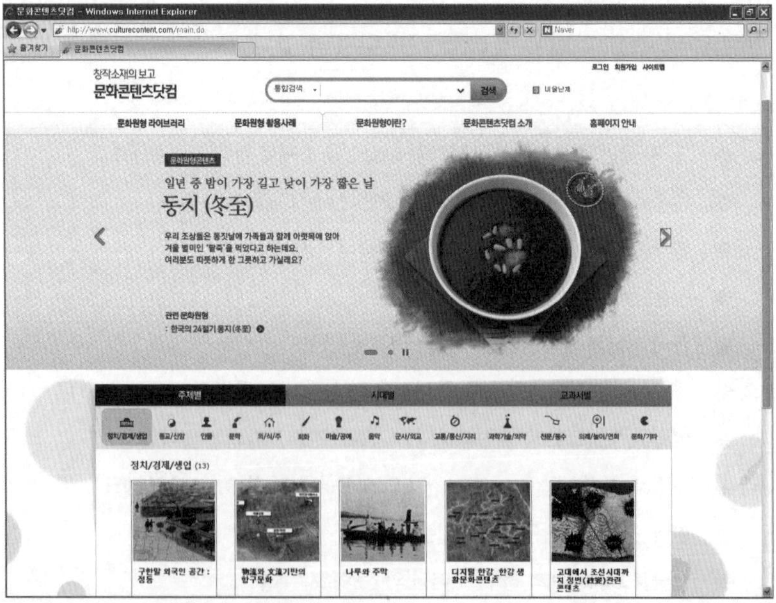

〈그림 1.23〉 한국콘텐츠진흥원 문화콘텐츠닷컴

종교의식, 의례와 관련해서는 '고려 팔관회의 박람회 요소를 소재로 한 디지털콘텐츠 개발' 과제가 주목된다. 팔관회의 정치외교, 문화종교, 무역 측면의 특성을 재해석하고 시각적인 요소를 복원하여 게임용 시나리오 창작 소재로 제공하고 있다.

'통일신라인 혜초의 『왕오천축국전』 디지털콘텐츠 개발' 과제는 8세기 서역을 탐험한 신라의 승려 혜초(704~787)를 디지털콘텐츠화한 것이다. 『왕오천축국전』 스토리와 멀티미디어 자료를 통해 혜초가 지나간 길을 생생하게 추체험할 수 있다. '문화콘텐츠닷컴'을 통해 웹으로 서비스되고 있는 문화원형 과제들은 모두 사진, 2D, 3D, 동영상, 애니메이션, 캐릭터 등 다양한 시각 자료를 제공하고 있다.

그리고 안동의 유교문화를 중심으로 '전통문화콘텐츠박물관'이 개관되었는데(2007) 유물 대신 20여 개의 콘텐츠가 탑재된 미디어가 전시되어 있다. 새로운 매체에 친숙한 젊은 세대들은 쉽게 접근할 수 있을 것이다. 앞서 「지역문화의 콘텐츠화」에서 종교문화콘텐츠 자원과 활용에 대해 언급한 바 있다. 각 종교의 고유한 문화유산, 성지순례, 체험 프로그램 등과 관련하여 종교문화 디지털콘텐츠 역시 구축해나가는 것이 필요하다.

4) 문화정보 검색 사이트 활용

문화와 관련된 정보를 검색하는 데는 먼저 구축되어 있는 문화콘텐츠 인프라 성과물을 적극 활용하는 것이 효율적이다. 멀티미디어 자료와 관련해서는 「국가문화유산포털(http://www.heritage.go.kr)」이나 「국가기

〈그림 1.24〉 컬처링

록유산(http://www.memorykorea.go.kr)」, 「컬처링(http://www.culturing.kr)」 사이트 등을 활용하는 것이 좋다.

또한 공유저작물도 이용할 수 있다. '공유저작물'이란 사회구성원 누구나 자유롭게 이용할 수 있는 저작물로서 저작권 종료, 기증, 자유이용 허락 저작물, 공공기관 무료개방 저작물 등을 의미한다. '공공누리' 표시는 별도의 계약이나 저작권자의 의사 확인 절차 없이 일정한 조건하에서 자유롭게 이용할 수 있다는 의미의 공공저작물 자유이용 허락 표시제도이다. 한국저작권위원회에서 운영하는 「공유마당(http://gongu.copyright.or.kr)」, 문화체육관광부에서 운영하는 「공공누리(http://www.kogl.or.kr)」 사이트가 그것이다. 국가기관, 지방자치단체 등 공공기관이 보유 관리하고 있는 공공저작물의 소재를 제공하고 있다. 이들 사이트에서는 텍스트, 그림, 사진, 음악 등 다양한 형태의 자료를 자유롭게 사용할 수 있다.

이처럼 활용 가능한 디지털 문화정보를 검색하고, 기존의 연구 성과를 적절하게 참조하여 그 사이트를 연계시키면 편의성을 한층 더 증대시킬 수 있다. 다각적인 정보를 용이하게 얻을 수 있으며, 관련 정보를 하이퍼텍스트나 하이퍼미디어로 연결할 수 있다. 중복 투자를 피하고 인력 및 시간을 절약할 수 있다.

5) 응용과 활용 그리고 창조

디지털 아카이브에서 검색하여 얻은 문화원형 자료를 창조적으로 변형, 활용할 수도 있다. 이는 원형의 '왜곡'이라기보다는 시점에 맞게 원형을 재구성해내는 것이라 할 수 있다. 그 시점을 살아가는 사람들에 의해 문화원형이 재해석되는 것이라 해도 좋겠다. 영화 「왕의 남자」를 하나의 예로 들어보자. 『연산군일기』에 의하면 내시 김처선은 죽임을 당했으나 영화에서는 목을 매어 죽는다. 하지만 원형을 왜곡했다는 비판은 없었다. 동성애나 천민에 속하는 놀이패를 궁 안에서 기거하게 했는데, 이는 당시의 궁중 법도에 맞지 않는 것이었다. 하지만 새롭게 재해석하는 신선함을 보여주었다.

문화원형 정보를 활용한 창작품은 문화상품으로서의 가치도 지닐 수 있다. 예컨대 「반지의 제왕」은 북유럽의 신화를 기반으로 한 소설이자 영화이며, 영화 「와호장룡」은 전통 중국의 무협 이야기를 바탕에 두고 있다. 『해리 포터』 역시 영국의 전통적인 '마법의 세계'를 창조적으로 응용한 것이다. 이처럼 문화정보의 검색과 활용을 통해 문화관광, 축제, 문화상품 기획, 공연, 공예, 애니메이션, 음악, 출판, 전자책, 만화, 캐릭터, 게임, 방송, 영화, 모바일 등 문화산업의 창작 소재를 발굴해내어 창조적으로 활용할 수 있다. 또한 스토리텔링 등의 창작 소재로 활용할 수 있으며, 나아가 창업으로도 확대해나갈 수 있을 것으로 기대된다.

그러한 창조적인 일을 효율적으로 수행하기 위해서는 역시 역사문화학과 문화콘텐츠산업에 대한 폭넓은 이해가 필요하다. 문화콘텐츠 인프라를 구축해감과 동시에 창조적으로 활용할 수 있는 후속 세대, 창의적인 전문 인력이 있어야 한다. 디지털 기술이 삶의 일부가 될 미래사회에 역사문화 및 문화콘텐츠와 연결된 창조적인 학습이 수반되어야겠다.

5
역사문화학과 문화산업

1) 백 투 더 퓨처: 미래사회의 모습은?

2015년이 밝았을 때, 많은 사람들은 1989년에 나온 영화 「백 투 더 퓨처 2」에 다시 주목했다. 영화에서 그린 미래가 바로 2015년이었기 때문이다. 남자 주인공 마티는 범죄자가 된 아들을 구하기 위해 타임머신을 타고 미래로 간다. 영상통화, 홀로그램, 다채널 TV 등 신제품이 놀랍다.

영화 속 2015년의 사람들은 안경 모양의 웨어러블(wearable) 기기를 쓰고 식사를 하며 전화를 받는다. 현재의 '구글 글래스(Google Glass)'와 유사하다. 음성 명령을 통해 사진 촬영, 인터넷 검색, 길 안내 서비스 등도 이용할 수 있다. 영화 속 공중 부양 스케이트보드인 '호버보드(hover board)' 역시 가시화되었다. 2014년 아르스팍스가 개발한 '헨도(hendo)'는

〈그림 1.25〉 영화 「백 투 더 퓨처」와 2015년 현재(「중앙일보」 2015. 9. 24.)

자석 장치를 이용해 지상에서 떠 있으면서 여러 방향으로 회전할 수 있다.

미래를 준비하려면 트렌드 분석이 중요하다. 정보기술은 더욱 소형화되고 가벼워질 것이다. 더 유지하기 쉬워지며, 더욱 저렴해져서 마치 매일 쓰는 장치의 부품처럼 되어버린다. 예컨대 컴퓨터의 경우, 지난 반세기 동안 처리 능력과 메모리 역량은 증대된 데 비해 가격은 하락했다. 필자가 1980년대에 처음 사용한 컴퓨터 하드드라이브 용량은 20메가바이트였다. 놀라운 속도로 더 똑똑한 기능을 갖추어왔지만 크기는 점차 작아지고 있다.

최근에는 사물인터넷이 등장했다. 사물인터넷(Internet of Things: IoT)이란 사람과 사물 및 공간이 모두 유무선 네트워크로 연결되어 정보가 끊임없이 수집되고 공유 및 활용되는 세상을 말한다. 2020년에는 500억 개의 IoT 기기가 사용되며, 시장 규모는 수천조 원에 이를 것이라 한다.

2) 발상의 전환, 가로지르기 그리고 통섭

새로운 시대에 발맞추어가기 위해서는 어떻게 해야 할까? 우선 자유로운 상상력이 필요하다. 낡은 사고방식으로는 시대 변화를 따라가지 못한다. 탄력성을 갖춘 모험가 정신이 있어야 한다. 예컨대 자동차 개발 초기에는 마차(馬車)처럼 생각했으므로 후진 기능이 없었다. 말은 절대 뒤로 가지 않기 때문이다. 그러다가 20여 년 후에 후진 기능이 생겨났다. 그야말로 발상의 전환이었다. 비슷한 상품으로는 2분만 데우면 먹을 수 있는 '햇반', 해외 여행객을 위한 '튜브형 고추장' 등을 들 수 있다.

자유롭고 창조적인 발상을 위해서는 한 가지 영역에 고착되어서는 안 된다. 분야 사이에 있는 벽을 허물고 과감하게 가로지르기를 시도해야 한다. 그럴 때 미처 생각지 못한 것들을 볼 수 있다. 월경(越境), 경계 넘어서기, 가로지르기를 주장한다고 하여 개별 분야의 독자성을 부인하는 것은 아니다. 그들 분야의 상호 연관성, 즉 그 '사이'에 주목하자는 것이다.

그와 동시에 필요한 것이 통섭(統攝)이다. '큰 줄기(統)'와 '잡다(攝)'를 합친 말로, 지식의 큰 줄기를 잡아간다는 뜻이다. 20세기가 분할된 전문지식의 시대였다면 21세기는 통합된 거대 지식의 시대라고 할 수 있다. 인문학과 자연과학, 사회과학과 공학 등 서로 다른 개념과 방법론을 녹여 새로운 것을 만들어내자는 것이다. 통섭의 중요성이 강조된 것은 어제 오늘의 일이 아니다. 이공계는 기술과 노하우가 있고, 인문학에는 콘텐츠가 풍부하다. 그들이 합치면 새로운 학문을 개척할 수 있다.

교육부는 2014년 9월 '2015 개정 교육과정'을 발표했다. 중학교에서는 선택과목인 정보과목이 필수과목으로 지정돼 소프트웨어(SW) 교육을 받게 된다. 2018학년도부터는 문과와 이과 통합형 교육과정이 운영된다.

3) 산업과 대학, 만남과 다리 놓기

매년 대학 졸업생들이 배출되지만 원하는 직종과 회사에 취직하는 비율은 어느 정도일까. 거꾸로 새로운 인력을 찾는 입장에서는 원하는 인재를 구할 수 있을까. 양쪽 모두 불만족일 수밖에 없다는 것이 우리의 현주소가 아닐까. 지식정보 디지털화의 급속한 진행에도 불구하고 기존 대학의 학과 및 교육 체계는 거의 그대로 유지되고 있다. 학문 간, 학과 간 장벽으로 인해 가로지르기, 나아가서는 통섭 또는 융합 분야의 인력을 제대로 키워내지 못하고 있는 듯하다.

대학에서 문사철(文史哲) 등의 인문학적 지식은 대학 1학년 수준의 교양에 머물러 있다. 인문학 전공자는 자연과학이나 과학기술에 관심을 갖지 않는다. 지식정보공학이나 과학기술 전공자들 역시 인문학에 거의 관심이 없다. 하지만 인문학적 지식과 전공 지식이 결합해야 제대로 된 다학제적인 창의적 산업이 가능해진다. IT사업의 80%가 소프트웨어이며, 소프트웨어의 80%는 데이터다. 구글, 애플, IBM, 인텔의 성공 뒤에는 인문학이 있다.

바야흐로 교육 체계의 혁신이 필요하다. 지식정보화와 더불어 산업사회는 급변하고 있다. 현실에 적실성을 가질 수 있는 현장 중심의 교육, 교육과정 개편이 필요하다. 새로운 정보화 환경에 맞춰 학생들에게 가르치는 내용 역시 달라져야 할 것이다.

그렇다고 단순히 산업체 입맛에 맞는 인력을 양성해야 한다고 주장하는 것은 아니다. 교과과정의 적절한 정비와 더불어 교육 현장에서 현실에 대한 균형 감각을 길러주는 것이 필요하다. 산학협력, 현장 인턴제, 실무 위주 프로젝트 수행 등의 교육을 통한 실무 역량을 갖춘 인력 양성이 요망된다.

이와 관련하여 최근(2016) 교육부에서 추진하는 「대학 인문역량 강화(initiative for COllege of humanities' Research and Education, CORE · 코어) 사업」과 「산업연계 교육 활성화 선도대학(PRogram for Industrial needs - Matched Education, PRIME · 프라임) 사업」에 주목하게 된다. 대학의 인문 역량을 강화하고 사회수요 맞춤형 지역인재 양성의 핵심역할을 수행하겠다는 것이다. 전국적으로 많은 대학에서 관심을 갖고 지원하려고 한다.

4) 변하는 대학과 새로운 학과의 출현

우리 시대는 문자에서 이미지로 바뀌어가고 있다. 디지털로 표현하는 '디지털 인문학(Digital Hmanities)'이 떠오르고 있으며, 매년 「세계디지털인문학 세계학술대회」가 열리고 있다. 지난 2014년에는 스위스 로잔에서 개최되었는데 참여 학자 873명, 발표 논문 223편이었다. 우리나라에서도 2015년 5월 30일 인문콘텐츠학회 주관하에 「한국디지털인문학협의회」(초대 회장 김현)가 창립되었다. 그때 필자도 참여했으며, 인문콘텐츠학회 부회장으로 발기문을 낭독하기도 했다.

디지털시대는 인문학적 성찰을 필요로 한다. 동시에 인문학의 디지털화 역시 필요하다. 그러기 위해서는 디지털과 인문학이 기꺼이 서로 만나야 한다. 그런 만남은 이미 시작되었다. 그런 변화는 대학 내에서도 일어나 새로운 이름의 학과들이 생겨나고 있다. 문화콘텐츠학과, 문화경영학과, 디지털콘텐츠학과, 미디어기술콘텐츠학과, 미디어커뮤니케이션학과, 역사콘텐츠학과, 인문정보학과, 동북아문화산업학부, 지식콘텐츠학부 등. 필자가 재직하고 있는 원광대학교에서도 일찍이 2004년부터 '문화콘텐츠창업학교'를 운영한 바 있다. "문화콘텐츠산업의 중요성과 가능성을 인식시키고 자신의 전공과 관련한 창업의욕과 의식을 높이며 취업 및 창업의 길을 안내하고자 매 학기 문화콘텐츠산업 창업학교를 개설"한 것이다.

다양한 차이점이 있지만 인문학적 소양을 교육시키며 디지털 매체에 대한 이해를 바탕으로 문화콘텐츠 관련 실무적 능력을 발휘할 수 있는 인재를 양성한다는 점에서는 다를 바 없다. 산업계에서도 이야기를 만드는 것뿐만 아니라 이야기를 전달하는 능력을 갖춘 인재를 원하기 때문이다. 다양한 매체의 특성에 따라 특화된 스토리텔링 교육을 실시해 콘텐츠산업에 걸맞은 인재를 길러내야 한다. 놀랍게도 문화콘텐츠산업의 성장세는 국내총생산(GDP, Gross Domestic Product) 성장률을 압도한다. 문화콘텐츠산업에 정통한 인재에 대한 수요는 꾸준히 늘고 있다.

5) 문화자본주의, 전문 인력 그리고 창업

2015년 1월 CES(세계 최대 전자제품 전시회) 기조강연에서 존 체임버스 시스코 회장은 "10년 내에 현존하는 주요 기업 중 40%만 살아남을 것"이라 했다. 생존하기 위해서는 변해야 하고, 또 변해야 한다. 137년 전통의 제너럴일렉트릭(GE)은 전구에서 헬스케어로, 창립 119년을 맞은 두산은 맥주산업에서 중공업으로 변신했다.

그렇지 못한 사례도 있다. 120년의 역사를 가진 코닥(Eastman Kodak Company, 1888년 창립)은 필름을 '코닥'으로 부를 정도로 급성장했으며 한 때는 미국 20대 기업에 들기도 했다. 1975년에는 세계 최초로 디지털카메라를 개발하는 데 성공했다. 하지만 디지털카메라가 향후 아날로그 필름시장 전체를 바꿔놓을 것이라고 판단하고, 코닥은 디지털카메라의 상용화를 추진하지 않았다. 그러나 1998년 일본이 보급형 디지털카메라를 출시하면서 필름 카메라는 급속도로 위축되기 시작했다. 변신하지 못한 코닥은 2012년 파산보호신청을 하게 되었으며, 이듬해(2013)에는 마침내 필름 및 카메라사업부를 매각하게 되었다.

우리나라에서는 20대 젊은이들의 취직난과 구직난이 이미 심각한 상황에 이르렀다. 한편에서는 창의적인 일을 할 수 있는 인력 부족 현상도 나타나고 있다. 필요한 능력과 자격 요건을 갖춘 사람은 오히려 적다. 한쪽에서는 넘치고 다른 한쪽에서는 부족한 것이다.

그렇다면 어떻게 해야 할 것인가. 무엇보다 문화자본주의 시대에 적극적으로 대응할 수 있는 '인문학적 소양'을 갖춘 '창의적인 인력'이 필요하다. 미래를 향한 큰 흐름에 발맞추어 나아갈 수 있는 사람들, 나아가 새로운 흐름 자체를 만들어갈 수 있는 창의적이고 전문적인 인력이 필요하다. 필요하다고 말하는 것만으로는 충분치 않다. 그런 전문 인력을 길러낼 수 있어야 한다. 예컨대 문화산업 관련 기획 · 제작 · 유통 등 제 분야에 소양을 가진 콘텐츠 인력, 문화콘텐츠 전반에 걸친 현황과 성과, 비전을 파악하여 이론과 실무를 겸비한 인력, 인문학적 소양과 공학적 소양을 겸비한 멀티플레이어로 지식정보화 시대를 선도할 콘텐츠매니저(contents manager)가 필요하다.

전문 인력 양성이라 했지만, 학생들 입장에서는 그런 방면에 관심을 가지고 자신의 미래상을 설정해가는 것이다. 대학과 학과가 토대가 되어 그 틀 안에서 지식과 더불어 창의성과 인문학적 소양을 가진 융합형 문화콘텐츠 전문 인력이 성장할 수 있다. 무엇보다 인문학적 상상력 개발과 다양한 능력의 습득이 전제되어야 한다.

당연히 '창조적인 인력'이 뒷받침되어야 한다. 그들이야말로 새로운 형태의 기업과 조직을 만들어낼 수 있다. 다시 말해 내일의 '창업의 주역'이 될 수 있다. 더 이상 변화를 늦출 수 없다. 시간이 많지 않다. 역설적으로 말해서 변하지 않기 위해 변해야 한다. 창조적인 발상의 전환, 인문학의 융합화가 필요하다. 통섭 내지 융복합학이라 해도 좋겠다.

제2부

인문학 전산화의 기원

1. 인문학 DB 편찬과 구축 과정
2. 한국사 자료의 전산화
3. 향토사 자료의 전산화
4. 한국 철학 원전의 전산화

1
인문학 DB 편찬과 구축 과정

1) 데이터와 데이터베이스

데이터(data)란 정보 작성을 위해 필요한 자료를 말하며, 이는 아직 특정 목적에 대해 평가되지 않은 상태의 단순한 여러 사실을 말한다. 그것을 일정한 프로그램에 따라 컴퓨터가 처리 · 가공해야 비로소 특정한 목적을 달성하는 데 필요한 정보, 즉 데이터베이스(database)가 구축되는 것이다. 데이터베이스란 서로 유관한 관계를 맺고 있는 자료들을 수집하고 그 가운데서 필요한 정보를 선별하여 조회할 수 있도록 가공해놓은 것을 말한다.

'전산화'에 대한 가장 흔한 오해는 단순히 문자를 입력해 넣기만 하면 전산화가 이루어지는 것으로 생각하는 것이다. 어떤 연구자들은 워드프로세서를 이용해 필요한 자료를 한문으로 직접 입력하기도 한다.

연구의 효율을 높이고자 하는 마음은 충분히 이해할 수 있다. 하지만 문자 데이터 입력은 데이터베이스 구축에 있어 필수불가결함과 동시에 전체 공정으로 보면 극히 일부분에 지나지 않는 작업이다. 필자의 경험에 비추어보면 자료를 전산 입력하는 작업은 전문 훈련을 받은 오퍼레이터에 의해 훨씬 더 신속하고 정확하게 수행될 수 있다.

그러면 전산화 과정에서 인문학 연구자들이 할 수 있는, 그리고 해야 할 역할은 없는 것일까? 그렇지는 않다. 인문학 자료의 전산화는 전산 분야의 일반적인 지식과 경험만으로는 결코 이루어질 수 없는 전문적인 특수성을 갖는다. 그래서 인문학 자료의 전산화는 '인문학'과 '전산학'이라는 두 분야 전문가들의 긴밀한 협업을 통해서만 이루어질 수 있다.

데이터베이스 구축을 위해 인문학 연구자들이 담당해야 할 일은 오히려 입력된 자료의 완성도를 높이기 위한 검증이나 자료들 사이의 연관성을 부여하는 일이라 할 수 있다. 반면 전산 기술자들은 대상 데이터가 컴퓨터 내에서 모두 부호화될 수 있도록 코드체계를 정하고 그에 상응하는 서체를 개발해야 하며, 데이터베이스에 수록될 정보를 입력하는 소프트웨어를 개발해야 한다. 그런 다음 구축된 데이터베이스를 사용자가 손쉽고 빠르게 찾아볼 수 있게 해주는 정보 검색 소프트웨어를 개발해야 한다. 전산화 자료를 이용할 사람들이 원하는 작업이 이루어질 수 있도록 기술 지원을 해야 하는 것이다. 이 같은 요소 기술의 개발이 이루어지고 그 작업이 유기적인 연관성을 가질 때, 비로소 유용한 데이터베이스가 구축될 수 있다.

2) 문서와 데이터베이스

데이터베이스 구축의 성패 여부는 시스템의 기능보다는 자료의 정밀성에 의해 좌우된다. 아무리 고성능 운영 시스템으로 구축된 데이터베이스라 하더라도 검색 결과로 얻는 자료에 오류가 있다면 이용하려고 하지 않을 것이다. 따라서 전산화 작업에서 인문학 연구자들이 담당해야 할 몫과 역할이 분명하게 있다.

여기서는 인문학 연구자들이 담당해야 할, 그리고 할 수 있는 몫과 역할, 다시 말해 자료의 입력 및 편찬 부분에 국한시켜 검토해보고자 한다. 구체적으로 텍스트 입력, 한자의 자형 선택, 멀티미디어 자료 입력, 마크업(mark-up), 표점 문제 등에 대해 다루고자 한다.

1 텍스트 입력

전산화 작업은 우선 대상이 되는 자료를 입력하는 것에서 시작된다. 아무리 귀중한 자료라 하더라도, 그리고 아무리 자료가 많다 하더라도 입력되지 않으면 살아있는 정보가 될 수 없다. 다시 말해 데이터베이스 구축의 첫걸음이라 하겠다. 문자 정보를 입력하는 방식에는 컴퓨터 상에서 문서편집기에 글자를 직접 입력하는 방식과 스캐너(scanner)를 통해 복사하여 입력하는 방식 두 가지가 있다. 스캐너는 그림이나 필름을 디지털 형태로 변환하는 장비다. 복사기와 같이 이미지 위를 일정한 속도로 움직이는 빛에 반응하는 센서를 사용하여 이미지를 입력한다.

우선 스캐너 방식을 살펴보자. 복사기와 비슷한 구조를 띠는 스캐너로 문서 1장을 촬영하면 광학문자인식(OCR: Optical Character Recognition) 프로그램이 이미지 데이터를 분석하여 거기에 쓰인 모든 문자 데이터들이 컴퓨터 코드로 전환되어 입력되는 방법이다. 대표적인 방식은 문자선의 특징점을 추출하고 그 개수 및 상대적인 거리 등에 따라 문자를 인식하는 것이다.

그런데 한자의 경우 필사체 자료도 있고, 고(古) 활자의 경우 여러 자형이 있기 때문에 아직까지는 인식률이 낮은 편이라고 하겠다. 앞에서 언급한 바와 같이 『사고전서(四庫全書)』의 경우, 디지털 스캐닝 방식으로 230여만 페이지가 넘는 원문 그림 파일을 모두 스캐닝하고 원문 그림 파일의 전자 파일 데이터베이스를 구축했다. 이는 방대한 규모의 문자에 대한 부단한 한자 학습의 결과물이라 하겠다.

거기서 만들어진 OCR 프로그램을 다른 문서에 적용하기 위해서는 다시 그 문서에 쓰인 활자에 대한 학습이 이루어져야 한다. 따라서 조선시대의 자료 중 가장 많은 문헌에 사용된 활자본의 자형을 선정하여 학습시킨다면, 동일한 활자로 간행된 서적에 대해서는 문자 인식이 가능할 것으로 생각된다. 이에 대해서는 향후 효율적인 텍스트 입력 방식으로서 계속적인 프로그램 개발과 연구가 요망된다.

역시 가장 일반적인 텍스트 입력 방식은 키보드를 이용하여 글자를 직접 입력하는 방식이다. 그런데 이를 위해서는 그러한 자료를 입력할 수 있는 문서 편집기가 구비되어 있어야 한다. 또 자료 입력을 위해서는 먼저 대상 데이터가 컴퓨터 내에서 모두 부호화될 수 있도록 코드(code) 체계를 정하고, 그에 상응하는 서체(font)를 개발해야 한다. 문자 코드는 전산화의 결과물이 통용될 사회 전반에 걸친 공동의 약속이어야 하므로 국가적 표준으로 정착되어야 한다. 또한 고전 국학 자료에서 통용되는 한자부호계를 모두 수용해야 하므로 이를 입력할 수 있는 입력기의 개발이 이루어져야 한다.

『조선왕조실록』의 경우, 텍스트의 입력은 서울시스템(주)이 자체 개발한 문서편집기 페이지스타(PageStar) 3.0으로 이루어졌다. 이 전문 문서편집기는 동양학 자료 전산처리를 위한 1만 7,367자의 한자 코드와 서체를 모두 수용하고, 'SSC 뿌리법'이라는 고속 한자 입력 기술을 구현한 것이다. 페이지스타 3.0에 탑재된 'SSC 동양 고전 자료 전산처리를 위한 한자 부호계'는 한적(漢籍) 자료 전산 처리를 위한 중요한 한자 코드와 서체 정보를 구성했다.

여기에는 ① 한국의 KS5601, ② KS 5657, ③ 흔글 확장한자, ④ 중국의 GB, 대만의 BIG5, 일본의 JIS 국가 기본 한자, ⑤ 그간 한국학 전산화 작업을 통해 구축한 『조선왕조실록』, 『사마방목』, 『고종 · 순종실록』 등에 출현하는 확장한자까지 모두 포함된다. 참고로 1995년 간행된 『CD-ROM 조선왕조실록』 텍스트 입력 시에는 1만 7,367자가 수록되어 있었으나, 이후 1999년 간행된 『CD-ROM 고려사』 텍스트 입력 시에는 1만 8,193자로 확장되었다. 인명과 지명 등에 갖은 벽자(僻字)들이 쓰였기 때문이다.

'뿌리법'은 한자를 형태적으로 분석하여 개개의 글자를 이루는 조

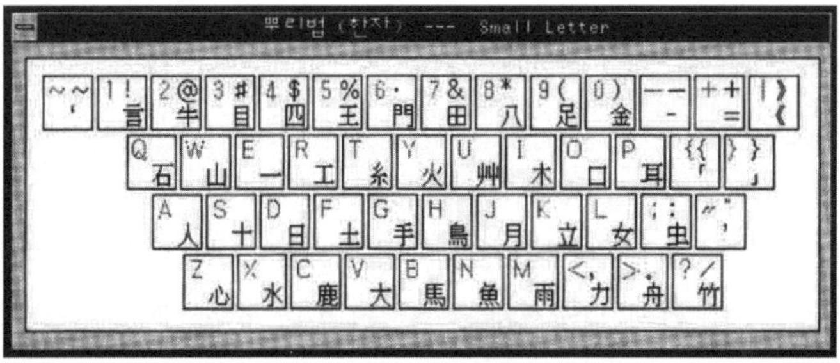

〈그림 2.1〉 SSC 뿌리법(초고속 한자입력법) 입력 자판

성 요소(뿌리)를 코드화함으로써 그 코드를 입력하면 즉석에서 한자로 변환될 수 있도록 개발되었다. 한자를 구성하고 있는 각 부분의 모양을 분석하면 248종의 요소로 나눌 수 있다. 이것을 자근(字根)이라 하는데, 우리말로는 '한자의 뿌리'라고 할 수 있다.

248개의 한자 뿌리를 비슷한 모양 또는 의미상 유관성이 있는 것끼리 묶되, 모아 쓸 경우 중복 비율을 최소화할 수 있도록 하여 40종의 뿌리 집합을 구성했다. 이들 40종의 뿌리 집합을 코드화하여 컴퓨터 자판의 40개 키에 배당한 것이 바로 뿌리 코드다. 뿌리 코드는 일반적으로 한자의 필순, 즉 필획을 써 나가는 순서에 따라 정해졌기 때문에 쉽게 익힐 수 있다. 예컨대 男은 田+力으로, 田의 자판에 해당하는 '7'과 力에 해당하는 ',' 자판 두 개를 치면 입력된다. 伽의 경우는 'A'(人) ','(力) 'O'(口) 3개의 키를 치면 입력된다.

이 방법은 많은 연구자들이 한자 입력 방식으로 사용하는 음가, 부수, 획수 입력 방식에 비해 효율적이다. 데이터베이스 구축에 있어서는 쉽고 빠른 입력법이 중요하다. 음가로 입력하는 경우, 한글을 입력하고 한자 변환키를 눌러 그 음에 해당하는 수십 개의 한자를 모두 불러내어 필요한 한자를 찾아 선택하는 것이다. 그런데 모양으로 입력하는 경우에는 음가 입력 시 발생하는 유사한 한자 입력에 따른 오타율을 획기적으로 줄일 수 있으며, 빠르게 입력할 수 있다. 또한 한자의 음을 전혀 모르는 전문 오퍼레이터도 무리 없이 작업을 진행할 수 있다는 장점이 있다.

이 외에 한자를 형태적으로 분석하여 입력하는 방식으로는 사각호마법(四角號碼法), 오필자형법(五筆字型法), 정마법(鄭碼法), 송마법(宋碼法) 등이 있다. 또한 음가 입력 방식을 개선한 재춘법이 있다. 이는 기본 글자들을 조합하여 입력하는 구조로 株(주)는 '목주', 愁(수)는 '화화심' 등으로 입력하는 방식이다. 참고로 원전 『조선왕조실록』의 5,300만 자 역시 뿌리법에 의해 입력이 완료되었다.

하지만 표준화되지 않은 한자 사용이 불가피한 자료를 전산화할 때에는 거기에 포함된 한자가 빠짐없이 구비된 입력기를 미리 입수하는 것은 사실상 불가능하다. 예컨대 『사마방목』에 출현한 벽자 중에는 『CD-ROM 조선왕조실록』을 제작하는 데 사용된 1만 7,367자의 범위를 넘어서는 것들도 있었다. 그 결과 745자의 추가 한자를 새로 개발했다.

부득이 일부 한자는 사후 제작을 전제로 입력 작업을 진행해야 하는데, 그때는 합리적인 마크업 방법을 채택하는 것이 차후 작업의 난이도를 가늠하는 관건이 된다. 입력기에 없는 한자의 경우, 특정한 기호와 한자 음 등을 표시해두면 데이터베이스 구축 과정에서 중복 작업을 피할 수 있다. 쪽자를 한다거나 글자의 장평을 조절하여 만드는 경우, 데이터베이스 구축 과정에서는 그러한 정보가 소실되기 때문이다.

또한 아무런 표시를 해두지 않는다면, 데이터베이스 구축 과정에서 입력되지 않은 한자를 다시 원전 책자에서 일일이 확인하지 않으면 안 된다. 확인해야 할 자료의 양이 많지 않으면 단시일에 끝날 수 있지만, 분량이 많을 경우 연구자는 어떤 글자인지 확인하고, 음을 확인하기 위해 자전을 찾아야 하고, 부수와 획수를 확인해야 하는 일련의 노력을 다시 수행해야 한다. 동음이자(同音異字)가 있기 때문에 독음 이외에 부수와 획수를 병기해두는 것이 좋다. 그것은 검색 프로그램에서 비상용한자를 찾기 위한 정보로 유용하게 활용된다.

2 한자의 자형 선택

입력 과정에서 가장 문제가 되는 것은 입력할 한자의 자형 선정이다. 이는 원본에 이체자가 있는 경우, 원본대로 입력할 것인지 아니면 정체자로 바꾸어 입력해야 할 것인지를 결정하는 문제다. 이체자란 음과 뜻이 같되 형태가 다른 글자를 말한다. 한국, 중국, 일본에서 국가 표준으로 사용하는 국가규격코드의 한자 세트인 「국제 문자 부호계(UCS: Universal Multiple-Octet Coded Character Set)」에서도 정체자와 이체자가 혼용되어 있다. 叙(53D9)와 敍(654D), 戲(622F)와 戱(6232) 등이다(괄호 안은 해당 유니코드 번호). 한문 원전 입력을 시도해본 경험이 있는 사람이라면 누구나 한 번쯤은 부딪히기 마련인 문제라 할 수 있다.

원본대로 입력하는 경우와 그렇지 않은 경우의 장단점을 살펴보기로 하자. 원본의 자형과 동일하게 입력하는 경우에는 다음과 같은 장점이 있다. 우선 각 시대마다 용도가 변형되었을지도 모르는 한자의 모습을 관찰할 수 있다. 예를 들면 목판본에서 '성균관(成均館)'과 성균관(成均舘)의 '관(館)'과 '관(舘)'은 혼용되어 있다. 이것은 어쩌면 하나의 역사적 사실일지도 모른다. 다시 말해 시대에 따라 관(館)과 관(舘)을 구별하여 사용했을지도 모르는 것이다. 거기에 어떤 의미의 변화가 있을 수도 있다는 것이다. 원문대로 입력하면 각 시대의 역사적 상황 혹은 문자학적 변천을 관찰할 수 있다. 그리고 자형을 있는 그대로 입력하므로 입력할 때 생길 수 있는 혼란을 줄일 수 있다.

그런데 원본대로 입력하는 경우 다음과 같은 문제가 발생하게 된다. 원본의 명백한 오자에 일일이 교감 표시를 해야 하는 부담이 있다. 목판본에는 전혀 다른 글자임에도 불구하고 혼용되는 일군의 한자가 있기 때문이다. 예를 들면 상당 부분의 목판본에서는 기(己), 이(已), 사

(巳) 등을 혼용하고 있으며, 礻와 示, 扌와 木 부수를 혼용하고 있다. 그런 부분까지 원문대로 입력하는 것은 아무런 의미가 없으며, 각각의 한자를 교감한다는 것 역시 무의미한 일이다.

또 이체자를 혼용하는 경우가 있다. 예를 들면 계(鷄)와 계(雞), 검(劍)과 검(劒) 등은 어떠한 의미 차이나 시대적 상황을 표시하지 않으면서도 혼용된다. 이들을 원본에 따라 입력할 경우에는 검색자가 모든 이체자를 알고 있지 않는 한 검색 대상에서 제외될 것이다.

이러한 문제를 해결하기 위해서는 한자의 자형 가운데 어떤 자형으로 입력할 것인가를 미리 결정해야 한다. 인명은 이체자를 그대로 수용하더라도 관직명 · 관청명 및 일반 명사 등에 쓰인 이체자는 정체자로 통일하는 것이 필요하다. 전산화의 기본 목적은 자료의 검색에 있기 때문이다. 예컨대 『사마방목』 등의 자료를 보면 사도시(司䆃寺)를 사도시(司道寺)로 칭하거나, 진주(晉州)와 진주(晋州), 우봉(牛峯)과 우봉(牛峰) 등을 혼용하는 예가 많다. 이런 경우, 교정할 때 연구자의 판단에 따라 자형을 통일해주어야 한다. 다시 말해 연구자가 판단해야 할 몫이라 하겠다.

텍스트를 입력한 뒤 데이터베이스로 구축하여 정보를 검색하는데, 이체자의 문제는 검색의 신속성 · 효율성 · 정확성을 위해서라도 선결되어야 한다. 이체자 문제를 고려하지 않는다면, 정보의 검색과 분석에 심각한 오류를 내포하거나 불완전한 결과를 초래할 수 있다. 원활한 자료 검색을 위해서는 이체자의 사용과 동의어 및 유사어의 처리 방안에 대한 분명한 기준이 확립되어 있어야 한다. 자형의 통일된 입력 방안이 제기된다면 연구의 생산성을 높일 수 있다. 데이터의 작성, 변화, 검색, 응용에 활용 가능한 「정체자표(正體字表)」를 중심으로 배열하는 표준안의 작성은 학계와 서체 전문가들의 충분한 토의를 거쳐 확립되어야 하며, 정체자와 이체자 상호 간의 관계가 일정하게 정부 차원에서 국가 공인 표준안으로 확정되어야 한다.

하지만 이들을 하나의 자형(字型)으로 통일하는 것은 거의 불가능하다. 따라서 이체자가 혼용된 상태에서도 완벽한 검색을 하기 위해서는 정체자와 이체자를 통제하여 한꺼번에 검색해줄 수 있는 시서로스(Thesaurus) 체계를 구성해야 한다. 그러면 정보를 검색할 때 ① 정체자만 검색 대상으로 하는 경우, ② 이체자를 포함하여 검색하는 경우로 사용자가 선택하여 검색 범위를 제어할 수 있다. 중국 서동문사(書同文社)에서 개발한 『사고전서(四庫全書) CD-ROM』에서는 이 같은 검색 방법을 지원하고 있다.

3 멀티미디어 자료 입력

가공 처리해야 하는 모든 자료가 텍스트 문서로만 되어 있는 것은 아니다. 그림, 도표, 그래픽 자료, 그리고 경우에 따라서는 음향, 동영상까지 포함될 수 있다. 전산화 과정에서는 그런 자료들까지 처리할 수 있어야 하며, 또 그렇게 할 수 있다. 이처럼 컴퓨터에서 정지화상, 음향, 동영상, 그래픽 자료 등 다양한 형태의 정보를 이용하는 것을 '멀티미디어(multimedia)' 또는 '다중매체(多重媒體)'라 한다. 그러한 정보 역시 사용자의 필요나 요구에 따라 서로 참조할 수 있도록 제시되어야 한다.

멀티미디어 자료는 생동감 있는 정보를 전달해줄 수 있을 뿐만 아니라 문화재 복원 같은 실질적인 작업에서도 활용성이 매우 높다. 예컨대 3차원 컴퓨터그래픽 기술은 가상 현장감이라는 응용 분야의 등장으로 각광받게 되었다. 미륵사지 석탑(국보 제11호) 복원 프로젝트 역시 컴퓨터 영상 처리 첨단 기술을 문화재 복원에 응용한 것으로, 원형 고증 작업의 신속도 및 정밀도를 향상시켜준다.

멀티미디어 자료는 다음과 같이 가공 처리된다. ① 정지화상은 스캐너가 장착된 마이크로컴퓨터 상에서 이미지 데이터 파일을 생성한다(bmp, gif, jpg, tif 등의 이미지 파일). ② 음향은 DAT(Digital Audio Tape) 플레이어 등 음향 재생 장치의 출력 단자를 마이크로컴퓨터에 설치한 사운드보드(Sound Board)에 접속하여 입력한다(wav, ra, au, mpg 등의 음향 파일). ③ 동영상은 VCR(Video Cassette Recorder) 등 영상 재생기의 출력 신호 단자를 마이크로컴퓨터에 설치한 동영상 디지타이징 보드(Video Capture Board)에 접속하여 입력한다(avi, mov, ram, wma, mpeg 등의 동영상 파일). ④ 그래픽 자료는 지도, 도표 등 편집 소프트웨어로 데이터를 생성하여 파일로 저장한다.

실제로 『조선왕조실록』 DB에는 『세종실록』 「오례」에 수록된 제기(祭器), 악기(樂器), 관면(官冕), 병기(兵器) 등 355장의 그림과 찬실도(饌實圖), 악현도(樂懸圖), 배반도(排班圖) 등 44개의 도표 자료도 가공하여 입력시켰다. 또 이러한 멀티미디어 자료는 해당 자료가 나오는 본문 기사와 연결하여 참조할 수 있도록 했다. 도표에는 변(籩), 두(豆), 보(簠) 등의 제기(祭器)와 제사음식 차리는 방법을 그린 찬실도 등과 같이 상용한자 이외에도 다수의 비상용한자가 사용된다. 따라서 도표의 경우에는 그러한 확장한자들을 구현하고, 확대 · 축소를 자유롭게 하기 위해 그림이 아닌 표로 전문 편집 에디터에서 입력했다.

텍스트 다음으로 자주 사용되는 미디어는 그림 자료이다. 그림은 글자로는 표현할 수 없는 생생한 정보를 제공한다. 작업 공정을 보면 ① 그림에 따라 이미지 규격 확정, ② 자료에 관한 제목(캡션) 정리, ③ 스캐너를 통한 이미지 디지타이징 작업, ④ 포토샵(Adobe Photoshop) 등 프

〈그림 2.2〉『세종실록』「오례」
가례 노부(鹵簿)

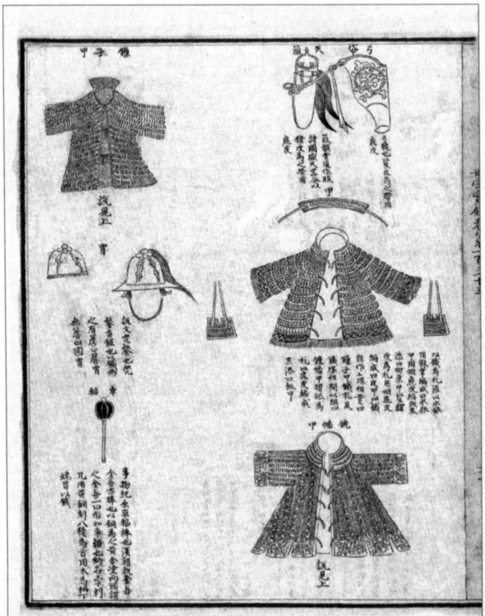

〈그림 2.3〉『세종실록』「오례」
군례 병기(兵器)

로그램에서 이미지 보정 작업, ⑤ 이미지 데이터 파일 완성 순으로 이루어졌다. 이렇게 만들어진 이미지는 사진 크기를 손톱만큼 작게 하여 본 사진을 불러올 수 있는, 즉 사진 자체를 아이콘화하는 섬네일(thumbnail) 기능도 구현할 수 있다.

그 과정에서 연구자가 유념해야 할 사항은 ②번 공정인 그림 자료에 대한 캡션을 정하는 일인데, 간략하면서도 전문적인 설명이 이루어져야 한다. 실록의 경우, 원전에 있는 제목을 그대로 사용했지만 복잡한 그림이나 동영상의 경우 전문가의 안목이 더욱 필요하다고 하겠다.

③번 공정인 이미지 스캐닝은 그림, 사진 등과 같은 멀티미디어 자료뿐 아니라 텍스트 입력의 보조 수단으로 유용하다. 스캐너 입력을 통해 디지타이징하면 컴퓨터 화면에서 원문을 그대로 확인할 수 있다. 고전적 원본을 스캐닝하는 것은 자료의 형태를 보존한다는 측면에서도 중요하다. 물리적으로 보존에 완벽을 기한다고 해도 시간 흐름에 따라 마모되기 때문이다.

따라서 책상 위의 컴퓨터에서 마우스 클릭 한 번으로 도서관 서가에 꽂힌 빛바랜 한문 원본 한 장 한 장을 책장 넘기듯이 볼 수 있다. 또한 독해하기 어려운 글자는 컴퓨터의 확대 기능을 통해 확인할 수 있다. 특히 초서체나 필사체 자료의 경우 유용하다. 이와 같이 연구자는 텍스트 입력과 함께 원문 이미지 스캐닝 방식을 병용하여 컴퓨터 검색 결과를 통해 내용을 파악하고, 영인된 원전을 도서관이나 서가의 책꽂이에서 일일이 대조 확인할 필요 없이 컴퓨터에 제공된 한문 원전 이미지를 바로 열람할 수 있다. 이는 연구의 생산성을 크게 신장시킬 수 있음은 물론이다.

이때 텍스트 입력 자료와 이미지 스캐닝 자료를 연관시키기 위해서는 '관련 정보'를 데이터베이스에 부기해주어야 한다. 텍스트 입력 자료를 보다가 해당 원문을 보고자 하여 관련 아이콘을 마우스로 클릭했을 때, 원문 이미지가 바로 화면에 나타나는 것은 데이터베이스 중간 중간에 스캐닝된 이미지 파일명이 링크(link)되어 있기 때문이다. 이미지 파일들을 유기적으로 결합하여 다른 자료로 연결되는 통로를 만들어준 것이다. 인터넷에서 마우스로 파란 글자를 클릭하면 연관된 하위 정보를 볼 수 있는 것도 하이퍼텍스트(hypertext) 활용의 한 예이다.

4 마크업(mark-up)

고전 자료 데이터베이스에 정보 검색 기능을 부가하여 자료 이용의 효용성을 높이는 일은 프로그램 개발 능력을 가진 전산 기술자들만의 몫인 것처럼 보이지만, 실제로는 그렇지 않다. 겉으로 드러나지는 않지만, 자료의 성격과 구조를 아는 인문학 연구자들이 장기간의 노력 끝에 자연 상태의 원시 자료를 컴퓨터가 읽어낼 수 있는 형태의 '전산가독형(電算可讀型)' 자료로 변형시켜놓았기 때문에 가능한 일이다.

전산 데이터는 그 내용을 그대로 입력하는 것이 아니라 원시 데이터에 자료를 이루는 각각의 요소들 간의 구조적인 관계를 밝히는 기호를 부가해야 한다. 이를 '마크업(mark-up)'이라 한다. 프로그램이 정보를 읽고 원하는 기능을 수행할 수 있도록 하기 위해 문서에 일정한 기호를 표시하는 작업이다. 이러한 기호 부가 작업은 자료를 전산가독형으로 만드는 데 필수적인 공정이라 하겠다. 따라서 데이터베이스 작업은 반드시 이 과정을 거쳐야 한다.

『조선왕조실록』 데이터베이스 작업에 사용한 마크업 규칙은 HTML(Hyper Text Markup Language)을 기반으로 한다. HTML은 인터넷 상에서 국제적으로 통용되는 문서 형식으로, SGML(Standard Generalized Markup Language, ISO 8879)에 기초하여 만든 것이다. 거기에 실록의 자료적 특성을 표현하는 데 필요한 몇 가지 기호(tag)를 첨가했다. 그래서 실록 DB 곳곳에 여러 가지 기호가 부가되었다. 기호들은 각 요소들 사이의 구조적인 관계를 정의한다. 즉 자료를 구조적으로 분석하여 그것이 어떤 요소들로 구성되어 있으며, 그들 중 어느 것이 어느 것보다 상위 요소이고, 어떤 것이 어떤 것에 종속되어 있는지 밝히는 것이다.

구체적으로 실록에 적용한 마크업 기호의 종류와 용도는 〈표 2.1〉과 같다. 본문에 사용된 문장 부호 역시 그것으로 문장 요소의 성격을 표시하도록 했다.

이와 관련하여 『조선왕조실록』 DB에는 원문의 ○표를 하나의 기사로 간주해 각 기사마다 그 기사 내용을 축약 표현한 「기사제목」을 작성해 붙였다. 「기사제목」 숫자는 『태조실록』에서 『철종실록』까지 36만 2,161개, 『고종실록』과 『순종실록』은 3만 2,803개이다. 이들을 합하면 300페이지 책으로 환산하여 약 60책에 이르는 방대한 분량이다.

당연히 국역본에는 없는 것으로, 데이터베이스 사용자들의 편의를 도모하기 위해 전산화 과정에서 첨가한 것이다. 「기사제목」은 검색하거나 열람할 때 내용 파악을 용이하게 해준다. 기사 중에서 짧은 것은 한 줄이 채 안 되는 것도 있지만, 긴 것은 원고지 수백 장이 넘는 경우도 있다. 이용자가 검색하여 얻은 결과가 몇백 또는 몇천 건에 이를 때, 그 기사가 필요한 것인지 아닌지 확인하기 위해 일일이 다 읽어야 한다면 그 노력만 하더라도 만만치 않을 것이다. 이때 「기사제목」을 참조하면 한눈에 일별하여 필요한 자료만 선택할 수 있다. 또 「기사제목」 안의 단어들은 검색 접근점으로 쓰일 수 있다. 왜냐하면 「기사제목」에만 한정시켜 필요한 정보를 찾을 수 있기 때문이다.

〈표 2.1〉『조선왕조실록』 데이터베이스의 계층 구조화

① 표제(標題)를 표시하는 기호
〈h1〉 .... 〈/h1〉 왕대별 실록의 최상위 표제
〈h2〉 .... 〈/h2〉 왕대별 실록 각 권의 표제
〈h3〉 .... 〈/h3〉 재위연도, 총서, 부록 및 『세종실록』의 「오례」, 「악보」, 「지리지」, 「칠정산내외편」 표제
〈h4〉 .... 〈/h4〉 월 표시 및 「오례」, 「악보」, 「지리지」, 「칠정산내외편」의 대항목 표제
〈h5〉 .... 〈/h5〉 일, 간지 표시 및 「오례」, 「악보」, 「지리지」, 「칠정산내외편」의 중항목 표제
〈h6〉 .... 〈/h6〉 「오례」, 「악보」, 「지리지」, 「칠정산내외편」의 소항목 표제
〈h7〉 .... 〈/h7〉 「오례」, 「악보」, 「지리지」, 「칠정산내외편」의 세항목 표제

② 본문의 구조를 표시하는 기호
〈t〉 .... 〈/t〉 기사 본문의 시작과 끝
〈n〉 .... 〈/n〉 원주(原註)
〈e〉 .... 〈/e〉 사론(史論)
〈r〉 .... 〈/r〉 다른 판본의 기록

③ 본문에 부가된 정보를 표시하는 기호
〈s〉 .... 〈/s〉 본문 내용 요약문의 시작과 끝
〈a〉 .... 〈/a〉 관련 자료 연결
〈c〉 .... 〈/c〉 역주(譯註)
〈g〉 .... 〈/g〉 분류 색인

④ 문단을 표시하는 기호
〈p〉 .... 〈/p〉 문단
〈pre〉 .... 〈/pre〉 편집된 문단
〈blockquote〉 .... 〈/blockquote〉 인용 문단

5 표점(標點)

표점은 한문 원전에 부가하는 표식 기호이다. 마크업이 자료의 구

조를 표시해주는 것이라면, 표점은 한문 문장의 내용을 분석하여 붙이는 기호 체계라 할 수 있다. 원문을 입력하여 펴낸 기존의 한문 서적을 보면 띄어쓰기 없이 원문 그대로 입력한 경우, 구절 단위로 띄어쓰기 혹은 마침표를 표기하여 구분한 경우, 쉼표 · 마침표 · 방점 등의 구두점을 부가한 경우가 있다.

원문을 읽을 경우 첫 번째보다는 두 번째, 두 번째보다는 세 번째가 문장을 이해하는 데 편리한 것은 물론이다. 실제로 표점이 찍혀 있는 텍스트의 경우, 훨씬 쉽게 내용을 파악할 수 있다. 게다가 표점은 다양한 해독이 가능한 상황에서 한문을 어떻게 읽었는가를 말해주는 기호 체계이기도 하다. 중국에서 간행된 『이십오사(二十五史)』 표점본이 그 표준으로 여겨지고 있다.

『표점 원전 조선왕조실록』 역시 『이십오사』 표점본의 방식을 준용하여 원문에 표점을 부가했다. 1960년대 국사편찬위원회에서 간행한 영인본 『조선왕조실록』에는 단순한 구두점만 표시되어 있을 뿐이었다. 사실 국역본에 이어 원전 『조선왕조실록』 데이터베이스의 개발 계획을 수립할 때 가장 쟁점이 되었던 문제는 원문만 입력할 것인가 아니면 그 원문에 표점까지 덧붙일 것인가 하는 점이었다. 결국에는 표점을 부가하기로 결정했다. 구축된 표점 원문 데이터베이스가 조선사 연구의 기본 자료로서 원문에 대한 이해를 높일 수 있을 뿐만 아니라, 그것을 바탕으로 조선시대사 연구가 한층 더 촉진될 수 있다고 믿었기 때문이다.

원전 『조선왕조실록』에서 활용한 표점기호는 모두 17개(문장 부호와 교감 기호)이다. 국사편찬위원회의 「조선왕조실록 표점 지침」에 따르면, 그 종류 및 기능은 〈표 2.2〉와 같다.

이상의 표점 기호는 데이터베이스로 구축되었을 때, 표점 자체가

〈표 2.2〉『조선왕조실록』 표점 지침(국사편찬위원회)

① , 쉼표: 문장 내부의 단락을 구분하여 말 중간의 쉼을 표시
② . 마침표: 한 구절의 말이 끝난 곳에 쓰여 구절을 마쳤음을 표시
③ 、모점〔頓號〕: 문장 속에서 쉼을 표시. 병렬성분 중간에만 사용
④ · 가운뎃점〔間隔號〕: 큰 동격 명사 내의 작은 동격 명사를 분리하는 표시
⑤ : 콜론〔冒號〕: 다음 문장의 예속 표시
⑥ ; 세미콜론〔分號〕: 문장 내부의 비교적 큰 범주의 쉼을 표시
⑦ ! 느낌표〔嘆號〕: 감탄, 기원 등 강렬한 감정을 표시하기 위해 문장의 끝에 사용
⑧ ? 물음표〔問號〕: 의문문, 반어문, 선택 의문문 등이 끝날 때 사용
⑨ 인용문〔引號〕의 표시 ㉠“ ” 1차 인용문의 표시 ㉡‘ ’ 2차 인용문의 표시 ㉢「 」3차 인용문의 표시 ㉣『 』4차 인용문의 표시 ㉤《 》5차 인용문의 표시
⑩ …… 말줄임표: 글 가운데 생략된 부분을 표시
⑪ —— 말늘임표: 다음 내용에 주석이나 의미의 비약과 중단을 표시
⑫ --- 점선〔波線〕: 인명(人名)을 위주로 한 자(字), 호(號), 시호(諡號), 봉작(封爵), 능호(陵號) 등을 표시
⑬ ____ 실선〔絲線〕: 국명(國名), 지명(地名), 건물명(建物名), 교각명(橋脚名), 절, 창고명(倉庫名), 전문명(錢文名) 등 고유명사를 표시
⑭ ~~~ 물결선〔水波線〕: 서명(書名), 편명(篇名), 곡명(曲名) 등을 표시
⑮ ( )〔 〕교감(校勘)의 표시
⑯ ( ) 연문(衍文)의 표시
⑰〔 〕 탈락된 글자의 보충 표시

다양한 검색어로 활용될 수 있으며, 자료의 효용성이 크게 증대될 수 있다는 점에서 유용하다. 인명, 지명, 서명 등에 부여한 표점 기호를 마크업 기호로 활용하여 거기에 해당되는 사항들을 일괄적으로 추출할 있다.

예컨대 『조선왕조실록』에 기재되어 있는 인명, 지명, 서명 등의 색인 항목을 단번에, 그리고 일목요연하게 뽑을 수 있다. 그렇게 하여 얻는 자료는 『국조인물지(國朝人物志)』나 『문과방목(文科榜目)』 등을 통해 접할 수 있는 인적 사항들과 비교 검토를 통해 역사 이해의 폭을 넓힐 수 있다. 아울러 각종 고문서 자료의 내용 파악이나 연대를 추정하는 데도 유용한 정보를 제공해줄 수 있다. 또한 컴퓨터에서 제공하는 복합 연산자 기능을 같이 사용하여 검색하게 되면, 훨씬 다양한 정보를 얻을 수 있다.

3) 데이터베이스 구축 과정

이용자는 구축된 데이터베이스를 통해 자신이 필요하다고 생각하는 정보나 데이터를 신속하고 정확하게 찾아내어 활용할 수 있다. 이와 같은 데이터베이스를 구축하여 저장 · 관리함과 동시에 여러 사용자가 공동으로 사용할 수 있도록 지원하는 시스템이 '데이터베이스 관리 시스템(DBMS; DataBase Management System)'이다.

오늘날 우리는 이러한 DBMS로부터 수많은 정보를 얻으며 살아가고 있다. DBMS의 종류로는 데이터 모델에 따라 계층적 데이터 모델 기반의 계층적(Heirachical) DBMS, 객체지향(Object-Oriented) DBMS, 객체관계형(Object-Relational) DBMS 등이 있다. 주로 관계형 데이터 모델 기반의 관계형(Relational) DBMS가 널리 사용되고 있다. 오라클(Oracle), MS(마이크로소프트) SQL, 오픈 소스인 MySQL 등이 해당한다.

데이터베이스 구축 작업, 다시 말해 자료 전산화 작업은 크게 텍스트와 멀티미디어 자료 입력 및 가공, 프로그램 개발, 시스템 통합 및 검증, 전자도서 제작 및 웹 탑재 등으로 구성된다.

1 자료 입력 및 가공

앞에서 언급한 바와 같이 데이터베이스 편찬 과정을 보면, 본문 자료를 모두 전산 입력해야 한다. 전산 데이터는 그 내용을 그대로 입력하는 것이 아니라 원시 데이터에 자료를 이루는 각각의 요소들 간의 구조적인 관계를 밝히는 기호를 부가해야 한다. 이른바 마크업(mark-up)이라는 기호 부가 작업은 자료를 전산가독형으로 만드는 데 필수적이다.

가공 처리해야 하는 자료가 텍스트 문서로만 되어 있는 것은 아니다. 그림, 사진, 도표, 음향, 동영상까지 포함된다. 그 같은 멀티미디어 자료는 생동감 있는 정보를 전달해줄 것이다. 요컨대 데이터베이스 편찬은 ① 자료 정리 및 분류 → ② 자료 매체 분석 → ③ 텍스트 입력 / 멀티미디어 자료 입력 및 가공 → ④ 마크업 부가 → ⑤ 교정 및 교열 순으로 진행하게 된다.

2 프로그램 개발

입력하여 마크업 등이 부가된 자료는 데이터베이스로 구축되어야 한다. 이때 필요한 프로그램이 데이터베이스 가공 프로그램이다. 이 프로그램의 주요 기능은 데이터 변환과 색인 산출이다. 데이터베이스

가공 프로그램은 다음과 같은 내용을 포함하고 있다.

데이터 변환

- 기본 마크업 파일 변환: 표준 마크업 파일 생성
- 표준 마크업 파일 변환: 최종 마크업 파일 생성
- 하이퍼텍스트 링크: 본문과 사전, 멀티미디어 자료 간의 링크 정보 생성

색인 산출

- 목록 추출: 전체 목록, 멀티미디어 자료 목록, 부여 색인 목록
- DBF(dBASE Database File) 파일 생성: 데이터베이스 정보 파일
- 데이터로부터 색인어 추출: 단어 검색과 멀티미디어 자료 검색용 색인어
- 추출한 색인어 정렬 및 키워드 파일 생성

이렇게 구축된 데이터베이스를 운영할 수 있는 프로그램이 필요하다. 검색 및 열람 프로그램, 비상용한자 서체 개발 및 구현 프로그램이 포함된다. 이때 본문에 쓰인 한자 벽자(僻字)들을 모두 표현할 수 있도록 디지털 서체가 개발되어야 하며, 프로그램에 탑재 · 구현되어야 한다.

다시 말해 자료 구조에 가장 적합한 데이터베이스 구조 및 색인어 추출 방법, 방대한 어휘로 이루어진 색인 파일에서 최단 시간에 검색 어휘를 찾아내는 방법의 구현이 필요하다. 이 같은 기술의 개발이 이루어졌을 때 비로소 유용한 데이터베이스가 구축될 수 있다. 이를 통해 개인용 컴퓨터에서 방대한 규모의 자료를 신속하게 검색할 수 있으며, 검색된 내용을 편리하게 열람할 수 있다. 이런 과정을 거치게 되면, 모든 자료는 표제 목차, 색인 목차, 전문 검색 및 하이퍼텍스트 링크 등 다양한 검색 방법을 통해 접근할 수 있게 된다.

3 시스템 통합 및 검증

프로그램 개발 업무가 완료되면, 데이터와 프로그램이 연계 운영될 수 있도록 시스템 검증 · 통합 작업을 수행한다. 다시 말해 그 결과물에 대한 검증 작업을 시행하고, 디버깅(debugging)과 테스팅(testing)을 거쳐 프로그램 및 데이터상의 오류 및 미비점을 보완해야 한다. 그 과정에서 인문학 연구자들도 사용자 입장에서 테스트 작업에 참여하여 조언해주는 것이 필요하다.

프로그램 개발이 전산 전문가들의 전유물처럼 여겨졌지만, 이제는 인문학 연구자들도 어느 정도 이해하고 있어야 한다. 고전 국학 자료에 맞는 프로그램을 개발하기 위해서는 이해와 참여가 필요하기 때문이다. 전산 기술자들과 끊임없이 소통하는 것도 하나의 방법일 수 있다. 그렇게 해야 불필요한 작업 절차를 줄이고 작업을 효율적으로 진행시킬 수 있다.

덧붙여 두자면 프로그램 개발에 있어서는 동종의 소프트웨어를 지속적으로 개발할 경우 초기에는 막대한 비용이 소요되나 후속 개발에는 크게 절감할 수 있다. 이미 개발된 요소 기술의 재활용이 가능하기 때문이다.

4 전자도서 제작 및 인터넷 탑재

이와 함께 프로그램 메뉴 화면을 어떻게 할 것인가에 관한 사용자 인터페이스(interface) 디자인, 각종 아이콘, 버튼 등의 그래픽 요소, 로고 화면, 라벨 디자인 등의 작업이 병행된다. 특히 인터페이스 디자인은 인문학 연구자의 전문적인 지식을 바탕으로 제시되면 구축된 데이터베이스의 활용성을 크게 증대시킬 수 있다. 효과적이고 흥미로운 사용자 편의 기능을 제공해주어야 하며, 하나의 화면 안에서 메뉴 및 기능을 실행할 수 있는 자료의 성격을 잘 드러내는 인터페이스를 구성해야 한다.

모든 개발 작업이 완료되면 검증 완료된 데이터베이스, 운영 프로그램, 서체 등의 데이터 시스템을 전자도서에 수록하여 완제품을 생산하게 된다. CD롬 등 전자도서를 복제하기 위해 프레싱(pressing) 공장으로 보내 대량 생산을 하게 된다. 이와 함께 사용자 설명서 작성, 패키지 디자인, 인쇄물 제작 등 제품 개발 작업이 병행하여 진행된다.

이런 일련의 과정을 거쳐 마침내 데이터베이스로 구축, 전자도서가 제작되는 것이다. 인터넷으로 서비스할 경우에도 동일한 작업 공정을 거치면 된다. 고전 국학 자료의 원활한 인터넷 서비스를 위해서는 전자 출판 시스템과 연계 운영할 수 있는 데이터베이스 제작 기능, 인문학 연구자와 같이 전산 분야 비전문가에 의해서도 수행될 수 있는 데이터 편집 기능, 방대한 자료 속에서 필요한 자료를 적시에 찾을 수 있는 정보 검색 기능, 그리고 고전국학 자료에 필수적인 학술용 한자의 인터넷 서비스 기능이 수반되어야 한다.

이렇게 구축된 데이터베이스와 CGI(Common Gateway Interface) 운영 프로그램을 웹 브라우저에 탑재함으로써 인터넷을 통해 데이터베이스로 구축된 고전 국학 자료를 국내뿐 아니라 세계 각국에서 시간과 공간의 제약을 받지 않고 활용할 수 있게 된다.

2
한국사 자료의 전산화[1]

1) 정보화시대의 도래

21세기에 들어서면서 우리는 지식과 정보가 부가가치 창출의 원천이 되는 지식기반 사회, 바야흐로 정보 혁명의 시대를 맞이했다. 이

1 이남희, 「조선시대 자료의 전산화: 데이터베이스 구축의 현 단계와 과제」, 『조선시대사학보』 12, 2000. 이 글을 쓸 당시(1999) 가정용 컴퓨터 보급률은 52%였다. 1990년의 11%에 비하면 비약적으로 늘어난 것이다. 컴퓨터 기종을 보면, 펜티엄 이상이 전체의 64%를 차지했으며, 486급 PC는 26%, 386급 이하의 PC는 7% 정도에 그치고 있다. 보급률뿐만 아니라 보유기종에서도 고급화 현상이 뚜렷하게 나타났다(한국정보문화센터, 「국민생활 정보화 실태 및 정보화 인식 조사」, 1999. 10). 우리나라의 인터넷 사용자 수는 유럽이나 아시아권 국가들을 앞서고 있으며, 도메인(domain) 보유수도 미국 다음으로 많았다(한국인터넷정보센터, 「인터넷 이용자 실태조사」, 2000). 그리고 제43회 전국역사학대회(2000. 5. 26.~27) 주제가 '역사학과 지식정보사회'였다는 것은 주목할 만한 점이다.

는 일차적으로 급속히 전개되는 정보 기술의 발달에 기인한다. 컴퓨터, PC통신, 네트워크, 인터넷 등은 우리 생활의 일부가 되었다. 시스템 요소 기술의 향상에 힘입어 과거 대형 컴퓨터에서만 가능했던 과학 계산 능력을 개인용 컴퓨터 수준에서도 제공받을 수 있게 되었고, 수억 자에 달하는 문자를 1장의 CD-ROM(Compact Disk Read Only Memory)에 담을 수 있게 되었다. 고밀도의 대용량 매체인 DVD(Digital Versatile Disc)도 등장했다. CD의 7배인 4.7GB를 저장할 수 있는데, 고화질의 영화 등 동영상을 위한 광저장 매체라고 할 수 있다.

통신 기술의 발달은 전 세계를 하나의 네트워크로 묶어주는 인터넷 시대를 열었다. '인터넷(internet)'이란 네트워크(network)를 상호 연결하여 정보 통신망 사이의 장벽을 해소한 것으로, 미국 국방부 산하의 각 조직에서 각각 독립된 정보 통신망을 운영하던 것을 하나로 묶고자 하는 시도에서 출발했다. TCP/IP(Transmission Control Protocol/Internet Protocol)라는 통신규약을 여러 통신망 사이의 정보 교류를 위한 공통 규약으로 채택했다. HTML(Hyper Text Markup Language) 문서를 표현할 수 있는 정보 열람 소프트웨어의 광범위한 보급은 멀티미디어 정보의 세계적인 서비스를 보장한다.

선진 각국에서는 국가 운영시스템을 효율화하고 사회 전반의 지식을 증대시키기 위해 정부를 비롯한 공공 부문의 정보화를 적극 추진하는 한편, 학술 · 역사 · 문화 등 주요 지식 정보를 디지털화하여 인터넷으로 유통시키는 대규모 프로젝트가 추진되고 있다. 미국은 국가디지털도서관계획을 수립하여 역사, 문화, 자료, 과학, 환경, 지리, 산업기술 자료 등을 집중 디지털화하고 있으며, 유럽 · 일본 등지에서는 국립도서관, 학술정보센터 등을 중심으로 학술 자료 등을 디지털화하고 그 연계 활용 체제를 강화하고 있다.

정보화 사회를 맞이하여 역사학 분야에서도 각종 연구 자료를 전산화하고자 하는 노력이 꾸준히 이루어져왔다. 방대한 자료를 수집, 가공 처리하여 데이터베이스로 구축한 뒤 검색 시스템을 활용하면 원하는 정보를 손쉽게 찾을 수 있으며, 연구자들의 생산성을 크게 높일 수 있기 때문에 앞으로 전산화 작업은 한층 더 가속화될 것이다. 『삼국사기』, 『삼국유사』, 『고려사』, 『조선왕조실록』, 『고종 · 순종실록』 등의 대표적인 역사서가 CD-ROM으로 간행되었다.

연대기뿐 아니라 방목, 문집 등도 전산화되고 있다. 한 걸음 더 나아가, 이제 CD롬 같은 오프라인(off-line)을 벗어나 온라인(on-line)상에서 국학 연구기관의 웹사이트를 통해 인터넷으로 서비스되고 있다. 이러한 뉴미디어 시대 역사 정보화의 방향에 발맞추어 한국사, 특히 조선시대사 자료를 어떻게 전산화할 것인가 하는 점에 초점을 맞추어 논의해보고자 한다. 조선시대의 경우 고대나 중세사에 비해 현존하는 자료가 훨씬 많고 다양하므로 자연히 자료의 전산화에 주목하게 된다.

먼저 고대, 중세사, 조선시대사 자료를 중심으로 전산화하는 작업이 어떤 단계에 있는지, 구체적으로 어떤 작업이 이루어졌는지 살펴볼 것이다. 이어 전산화 작업을 위해서는 어떤 과정을 거쳐야 하는가에 대해 필자가 직접 참여했던 데이터베이스 구축 사례를 중심으로 서술해나가고자 한다. 그리고 한국사 자료를 전산화하는 데 있어 역사학자들이 해야 할 역할과 유념해야 할 점에 대해 언급하고자 한다.

2) 한국사 전산화 현황

고대와 중세사에 관한 전산화 현황은 『삼국유사』, 『삼국사기』, 『고려사』의 전산화로 집약된다. 사료의 분량이 적은 만큼 다양한 국역 연구서를 토대로 전산화 작업이 추진되고 있는 점이 주목된다.

1991년 한국사상사연구소에서 책자 형태로 『삼국유사』를 전산화, 글자 한 자(一字) 단위로 편찬한 색인집 『삼국유사인득(引得)』을 간행했다. 『삼국사기』의 전산화는 그보다 늦게 이루어졌다. 1999년 한국사사료연구소에서는 『표점 · 교감 삼국사기 CD-ROM』을 간행했다. 동 연구소에서는 1983년부터 고전 국학 자료를 전산 입력, 그 결과를 연구자들에게 공개했다. 같은 해(1999) 서울시스템 한국학DB연구소에서는 한국학중앙연구원 주석본을 저본으로 한 『국역 · 감교 삼국사기 CD-ROM』, 누리미디어에서는 이병도 역주본을 토대로 한 『삼국사기 · 삼국유사 CD-ROM』을 간행했다.

고려시대 기본 사료인 『고려사』의 경우, 1998년 북한 번역본과 원문 이미지가 수록된 『고려사 CD-ROM』(누리미디어)이 간행되었으며, 동아대학교 번역본과 원문을 수록한 『CD-ROM 고려사』(서울시스템)는 2000년 간행되었다. 그리고 1999년 이규보의 문집인 『동국이상국집』이 북한 번역본을 저본으로 하여 CD-ROM으로 간행되었다. 다양한 국역본을 토대로 CD롬이 간행되어 연구자 입장에서는 서로 다른 국역본을 참조하여 비교할 수 있다. 이를 정리하면 다음과 같다.

삼국시대

- 『삼국유사인득(三國遺事引得)』(한국사상사연구소, 1991)
- 『삼국사기(三國史記) CD-ROM』(한국사사료연구소, 1996)

- 『한국고대사료집성(韓國古代史料集成)』 전산화(국사편찬위원회, 1998~2006)
- 『국역감교(國譯勘校) 삼국사기(三國史記) CD-ROM』(한국학중앙연구원, 1999)
- 『삼국사기(三國史記) · 삼국유사(三國遺事) CD-ROM』(이병도 역주본, 1999)
- 『삼국사기(三國史記) · 삼국유사(三國遺事) CD-ROM』(이재호 역주본, 2001)

고려시대

- 『국역 고려사(高麗史) CD-ROM』(북한 사회과학원 번역본, 1998)
- 『동국이상국집 CD-ROM』(북한 사회과학원 번역본, 1999)
- 『국역 · 원전 고려사(高麗史) CD-ROM』(동아대학교, 2000)
- 『국역 고려사절요(高麗史節要)』 전산화(한국고전번역원, 2000)

조선시대 자료의 전산화 작업을 처음으로 시도한 것은 에드워드 와그너(Edward W. Wagner), 송준호의 문과방목(文科榜目) 데이터베이스 구축 작업이다. 일찍이 1960년대부터 시작된 '문과 프로젝트'이다. 그 프로젝트는 조선시대 1만 4,600여 명의 문과합격자를 대상으로, 그들과 관련된 다양한 정보를 문과방목뿐 아니라 각종 족보, 문집 등의 문헌 자료를 토대로 데이터베이스를 구축하는 것이다. 2001년 『보주(補註) 조선 문과방목 CD-ROM』(에드워드 와그너 · 송준호 편주, 동방미디어)으로 간행되었다. 조선시대 엘리트 집단의 성격은 물론, 나아가 조선시대 전체의 성격을 밝히는 데 크게 기여할 것으로 기대된다.

이어 한국학 자료 전산화 작업의 필요성에 대해서는 1981년 한국학중앙연구원에서 개최한 학술회의에서 제기되었다. 정기돈(한국학중앙연구원 문헌자료 관리체계의 구상), 성택경(도서관 업무 자동화의 현황), 류경희(한국어 정보처리 시스템의 개발 현황), 전혜성(한국학 연구인명과 서지정보의 전산화), 이기영(한국학 전산화 현황과 전망), Edward W. Wagner(한국학 자료 전산화에 있어서의 제 문제: 사례보고) 등의 논문이 발표되었다. 이들 논문은 『한국학 자료의 전산화 연구』(한국학중

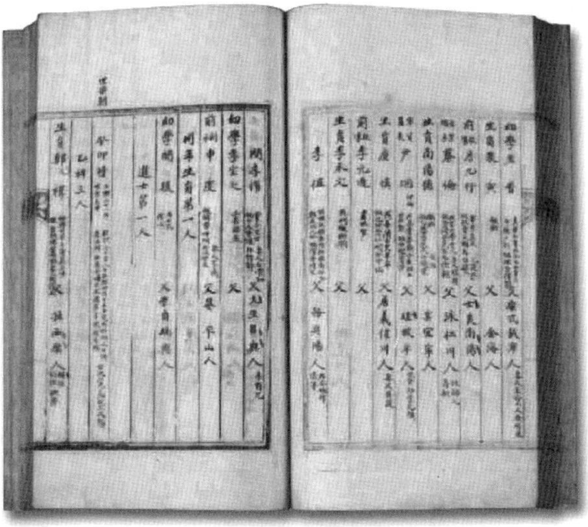

〈그림 2.4〉 문과방목

앙연구원, 1982)에 수록되었다. 그리고 박향재(1983)는 『조선왕조실록』의 검색시스템에 대해,[2] 김기협(1983)은 『고려사』의 컴퓨터 파일 설계에 대해 선구적인 시도를 하기도 했으며,[3] 김현(1987)은 동양학자료 전산화에 관한 구상을 제시하기도 했다.[4]

그 후 인문학자들 사이에서 전산화에 대한 관심이 높아졌다. 실제 데이터베이스 구축 경험을 가진 연구자들을 중심으로 전산화에 대한 논의가 진척되었다. 김병선(한국학 자료 전산처리의 기본 문제), 허흥식(한국학의 목록

2 박향재, 「조선왕조실록의 검색시스템에 관한 연구」, 『계명대학교 산업기술연구소논문보고집』 4, 1983.

3 김기협, 「고려사의 컴퓨터 화일 설계」, 『대구사학』 23, 1983; 「한문자료의 컴퓨터 처리방법 연구」, 『중국학지』 1, 계명대학교, 1983.

4 김현, 「동양학자료 전산화의 구상과 과제」, 『민족문화연구』 21, 1987.

화와 전산정보화), 최진옥(한국사 자료의 전산처리)의 연구[5]와 이성무(한국 편년사료 전산화에 대한 제언), 허성도(검색체계를 위한 자료정리의 선결 요건) 연구 등이 나왔다.[6] 한국학중앙연구원에서 '21세기 정보화시대의 한국학'이라는 주제로 국제학술대회가 개최되었으며,[7] 국립국어원에서는 '한 · 중 · 일 한자 문헌 전산화의 현황과 과제'라는 주제로 국제 워크숍이 개최되었다.[8] 향토사 분야에서도 '21세기 정보화시대와 향토사 연구'라는 주제로 전국학술대회가 열리기도 했다.[9]

실제로 한국사 전산화 결과물이 산출되어 연구자들이 본격적으로

5 한국학중앙연구원, 『정신문화연구』 56, 1994.

6 한국학중앙연구원, 『한국학편년사료대계』, 1997.

7 그중에서 인문학 전산화와 관련된 논문을 보면 다음과 같다(한국학중앙연구원, 『21세기 정보화시대의 한국학: 제10회 한국학 국제학술회의논문집』, 1998).
소강춘, 「남북한 및 중국의 한국학 자료 전산화와 통합방안」; 嶋陸奧彦, 「Computer-Aided Analysis of Kinship Institutions; A Case of Taegu Household Registers」; 이남희, 「고전 국학자료와 데이터베이스 구축방안」; 김흥규, 「유니코드 시대의 정보환경과 한국학」; 강순애, 「한국 고문헌의 목록 시스템과 원문 디지털화의 구현에 관한 연구」; 김병선, 「하이퍼텍스트 저작환경에서의 민족문화 데이터베이스 구축에 대하여」; 허흥식, 「한국학 사료의 정리와 단계별 전산화의 수렴」

8 다음과 같은 인문학 전산화 논문이 발표되었다(국립국어연구원, 『韓中日 漢字 文獻 電算化의 現況과 課題』, 1999. 10).
張軸材, 「『四庫全書』 電子版工程: 大規模閑寂電算化的理論與實踐」; 鄭瓏, 「It's a Breakthrough to have Developed Applied System in Technology of Chines Character Information Processing For Computer to Process 100,000 Chines Characters」; 尹容爽, 「高麗大藏經 Digitizing Project」; 金炫, 「Implementation of the Chosun Wangjo Silok Database using Unicode CJK Ideographs」; 勝村哲也, 「The Demand for the International-scale Transmission of Chinese Character Information」; 油谷幸利, 「A Report on Processing Variant Shapes of Ideographs in Japan」

9 다음과 같은 인문학 전산화 논문이 발표되었다(전국향토사연구협의회, 『한국향토사전국학술대회 논문집』, 1999. 11).
이해준, 「21세기 향토사연구의 과제와 전망」; 차선혜, 「인터넷으로 본 향토사」; 이남희, 「향토사 자료와 데이터베이스 구축의 효용성」; 박경하, 「향토사와 영상매체 활용방안」; 강진갑, 「21세기 정보화시대 향토사학계 변화 전망」

연구에 활용할 수 있게 된 것은 1995년 『CD-ROM 국역 조선왕조실록』(서울시스템 한국학DB연구소)의 출간 이후이다. 413책에 달하는 방대한 분량의 자료를 단 3장의 CD에 수록함으로써 연구자들에게 전산화의 효용성을 그대로 보여주었다. 실록 CD-ROM은 초판을 간행(1995)한 2년 후인 1997년 10월에 개정판을, 1999년 3월에는 재개정판(특별 보급판)을 간행했다. 1997년 개정판에는 기사 분류 색인이 추가되었으며, 1999년 재개정판은 프로그램의 기능면에서 편의성을 증진시켰다. 최신 고밀도 데이터 압축 기술을 사용하여 1장의 CD에 수록했으며, 또한 본문 속에 쓰인 모든 한자는 단어 중간의 글자들도 낱자 단위로 검색할 수 있다(『CD-ROM 국역 조선왕조실록』 특별 보급판 사용안내서, 1999).

국역문과 한문 원문을 동시에 탑재한 『CD-ROM 고종 · 순종실록』(서울시스템 한국학DB연구소)이 간행되었다(1998). 번역문과 함께 구두점을 병기한 한문 원전을 함께 수록함으로써 모든 기사들을 대조 열람할 수 있고, 한글과 한문 모두 검색할 수 있다. 특히 한문으로 기록된 원사료의 내용을 글자 한 자(一字) 단위로 검색할 수 있다. 예를 들어 '文'을 검색하면 4,278건의 기사를 확인할 수 있으며, '武'는 1,732건을 찾을 수 있다.

세종대왕기념사업회의 『국역 증보문헌비고』가 데이터베이스 CD-ROM으로 간행되었다(누리미디어, 2000). 『증보문헌비고』는 영조 때 처음 편찬되었으며, 정조 때 수정 보완이 이루어졌다. 그 후 고종 때(1903~1908) 총 250권 50책으로 간행되었다. 『증보문헌비고』는 조선시대 문물을 집대성한 책으로 정치, 경제, 교육, 천문, 예술, 풍속 등의 전례(典禮)와 고사(故事)를 망라하고 있다. 한국학 연구 분야에서는 빼놓을 수 없는 백과사전이라 하겠다.

그 외에도 한국사 자료를 전산화하고자 하는 노력은 과거합격자 명부인 방목, 각종 법전, 문집, 호적 등의 제 분야에서 활발히 추진되고 있다. 한국학중앙연구원에서 수집 · 정리한 『CD-ROM 사마방목: 생원 · 진사시 합격자 명부』(한국학중앙연구원 · 서울시스템)이 1997년에 간행되었다. 조선시대 설행된 총 230회의 생원시와 진사시 가운데 현존하는 186회의 합격자(생원 1만 9,675명, 진사 2만 974명으로 총 4만 649명)에 대한 신상정보(합격자 본인의 이름, 자, 본관, 생년, 거주지와 부친 등의 품계와 관직, 형제 등 가족사항)가 수록되어 있다.

법전으로는 한국학중앙연구원의 『역주(譯註) 경국대전 CD-ROM』(2000), 한국법제연구원의 『대전회통 CD-ROM』, 고려대학교 민족문화연구원의 『대전회통 CD-ROM』(2000)이 간행되었다. 『경국대전』(1485)은 조선시대 통치의 기준이 된 기본 법전이며, 『대전회통』(1865)은 고종 때 편찬된 마지막 법전이다. 『대전회통』을 통해서 조선시대 법규의 변천사를 확인할 수 있다.

문집의 전산화 현황을 보면, 송기채에 의해 『하서 김인후 시문집』이 CD-ROM으로 간행되었다. 『논어』, 『맹자』 등 13경, 제자(諸子) 및 문집, 한시, 전고사전류(典故辭典類) 등을 한데 모아 수록한 『CD-ROM 상우천고(尙友千古)』(전통문화연구회, 1996)에 수록되어 있다. 한국고전번역원에서는 『한국문집총간』 전산화 및 각종 국역본 문집 CD-ROM 편찬을 기획, 『순암 안정복』(1998), 『점필재 김종직』(1999) 문집 등을 CD-ROM으로 간행하기도 했다.

문집의 데이터베이스 구축과 관련해서는 퇴계학 연구 자료 전산작업의 필용성도 제기되었다.[10] 개방사회의 급속한 변화와 미래사회의 다양한 요구에 능동적으로 대비하기 위해 퇴계학 연구 자료의 전

10 양승무, 「퇴계학연구의 현대화」, 『퇴계학보』 9, 1997.

산 입력 및 색인 작업이 요망된다는 것이다. 퇴계학의 방대한 자료와 연구 업적의 전산화는 학문적인 탐구를 위해서도 추진되어야 할 사업이라 하겠다. 우선적으로는『퇴계전서』같은 일차 자료가 전산화되어야 할 것이다. 인터넷을 통한 자료의 제공은 퇴계학 연구자들이 손쉽게 접할 수 있도록 할 뿐만 아니라 연구의 수준을 높이게 될 것이다.

호적(戶籍)의 전산화에 관한 논의도 진전되고 있다. 정두희는 컴퓨터를 이용하여 호적을 새롭게 정리, 데이터베이스로 구축하여 연구자들이 자유롭게 활용할 것을 제안하고 있으며, 실제로 단성현 호적의 전산화 작업을 진행하고 있다.[11] 호적을 다뤄본 사람이면 누구나 그런 제안에 공감할 것이다. 시마 무쓰히코(嶋陸奧彦)는 대구 호적을 이용한 데이터베이스를 구축, 분석한 결과물을 발표하기도 했다.[12] 호적을 전산화하면 연구자는 원 자료인 호적을 개별적으로 판독하여 수작업 또는 개별적으로 자료를 입력할 필요가 없다. 누구나 접근 가능하고 사용할 수 있는 자료가 만들어지면, 그 자료를 이용할 수 있기 때문이다.[13] 호적의 전산화는 역사학뿐 아니라 인류학, 사회학, 통계학 등 인접 학문 분야와 학제 간의 협동 연구(Interdisciplinary Approach)를 활성화시킬 것이다. 이와 관련하여 읍지(邑誌) 등에 나타난 인명을 데이터베이스화하는 작업도 이루어질 필요가 있다.

11 정두희,「조선후기 호적연구의 현황과 과제」,『한국사연구』101, 1998.

12 嶋陸奧彦,「大丘戶籍にみる朝鮮後期の家族構造の變化」,『朝鮮學報』144, 1992.

13 성균관대학교 대동문화연구원은 조선시대 호적을 전산화하고 있다.「경상도단성현호적대장」전산화는 완료했고(1999~2006), 이어「경상도대구부호적대장」을 면별(面別)로 전산화하고 있다(2006~2019).「단성현호적대장」은 호적대장 가운데 최초로 전산화가 이루어졌다는 의미를 지니고 있으며,「대구부호적대장」은 가장 많은 분량을 남기고 있다는 점에서 주목된다. 완료된 호적DB는 CD-ROM으로 발행했으며, 대동문화연구원 홈페이지(http://ddmh.skku.edu)에서도 인터넷으로 서비스하고 있다.

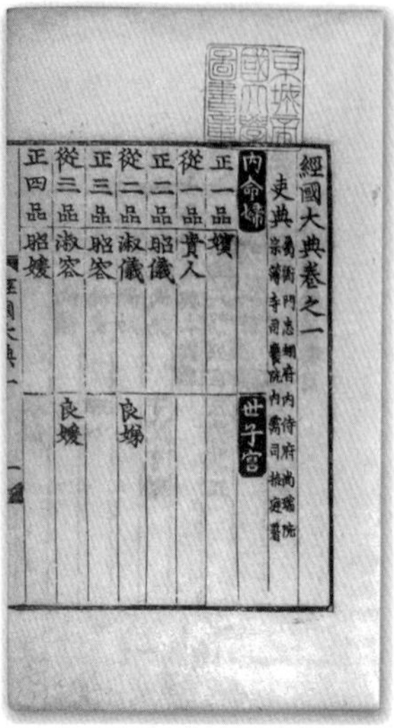

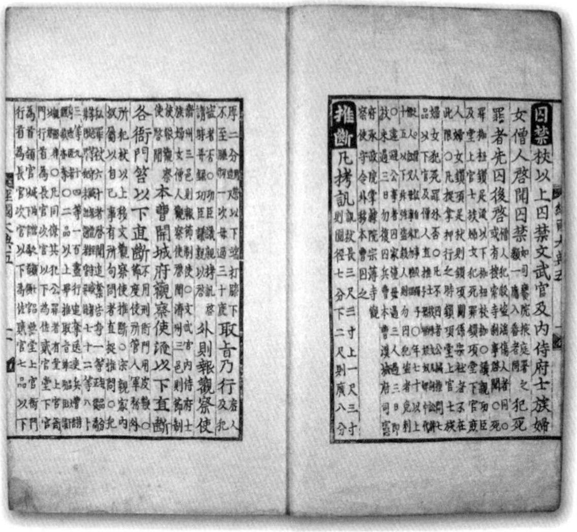

〈그림 2.5〉『경국대전』(1485, 보물 제1521호)

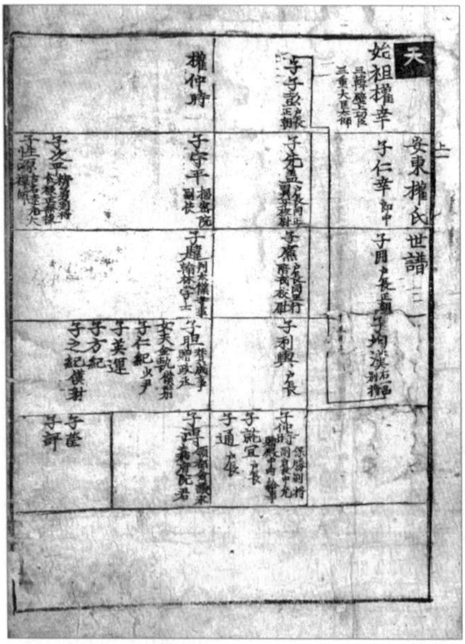

〈그림 2.6〉『안동권씨성화보』(1476)

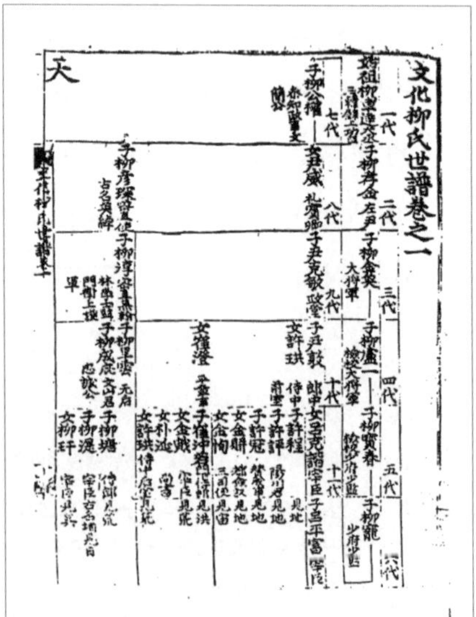

〈그림 2.7〉『문화유씨가정보』(1565)

또한 각 성씨별 족보 자료를 데이터베이스로 구축하여 계보 관계를 자동으로 작성할 수 있다. 연구의 생산성을 크게 향상시킬 수 있을 것이다. 족보는 한 성씨의 계보(系譜)와 내력에 관한 가계 기록으로 혈통과 신분을 증빙해주는 자료이기도 했다. 개인의 이름, 자(字), 생졸의 연월일, 과거(科擧), 관직, 학행(學行) 등의 행적, 묘(墓)의 소재지와 방향, 그리고 처(妻)의 4조(祖: 처부, 처조부, 처증조부, 처외조부)에 관한 가계 사항 및 자녀 관계가 세대 순으로 기재되어 있다. 족보는 과거시험 응시나 관리 임용 시에 4조를 확인하거나 지방 사회에서 향임(鄕任)을 임명할 때 신분을 확인하는 자료로 활용되었다. 그렇기 때문에 사문서임과 동시에 공적인 문서의 구실도 했던 것이다.[14]

향토사를 책자가 아닌 전자도서로 편찬하려는 추세도 눈에 띈다. 과천문화원의 『과천향토지』(1993), 문화재연구소의 『전국문화유적총람』(1995~1997), 서울특별시사편찬위원회의 『서울600년사: 시대사 · 인물 · 민속 · 문화사적』(1997~1998) 등이 이미 CD-ROM으로 간행되었다.

CD-ROM뿐만 아니라 인터넷을 통해서도 조선시대사 자료가 연구자들에게 제공되고 있다. 한국학중앙연구원에서는 『삼국사기』와 『국조문과방목』, 국사편찬위원회에서는 『국역 비변사등록』, 『각사등록』, 『계암일록』, 『묵재일기』, 『한국사연구휘보』, 서울대학교 규장각에서는 『경국대전』 등의 원문 이미지 자료와 『규장각도서해제』를 전산화하여 온라인 서비스를 제공하고 있다. 국내외에서 인터넷을 통해 전통 국학 자료와 정보를 자유롭게 검색, 활용할 수 있게 되었다.

14 이남희, 「족보을 통해서 본 조선시대 여성의 지위 변화」, 『전통과 현대』 12, 2000. 성균관대학교 동아시아학술원 존경각에서는 「한국경학자료DB구축사업(2004~2005)」을 바탕으로 고(古) 족보 자료를 검색할 수 있는 '한국족보자료시스템(http://jokbo.skku.edu)'을 구축했다. 본관, 이름, 자(字), 호(號), 과방(科榜), 관직, 생몰년 등으로 족보에 수록된 인물을 검색할 수 있다.

역사 자료의 전산화와 거리가 먼 것처럼 보이는 의학계에서도 전통 의약서를 토대로 한 데이터베이스 구축 작업이 전개되고 있다. 서울대학교 천연물과학연구소는 1996년 『동의보감』에 수록된 6,600여 한방처방정보와 2,600여 구성약재, 4,200여 병인병증사전, 470여 항목의 약재수치법사전, 6,200여 성분분석 화학정보, 1,100여 약재 사진과 6,125개의 화학구조식 정보가 수록된 『전통동양약물 CD-ROM』을 간행했다.

이어 동 연구소에서는 한국 의약서와 중국 의약서에서 정리한 정보를 추가해 총 1만 2,634개의 처방을 수록한 『신동의약보감 CD-ROM』을 간행했다(1999). 참고한 한국 의약서는 『동의보감』, 『고사촬요(攷事撮要)』 잡용속방편(雜用續方篇), 『증보산림경제(增補山林經濟)』 구급편(救急篇), 『고사신서(攷事新書)』 의약문(醫藥門), 『마진기방(麻疹奇方)』 마진편(麻疹篇), 『마과회통(麻科會通)』, 『단곡경험방초(丹谷經驗方抄)』, 『급유방(及幼方)』, 『경험비방소아보감(經驗秘方小兒保鑑)』, 『동의수세보원(東醫壽世保元)』, 중국 의약서는 『상한론(傷寒論)』, 『단계심법(丹溪心法)』, 『단계수경(丹溪手鏡)』, 『맥인증치(脈因證治)』, 『단계치법심요(丹溪治法心要)』, 『심시요함(審視瑤函)』이다.

또한 한국한의학연구원에서는 『향약집성방』, 『동의보감』과 함께 우리나라 3대 의서 중의 하나인 『의방유취』 데이터베이스 구축 작업을 추진했다. 이러한 작업들이 전통 의학 연구에 크게 기여하고 있다.

종교학계에도 데이터베이스화의 바람이 불고 있다. 『성경』에 관한 전자도서나 소프트웨어가 다양하게 개발되고 있으며, 아랍어 『코란』도 인터넷에서 쉽게 접할 수 있다. 동아시아 종교 문화 영역 중에서는 불교 전적의 전산화가 다른 어느 분야보다도 괄목할 만한 성과를 올리고 있다. 우리나라에서는 1996년 5,500만 자에 달하는 『고려대장경』이 전산 입력되었으며, 그 내용은 고려대장경연구소 「고려대장경

지식베이스(http://kb.sutra.re.kr)」 웹사이트를 통해 열람할 수 있다.

이와 같이 다양한 분야에서 각종 자료의 전산화가 활발히 진행되고 있다. 하지만 아직은 전반적으로 디지털화 정도가 낮고, 또 구축된 DB의 연계 활용도 미흡하다. 그런 만큼 필요한 정보를 언제 어디서나 편리하게 활용할 수 있도록 지식정보DB를 지속적으로 확충하고, 그들을 연계하여 활용을 촉진하는 정책이 필요하다.

3) 전산화의 과제

자료의 전산화는 검색을 통한 연구 생산성 제고와 자료의 보존이라는 측면에서 매우 유용하다. 실제로 역사 자료와 관련된 데이터베이스 구축, 전자도서 간행, 인터넷 서비스 등이 활발하게 진행되고 있으며 이는 전 세계적인 추세라고 할 수 있다. 역사 기록물의 데이터베이스화와 온라인 서비스를 통한 자료 공유는 국제 사회에서 한국의 위상을 높이는 데도 기여할 수 있다.

따라서 조선시대 자료는 물론, 모든 고대 · 중세사 자료를 데이터베이스로 구축할 필요가 있으며, 이 작업은 개별적이고 산발적으로 이루어지기보다는 서로 유기적으로 연계되어 이루어지는 것이 효율적일 것이다. 정부에서는 1999년부터 '지식정보연계활용체제구축사업'의 일환으로 서울대 규장각, 국사편찬위원회, 한국고전번역원, 한국학중앙연구원 등에 소장 중인 국학 자료를 전산화하기 위해 「한국역사정보통합시스템」 구축사업을 추진해왔다(http://www.koreanhistory.or.kr). 1차년도(1999) 소요 예산이 138억 원으로 각 기관별 구축 자료량을 정리하면

〈표 2.3〉 한국역사정보통합시스템 1차년도(1999) 사업 내역

기관	자료명	텍스트 자료량	멀티미디어 자료량
규장각	고도서	해제: 320만 자(영문: 280만 자) 목록: 400만 자, 도서: 11,008만 자	원문스캔: 283,456면 3D: 28,580면
	고문서	목록: 160만 자, 본문: 344만 4,000자	원문스캔: 4,000면
	고지도	해제: 160만 자	원문스캔: 1,000면
	책판 및 현판		3D: 17,821면
국사 편찬 위원회	한국사연표광장	본문: 150만 자, 항목: 3만 건	사진: 746컷
	승정원일기	본문: 1,000만 자	
	한국근현대주요문헌	해제: 500매(10만 자), 본문: 10,490면(629만 4,000자)	
	한국근현대잡지자료	해제: 500매(10만 자), 본문: 2만 면(4,000만 자)	
	한국근현대신문기사	해제: 400매(8만 자), 색인어: 2,000만 자	원문스캔: 2만 면
	일제시기항일운동자료	해제: 750매(15만 자), 색인어: 125만 자	원문스캔: 2만 5,000면
한국 고전 번역원	고전국역총서	본문: 3,000만 자	원문스캔: 8,000면
	한국문집총간	본문: 560만 자	
한국학 중앙 연구원	한국사 기초사전	본문: 378만 자	사진: 1,300컷
	장서각 고문서	해제: 30만 자, 본문: 3,863,200자	원문스캔: 2,158면
	장서각 귀중본 고서	해제: 59,400자, 본문: 19,100,800자	원문스캔: 106,116면

〈표 2.3〉과 같다.

시스템 구축을 위한 기초 사료를 DB화하여 자료의 디지털 이미지화 및 원문의 텍스트 입력을 완료하고, 정보시스템 구축을 위한 원시자료를 확보하면 인터넷 서비스의 기본 플랫폼이 구현될 수 있을 것

이다. 또한 시스템의 표준화 작업을 통해 4대 기관의 통합 구축으로 기관 간 중복 투자를 방지하고, 정보 활용의 효율성을 제고할 것이다. 위 사업을 통해 한국 역사 문화 정보의 전 세계적 보급을 위한 기반이 구축될 것으로 기대된다.

그동안 필자는 『고려사』, 『삼국사기』, 『조선왕조실록』 등의 역사학 자료를 첨단 기술에 접목시키는 작업에 참여해왔다. 그 같은 작업을 수행하면서 역사학 연구자로서 느낀 점 또한 적지 않았다. 되돌아보면 어쩔 수 없는 시행착오와 낭비가 전혀 없지는 않았지만, 다른 한편으로는 그러한 경험 덕분에 추후 그와 같은 종류의 작업을 할 때 보다 효율적으로 진행할 수 있었다. 따라서 필자의 경험이 역사 자료의 데이터베이스 구축을 기획하고 있는 분들과 앞으로 기획하고자 하는 분들께 조금이나마 참고가 될 수 있었으면 한다.

우선 표준화되지 않은 한자 사용이 불가피한 자료를 전산화할 때에는 문자 코드 제정 방법이나 입력 · 출력 방법에 대해 전산 기술 전문가와 충분히 숙의를 거친 후 그들이 제시한 방안을 따르는 것이 좋다. 고전 국학 자료의 경우, 원 자료에 사용된 한자가 한 자도 빠짐없이 모두 구비된 에디터를 미리 입수하는 것은 사실상 불가능하다. 부득이 일부 한자는 사후 제작을 전제로 작업을 진행시켜야 하는데, 이때 합리적인 마크업 방법이 이후 작업의 난이도를 가름하는 관건이 되기 때문이다.

또한 원활한 자료 검색을 위해서는 한자의 이체자 사용과 동의어 및 유사어의 처리 방안에 대한 기준이 확립되어야 한다. 예컨대 인명은 이체자를 그대로 수용하는 것이 바람직하지만, 관직명 · 관청명 등에 쓰인 이체자와 관용적인 오자는 하나로 통일시켜 일관성을 유지하는 것이 필요하다. 한자 자형의 통일된 입력 방안은 연구의 생산성을 높일 수 있다. 데이터의 작성 · 변화 · 검색 · 응용에 활용 가능한 「한자 정체자표」를 중심으로 배열하는 표준안의 작성은 학계, 서체 전문가들의 충분한 토의를 거쳐 확립되어야 하며, 정체자와 이체자 상호 간의 관계가 정부 차원에서 국가 공인 표준안으로 확정되어야 한다.

그리고 인명의 자호, 별호, 관칭, 관직명 등은 용어사전을 통한 입력 통제와 함께 별칭에 대한 어휘사전 지원이 필요하다. 이것은 입력 단계에서 용어를 통일하거나 참조 정보를 부기하는 것이 바람직하다. 역사 용어에 대한 '유의어 사전' 편찬은 역사 정보를 전산화하는 데 관건이라 할 수 있다.

자료 전산화 분야에는 이른바 표준이 되는 기본 약속이 있다. 그 표준에 근거해 만들어진 자료는 쉽게 데이터베이스로 구축할 수 있다. 많은 요소 기술과 프로그램이 이미 개발되어 있기 때문이다. 따라서 그런 약속에 따르는 것이 필요하다. 역사학 연구자들이 자료 마크업 규칙에 관해 아주 세세한 것까지 다 알아야 하는 것은 아니다. 그럴 수도 없고, 또 그럴 필요도 없다. 하지만 자료 전산화에 소요되는 시간과 비용을 절약하기 위해서는 규칙의 기본적인 개념을 이해하고, 그 틀 안에서 작업을 진행하는 것이 좋다.

인문학 자료의 전산화는 역사학 연구자나 전산 기술자 어느 한쪽의 노력만으로는 이루어질 수 없다. 자료의 구성요소를 적절히 분석하여 구조를 드러내는 일은 자료의 성격을 정확하게 아는 사람만이 할 수 있다. 일반적으로 생각하는 것과는 달리, 정보화에 있어서도 인문 연구자의 전문적인 지식은 중요하다. 이러한 역사학 연구자의 전문적인 지식과 전산 기술진의 소프트웨어 개발 노력이 어우러질 수 있어야 한다. 그래야 비로소 유용한 데이터베이스가 구축될 수 있다.

3
향토사 자료의 전산화[15]

1) 정보화와 향토사 연구

오늘날은 정보화 시대이다. 국내 인터넷 사용자 수는 계속해서 증가하고 있으며 그 같은 흐름은 모든 분야에 가히 혁명적인 변화를 가져다주고 있다. 전통적인 역사학 분야에서도 자료의 디지털화 작업이 활발하게 이루어지고 있다. 그 같은 추세는 한층 더 가속화될 것이다.

이처럼 급격하게 변화하고 있는 흐름에 향토사 분야 역시 예외일 수 없으며, 현실성과 적실성을 갖기 위해서는 그러한 추세에 발맞춰 나아가야 할 것이다. 정보화의 제1단계로서 데이터베이스 구축 작업이 시급하다고 하겠다. 따라서 향토사 연구 자료를 왜 데이터베이스로

15 이남희, 「향토사 자료의 전산화 과정과 그 효용성」, 『향토문화사연구』 12, 2000.

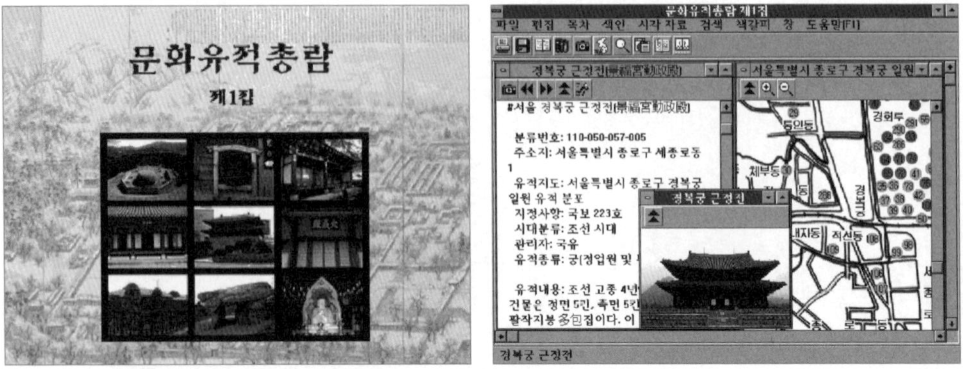

〈그림 2.8〉『전국문화유적총람 CD-ROM』(1995)

구축해야 하는지, 어떤 작업을 거쳐야 하는지, 그리고 그렇게 구축된 데이터베이스는 어떤 장점과 효용성을 갖는지에 주목하여 논의를 전개해보고자 한다. 실제 개발 사례를 염두에 두면서 서술할 것이며 아울러 향토사 연구자들이 해야 할 역할에 대해 덧붙이고자 한다.

향토사 연구는 그 지방의 역사와 문화에 대한 연구라고 하겠다. 문화라는 것은 인간이 자연 및 사회 환경 속에서 살아가면서 갖게 된 생활 능력의 총체임과 동시에 그것을 가능하게 한 사회적 토대 위에 구축된 결과물이다. 한 사회의 문화적 전통이란 그 주체 세력이 오랜 시간에 걸쳐 선택하여 자기화한 가치관인 동시에 생명력이라 할 수 있다. 따라서 향토의 전승 문화를 연구한다는 것은 그 지역의 고유한 문화의 특수한 가치관과 생명력을 재확인하는 것이기도 하다. 지난날의 지역문화와 전통은 어떤 형태로건 현재의 지역문화와 의식에 영향을 미치고 있으며, 그것은 곧 그 지역민들이 지역민으로서 느끼는 향토적 동질성인 지역성 · 공감대의 기반이 되고 있다.

또한 그것은 당대에 국한되지 않는다. 그 지역의 문화와 전통을 다음 세대에 전해준다는 미래적인 의미도 갖는다. 이는 곧 "우리는 누구인가?" 하는 정체성과도 연결되어 있다. 그래서 그것은 다른 어떤 분야에도 뒤지지 않는 중요성을 갖는다고 하겠다. 오랜 기간에 걸쳐 축적되고 형성되어온 향토의 문화와 전통을 연구하기 위해서는 역시 일차 자료가 필요하다. 실제로 향토사에 관심을 둔 연구자들은 많은 자료를 수집 · 정리해왔다. 그렇게 하여 수집 · 정리 · 축적된 자료는 그 내용으로 볼 때 다음과 같은 몇 가지 유형으로 나누어볼 수 있다.[16]

① 지방의 행정 연혁이나 역사와 관련된 자료: 주로 『동국여지승람』, 『여지도서』 등과 같은 읍지류(邑誌類)가 활용되었고, 때로는 『삼국사기』, 『고려사』, 『조선왕조실록』 등의 관찬 사서류, 혹은 개인의 문집 자료 등이 활용되고 있다.

② 고문서 자료: 고문서의 범주는 매우 넓은데 역사학계에서 다루는 자료들, 예컨대 절목(節目), 완문(完文: 관청에서 발급하는 확인서), 호적, 양안, 분재기, 명문(明文), 치부책 등이 활용된 경우는 드물다. 주로 특정 인물의 관력과 이력을 증빙하는 교지, 녹권, 상소문, 행장류 등이 보완자료로 이용되고 있다.

③ 성책류 원문자료: 연구가 진전됨에 따라 성책류 원문 자료를 활용되는 경향이 늘고 있다. 예컨대 향교지나 서원 · 사우지, 향약 · 동약 · 문중계 자료, 사찰지, 족보류 등을 들 수 있다.

④ 개인 기록물: 개인의 사상, 학문에 대한 연구와 관련된 문집이나 그에 수록된 시문(詩文)과 서간문(書簡文), 연보(年譜)나 일기, 기문류(記文類) 자료를 들 수 있다. 생활사와 사유구조, 그리고 지역적인 연계관계를 밝힐 수 있다.

⑤ 유적 · 유물과 관련한 자료: 각 가문 선조들의 권위와 명예를 내세우는 서원 · 사우(祠宇) · 누정(樓亭: 누각과 정자) · 정려(旌閭) · 재실(齋室) · 서재(書齋) 등과 관련된 자료가 여기에 포함된다. 건립 · 이건 · 중수 · 중건의 시대성을 알 수 있다.

16 이해준, 「지방사 연구에 있어서 고문서자료의 활용」, 『정신문화연구』 46, 1992.

이처럼 향토사 자료의 대상과 범위는 광범위하다. 하지만 그것이 전부는 아니다. 이들 외에도 아직 조사되거나 정리되지 않은 것들이 많이 있다. 예컨대 지리와 환경, 구비전승과 지명, 행위나 신앙 그리고 도구 같은 민속생활사 자료 등을 들 수 있다. 기록되지 않은 수많은 무형의 자료들이 여전히 남아 있는 것이다. 그렇게 잊히기 쉬운 민속자료를 수집하는 데도 힘을 기울여야 할 것이다.

향토사에 대한 관심과 자료 수집은 1980년대부터 급증했다. 각 도를 비롯한 각 시 · 군이 향토사 개발에 점차 큰 관심을 갖게 되었을 뿐만 아니라 각 지방의 향토사 연구단체들 역시 활발한 활동을 전개하기 시작했기 때문이다. 향토사 연구자들과 그 지역 대학의 사학과, 관련 연구소, 박물관 등은 그 지역의 역사, 고고, 민속, 설화, 지리, 미술사에 관한 자료를 수집, 정리하는 데 기여해왔다고 하겠다.

이렇게 볼 때, 향토사 자료의 수집은 여전히 진행 중이라고 할 수 있다. 지방화 시대를 맞이하여, 그리고 연구의 초점이 점차 생활사, 지방사, 향토사 차원으로 옮겨감으로써 향토사 자료의 수집과 정리 역시 더욱 활성화될 것으로 기대된다.

2) 향토사 전산화 현황

향토사 자료는 지방적 특성을 역사, 지리, 풍토, 신앙, 습속, 산업 등의 여러 방면에서 조사한 기록물이다. 그 지역의 정치, 경제, 산업, 문화, 역사, 환경 등 모든 것을 포괄하기 때문에 지역에 관한 최대, 최고의 자료라고 할 수 있다. 그 지역에 관한 역사적 · 문화적 정보를 입수

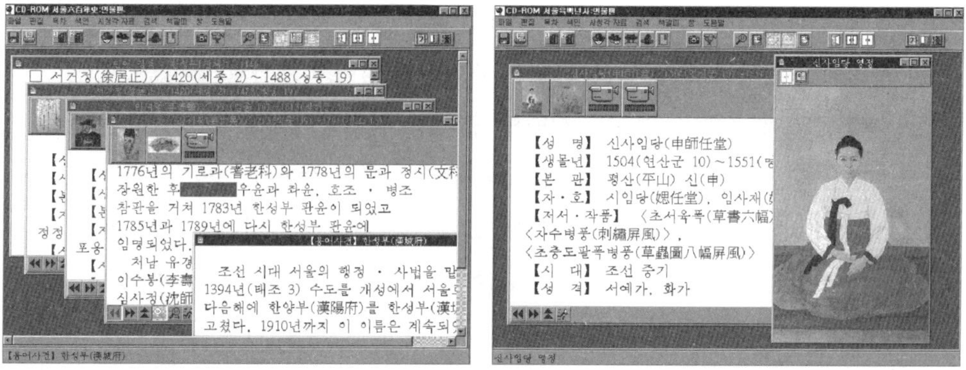

〈그림 2.9〉『서울600년사 CD-ROM』(1997)

하여 책으로 펴낼 경우, 당연히 방대한 분량에 이르기 마련이다. 한 예로 서울특별시 시사편찬위원회에서 20여 년(1977~1993)에 걸친 조사와 정리 끝에 편찬한 『서울600년사: 시대사 · 인물 · 민속 · 문화사적』의 경우 전체 9책, 1만 2,000여 페이지, 200자 원고지로 9만 4,000여 장, 수록 문자의 양이 1,800만 자를 넘는 방대한 분량이다. 자연히 출판 및 개정판을 간행하는 데 많은 비용이 소요된다.

또한 출판한다 하더라도 한정된 부수로 인해 대학이나 도서관 같은 공공기관에 우선 보급되기 마련이다. 개인으로서는 소장은 물론이고 열람조차 쉬운 일이 아니다. 열람한다 하더라도 자신이 원하는 정보와 자료를 찾는 데는 많은 시간과 노력이 든다. 예컨대 어떤 인물에 대해 알고자 할 경우, 인물조(條) 항목에 설정되어 있지 않으면 통독하지 않는 한 책자에서 찾기란 거의 불가능하다.

향토사 자료는 문서와 책에 국한되지 않는다. 그것은 일부에 지나지 않는다. 실제로 들어가 보면 무용, 연극, 놀이, 미술, 음악 등을 아우르는 종합성을 동시에 갖는다. 구비전승이나 음악의 경우, 아무리 악보로 정리한다 하더라도 실제 노래나 연주를 듣는 것과 같을 수 없다. 따라서 활자와 책에 담길 수 없는 내용까지 담아서 보관할 수 있는 매체가 있어야 한다. 제대로 시연할 수 있는 사람들이 줄어들고 있다는 점은 수집과 보관, 전승을 위한 노력을 더욱 필요로 한다.

그리고 향토사 자료의 특성상 그 장르가 다르다 할지라도 서로 유기적으로 연결되어 있는 경우가 많다. 특정한 분야에 제한된 관심을 가진 전문 연구자 혹은 일반인이 그런 것까지 알아내기는 무척 어려운 일이다. 새로운 자료가 발굴되는 경우에도 기존의 자료와 어떤 맥락으로 이어지는지 알아야 그 참된 가치를 알 수 있다. 이러한 난점들은 전산화 작업을 통해 해결될 수 있다. 방대한 자료를 상호 연관성 있게 데이터베이스로 구축한 뒤 검색 기능을 활용하면 원하는 정보를 손쉽게 짧은 시간 내에 찾을 수 있다. 사진은 물론이고 지도, 음향 자료와 동영상, 내레이션도 처리할 수 있다. 따라서 연구의 생산성과 효율성을 크게 높일 수 있다.

실제로 향토사 자료와 관련하여 구축되어 있는 주요 데이터베이스 사례로는 다음과 같은 것들을 들 수 있다. 이들은 전자도서로 간행, 보급되었으며 일부 자료는 인터넷을 통해서도 접할 수 있다. 이제 세계 어디서나 필요한 정보를 원하는 즉시 찾아서 자료로 활용할 수 있는 여건이 마련되었다.

- 『과천향토사 CD-ROM』(과천향토사편찬위원회 · 과천문화원, 1993)
- 『중요무형문화재 멀티미디어 데이터베이스 CD-ROM』(문화재관리국, 1993)
- 『대전세계박람회 공식 보고서 CD-ROM』(대전세계박람회조직위원회, 1994)
- 『국립민속박물관 CD-ROM: 한 · 영 · 일어』(국립민속박물관, 1995)
- 『영문판 한국의 민속 CD-ROM 및 PHOTO-CD』(문화체육부, 1995)

〈그림 2.10〉『과천향토사 CD-ROM』(1993)

- 『한국의 그림 멀티미디어 데이터베이스 CD-ROM』(서울시스템, 1995)
- 『국립경주박물관 CD-ROM』(국립경주박물관, 1996)
- 『한국의 전통춤 멀티미디어 데이터베이스 CD-ROM』(서울시스템, 1997)
- 『전국문화유적총람 데이터베이스 CD-ROM』(문화재청 국립문화재연구소, 1995·1996·1997)
- 『서울600년사 CD-ROM』(서울특별시시사편찬위원회, 1997·1998)
- 『국립중앙박물관 CD-ROM』(국립중앙박물관, 1999)
- 『자료 현대경기도사(1982~1995) CD-ROM』(경기도사편찬위원회, 2000)
- 『CD-ROM 인천광역시사』(인천광역시사편찬위원회, 2000)

『과천향토사 CD-ROM』(1993)은 국내 최초로 간행된 향토사 관련 전자도서라 할 수 있다. 과천문화원이 편찬한 『과천향토사』(뿌리출판사, 1993) 단행본 도서와 함께 동영상 및 음향 자료를 추가하여 전자도서가 동시에 발행된 최초의 사례이다. 이를 통해 과천의 역사, 성씨와 인물,

〈그림 2.11〉『영문판 한국의 민속 PHOTO-CD 및 CD-ROM』(1995)

〈그림 2.12〉『CD-ROM 인천광역시사』(2002)

문화재, 민속, 문학, 지명과 설화, 명승과 관광명소에 관해 상세히 살펴볼 수 있으며 당시 신도시 과천에 대한 기술을 하고 있다. 특히 과천에 관련한 역사 자료와 전근대 시기에서 현대에 이르는 과천 연표는 그 지역민들뿐 아니라 향토사 연구자들에게 필요한 정보를 제공해준다.

『자료 현대경기도사 CD-ROM』(2000)은 멀티미디어 형식으로 경기도 현대사를 조명한 향토사 관련 전자도서이다. 기존에 발간되었던 『경기도사자료집』(1982~1995)을 저본으로 하여 제작되었다. 사진 및 지도 그리고 일반인들이 손쉽게 접근하기 어려운 관찬자료를 선별하여 수록 · 정리, 현대사 연구자에게도 기초 자료를 제공해주고 있다. 사용자들은 연도별, 도 · 시 · 군별로 나누어 자유롭게 관련기사를 찾을 수 있으며, 사용자는 검색 방식을 통해 원하는 정보를 단시간에 찾아 활용할 수 있다.

이렇게 볼 때, 각 지역의 향토 자료 역시 데이터베이스로 구축, 전산화하는 작업이 시급한 과제라 할 수 있겠다. 그리고 그것은 전국적인 규모의 작업으로 가기 위한 기초 작업으로서의 의미를 갖는다. 그럴 때 전국의 향토사 자료에 대한 종합적인 자료의 집대성이 가능해질 것이다.

3) 전산화의 효용성

향토사 자료의 전산화를 통해 데이터베이스로 구축되면 어떤 효용성을 가질 수 있는가? 다시 말해 디지털화를 통해 무엇을 얻을 수 있는가? 무엇보다 향토사를 연구하거나 관심을 가진 사람은 언제 어디서나 데이터베이스로 구축된 일차 자료에 자유롭게 접근할 수 있다.

우선 목차에 따라 접근할 수 있다. 고대에서 현대까지 시대별, 문화유적 · 민속별 목차를 통해 해당 자료에 접근할 수 있다. 또한 문화 유적, 민속, 인명 등의 특정 주제어를 통해, 다시 말해 색인을 통해 필요로 하는 자료에 접근할 수 있다. 질의어 검색에 의해 접근하는 것도 가능하며 제목이나 시청각자료 등 검색 범위를 지정할 수도 있다. 본문에 사용된 임의의 자연어 검색 시 복수의 어휘를 다양한 연산자를 결합하여 검색 조건을 상세히 지정할 수 있다.

자연어 검색은 물론 연산자를 이용하여 여러 단어로 이루어진 질의어를 만들어 검색할 수 있다. 이 기능은 그리고(&), 또는(¦), ~이 아닌(&!), 괄호( ), 연접(:), 와일드카드(wild card) 등을 지원한다. 예컨대 '경기도&의정부&유적'을 입력하면 '경기도', '의정부', '유적'이라는 세 단어가 모두 들어 있는 본문을 검색할 수 있다. 이밖에 '경기도¦의정부¦유적'을 입력하면 세 단어 중 어느 한 단어라도 들어 있는 본문이 검색되고, '(경기도&의정부)&!유적'의 경우는 '경기도'와 '의정부'는 모두 들어 있으면서 '유적'이란 단어는 없는 목록을 검색할 수 있다.

그 외에 검색 보기, 연결 기능, 책갈피 기능 등도 있다. 검색 메뉴에서 '검색 보기'를 누르면 검색어와 검색 결과 리스트 대화상자가 열린다. '연결 기능'은 목록 내용 중에서 특정 단어 또는 구절 위에 마우스를 클릭한 채로 끌어서(dragging) 표시한 후 윈도 툴바의 연결 기능 아이콘을 클릭하면 해당 단어 또는 구절이 들어 있는 모든 목록이 나타난다. '책갈피'는 자주 열람하는 목록의 위치를 기억시키는 기능이다. 또한 향토사 자료를 하드디스크에 파일로 저장하거나 프린터로 출력하여 사용할 수 있으며, 워드프로세서를 이용하여 사용자가 원하는 대로 편집할 수 있다. 수천 년에 걸쳐 형성, 축적되어온 향토사 자료가 내

책상 위 컴퓨터에 그대로 들어오게 되는 것이다. 우리는 천 년 동안의 고독 속에서 깨어난 그들과 만날 수 있다.

이 같은 연구상의 효용 외에도 전산화는 다음과 같은 부대적인 이점을 갖는다.

첫째, 책이나 활자로 재현 불가능한 각종 음성 자료, 동영상, 실연 등을 통해 문화와 전통의 생생하고 입체적인 모습을 만날 수 있다. 생동감 있는 정보의 전달이 가능한 것이다. 이제 그 지역을 직접 가지 않더라도 원하는 정보를 찾아볼 수 있다. 종래의 '찾아가서 보기만 했던' 문화에서 이제는 '앉아서 선택하고 재이용하는' 문화로 이행하고 있다.

둘째, 전자매체 제작비가 인쇄비에 비해 현저하게 낮아 대량 생산이나 소량 생산이 모두 쉽고, 언제든지 최소의 비용으로 추가 제작이 가능하므로 재판 및 수정판 간행이 용이하다. 또한 크기가 작아 보관이 쉽다. 예컨대 CD-ROM 1장에는 약 300페이지의 책을 1,000권 담을 수 있다. 300페이지 책의 두께를 2cm라고 할 때 20m에 해당하는 책들이 CD 1장에 수록될 수 있다. 그야말로 획기적인 공간 절약이라고 할 수 있다.

셋째, 컴퓨터를 통해 현대화된 전통 문화와 역사는 청소년층의 관심을 끌 수 있다. 그 지역 학생들의 교육에 적극 활용할 수도 있다. 내일의 주역인 청소년층이 지난날의 역사와 지역 역사에 관심을 갖는 것은 문화의 전승이라는 점에서도 바람직하다. 유해한 컴퓨터 환경의 정화와 바람직한 풍토 조성에 일익을 담당할 수 있다.

넷째, 전자 매체에 수록된 자료들은 이미 데이터베이스로 구축되어 있기 때문에 통신망을 통해 국내는 물론 해외에서도 자유롭게 이용할 수 있다. 연구자 중심으로 이용되었던 향토사 자료가 전산화를 통해 보다 많은 사람들이 공간에 제약을 받지 않고 활용할 수 있는 정보로 거듭나게 되는 것이다. 인터넷을 통한 향토사 정보의 탑재는 국내뿐 아니라 국제 교류는 물론, 나아가 국제사회에서 위상을 높이는 데도 기여할 것이다.

다섯째, 전산화는 향토사 자료의 관리 및 보관이라는 측면에서 주목된다. 정보 자료의 형태를 보존하기 위한 방안으로서의 특장점을 지니고 있다. 예컨대 사진의 경우 재료와 물의 온도에 따라 차이가 있지만 최저 48시간에서 최고 96시간 만에 완전히 녹아 상(像)이 없어진다.[17] 따라서 향토사 기록물의 전자 매체의 수록은 자료의 활용이라는 측면과 함께 보존매체로서의 특장점에서도 주목된다.

그 지역 문화를 정확하게 이해하기 위해서는 무엇보다 그 지역에 전해오는 자료들, 기록되지 않은 무형의 자료까지 포함하여 조사 · 정리하는 작업이 선행되어야 한다. 이는 향토사 연구의 기초 작업이다. 하지만 연구의 생산성과 효율성을 높이기 위해서는 향토사 자료의 전산화, 데이터베이스로 구축하는 작업이 동시에 진행되어야 한다. 이는 21세기 뉴미디어 정보화 시대에 발맞추어 가는 것이기도 하다.

향토사 자료의 전산화를 위해서는 향토사 연구자와 전산기술자 사이의 긴밀한 대화와 협력이 필요하다. 향토사 연구자들은 그 지역의 역사 · 문화 · 지리 · 사상 등 전문적인 자료와 지식을 제공하고, 전산기술자들은 그들을 적극적으로 디지털 기술과 접목시켜야 한다. 그것은 향토사 연구에 새로운 활기를 불어 넣어줄 것이다. 아울러 초고속 정보통신망, 범지구적 네트워크인 인터넷을 통한 정보 인프라화에도 기여하게 될 것이다.

17 정선영, 「정보자료의 보존대책; 水災의 예방과 복원대책」, 『서지학보』 10, 1993.

4
한국 철학 원전의 전산화[18]

1) 철학 자료 전산화 현황

우리는 '정보혁명의 시대'를 살아가고 있다. 인터넷을 통해 전 세계가 하나의 네트워크로 연결된다. 종래 산업사회의 근간이라 할 수 있는 자본과 기술을 넘어 지식과 정보가 부가가치 창출의 새로운 원동력으로 작용하고 있다.

아는 바와 같이 정보혁명과 인터넷화는 거의 모든 분야에서 진행되어왔으며, 더욱 가속화되고 있다. 정부와 기업은 물론 대학, 도서

18 이남희, 「한국 철학 원전의 전산화」, 『오늘의 동양사상』 7, 2002. 이 글을 쓸 당시(2002) 우리나라 초고속인터넷 가입자 수가 1,000만 명을 돌파했다. 이로써 인구 대비 초고속인터넷 보급률이 세계 1위(100명당 17.16명)로, 2위인 캐나다(8.4명), 3위 스웨덴(4.96명), 4위 미국(4.47명) 등을 크게 앞서게 되었다(『전자신문』, 20002. 11. 7).

관, 박물관 등에서도 정보화 사업이 활발하게 진행되고 있다. 또 그 같은 흐름을 뒷받침해줌과 동시에 새로운 작업을 촉진시키는 법령체계 역시 정비되고 있다. 정보화 현상은 이미 공공 부문에서 시작하여 거국적으로 추진되고 있으며, 법제적인 측면에서도 「지식정보자원관리법」(2000), 「전자정부법」(2001), 「온라인디지털콘텐츠발전법」(2002) 등이 제정되었다. 종래 정보화 · 전산화와는 다소 거리가 먼 것처럼 보이는 인문학 분야에서도 예외는 아니다. 이미 『삼국사기』, 『삼국유사』, 『고려사』, 『조선왕조실록』 등의 대표적인 역사 기록물이 전자도서로 간행되었다. 연대기뿐만 아니라 문집, 법전, 의약서 등도 전산화되었다. 이제 온라인 상에서 한국학 연구기관의 편찬 자료를 찾아볼 수 있게 되었다.

여기서는 한국 철학 원전의 전산화의 현황과 전망에 대해 논의하고자 한다. 전자도서 간행과 웹서비스 현황에 대해 정리해볼 것이다. 이어 철학 원전 자료의 전산화 과정에서 고려해야 할 점, 방향성 및 과제 등에 대해 언급하고자 한다. 아울러 철학 원전 자료의 전산화가 갖는 의미와 그것이 철학 연구에서 갖는 위상에 대해 살펴보고자 한다.

한국 철학 원전 자료의 전산화 작업은 언제부터 시작되었는가? 그 시점을 정확하게 말하기란 쉬운 일이 아니다. 넓은 의미의 인문학, 그리고 보다 좁게는 문 · 사 · 철을 포괄하는 한국학 자료의 전산화 작업과 분리할 수 없기 때문이다. 그럼에도 전산화에 있어 하나의 중요한 기점을 잡는다면 『CD-ROM 국역 조선왕조실록』이 간행된 1995년을 주목해야 할 것이다. 그해는 한국학 전산화의 원년으로 자리매김하고 있다. 실제로 실록 CD롬은 역사학 연구자는 물론이고 철학 · 문학 · 정치학 · 사회학 등 인문사회과학, 나아가 자연과학과 예술 분야에 이르기까지 거의 모든 분야에서 일차 자료로 적극 활용되고 있고,

또한 그 이후 다양한 분야의 전산화 작업이 이루어져왔기 때문이다.

1 전자도서(CD-ROM) 간행

한국 철학 원전 자료라고 하면, 대부분의 사람들은 일차적으로 철학자들이 남긴 저작물로서의 '문집(文集)'을 떠올릴 것이다. 하지만 그 문집만으로 철학 연구가 이루어진다고 볼 수는 없다. 예컨대 퇴계 이황이나 남명 조식을 연구할 경우 『조선왕조실록』에 실려 있는 그들의 졸기(卒記)와 그들의 활동상 역시 빼놓을 수 없는 자료가 된다. 이는 그들의 철학이나 사상이 당시 현실과 어떤 관련이 있는지 알 수 있게 해주는 중요한 자료이다. 특히 '철학사'로 접근할 경우 더욱 그렇다고 하겠다.

게다가 이러저러한 사정으로 인해 문집을 제대로 남기지 않은 철학자, 사상가들의 사유체계를 연구하는 데 있어서는 그 시대적 환경과의 연계 속에서 연구되거나 해석되지 않을 수 없다. 이는 일반적으로 문집 발간이 확인되는 고려시대 이전의 경우 특히 그렇다. 물론 예외도 있다. 예컨대 최치원(『고운집』, 『계원필경』)이나 원효(『대혜도경종요』, 『금강삼매경론』)는 저작이 남아 있어 일차 연구 자료로 활용할 수 있다. 하지만 많은 사상가들의 경우 『삼국사기』, 『삼국유사』, 『고려사』 등에 단편적인 기록에 남아 있는 정도이다.

조선시대의 경우 현존하는 기록물이 많고 또 다양하다. 『조선왕조실록』 이후 『승정원일기』, 『비변사등록』, 『일성록』 등의 관찬 자료 전산화 사업이 추진되고 있어 인물사를 연구하는 데 도움이 된다. 이를 일별해보면 다음과 같다.

- 『국역 조선왕조실록 CD-ROM』(한국고전번역원 · 세종대왕기념사업회, 1992~1995)
- 『국역 · 원전 고종순종실록 CD-ROM』(조선왕조실록연구회, 1998)
- 『국역 증보문헌비고(增補文獻備考) CD-ROM』(세종대왕기념사업회, 2000)
- 『표점 교감 원전 조선왕조실록 CD-ROM』(국사편찬위원회 · 서울시스템, 1994~2002)
- 『원전 승정원일기(承政院日記)』 전산화(국사편찬위원회, 2000~2015)
- 『국역 비변사등록(備邊司謄錄)』 전산화(국사편찬위원회, 2000~2012)
- 『원전 일성록(日省錄)』 전산화(규장각, 2000)
- 『원전 내각일력(內閣日曆)』 전산화(규장각, 2001)

철학 원전 자료의 기본서라 할 수 있는 문집의 경우, 시대적으로 보면 고려시대의 것으로 이규보의 문집인 『동국이상국집』이 북한 사회과학원 국역본과 한국고전번역원 국역본을 저본으로 하여 전산화되었으며(1999), 대부분은 조선시대 문집에 집중되어 있다.

문집 전산화를 추진 주체 측면에서 보면 개별 기관에서 추진한 경우와 국가지식정보화사업의 일환으로 추진된 사례로 크게 나눌 수 있다. 이 가운데 후자의 작업을 통해 다량의 문집이 전산화되어 웹서비스가 되고 있다. 먼저 개별 기관의 전산화 사례를 정리해보기로 한다.

우선 개별 기관에서 추진 중인 전산화 작업의 대표적인 사례로는 한국고전번역원을 주목할 수 있다. 개별 국역본 문집으로 『순암 안정복문집』(1998), 『점필재 김종직문집』(1999), 『수당 이남규문집』(2000), 『여헌 장현광문집』(2001) CD-ROM과 『한국문집총간』의 목차 전문을 수록한 『한국문집총간색인 CD-ROM』(2000)을 간행했다.

한문 원전으로는 『퇴계집』(2000), 『지봉유설』(2000), 『반계수록』(2000) 등을 CD-ROM으로 간행했다. 2001년부터 다산 정약용의 『여유당전서』와 이규경의 『오주연문장전산고』 전산화 작업을 추진해왔다. 특히 『오주연문장전산고』는 '미정리 난해 원전 교감 및 정리' 사업이라는 점에서 주목된다. '미정리 난해 원전'이란 분류상 유서(類書)에 해당하며, 내용의 정리가 완료되지 못한 초고(草稿)이거나 그에 가까운 사본(寫本)으로서 옮겨 적는 과정 등에서 발생한 많은 탈락이나 잘못이 있으며, 백과사전적 성격상 넓은 분야에서 많은 문헌을 채록하여 분류 · 찬집한 까닭에 세밀한 대조 교정과 상세한 주석이 필요한 고전적(古典籍)을 말한다. 이어 활용도가 높은 『임원십육지』(서유구), 『명남루총서』(최한기), 『보만재총서』(서명응), 『잡동산이』(안정복), 『송남잡지』(조재삼) 등도 교감 및 정리를 거쳐 DB로 구축해오고 있다.

그 외에 다산연구회 국역본을 저본으로 『국역 목민심서 CD-ROM』(누리미디어, 2001), 고려대 민족문화연구원에서는 국역본, 원문, 관련 논문 등을 수록한 『하서 김인후 CD-ROM』(서울이스템, 2002) 등이 간행되었다.

2 웹서비스

앞서 살펴본 전자도서 간행물들은 대부분 각 기관별로 웹서비스를 하고 있어 인터넷을 통해서도 자료를 찾아볼 수 있다. 해외 연구자들도 한국 철학 자료를 자유롭게 검색, 활용할 수 있다. 또한 '한국 철학 자료'라고 별도로 분류하지는 않았지만, 한국고전번역원, 국사편찬위원회, 서울대학교 규장각, 한국학중앙연구원, 한국국학진흥원 등 기관 홈페이지에서 한국 유학 관련 자료를 이용할 수 있다.

이 같은 한국학, 철학 자료의 전산화 작업에 박차를 가하게 된 계기가 바로 「한국역사정보통합시스템」 구축사업이다. 명칭이 '한국역사정보'이긴 하지만 단순히 좁은 의미의 한국역사 분야에 국한되는 것은 아니다. 넓은 의미의 역사로서 문학, 철학, 역사 등의 자료를 광범하게 포괄한다.

먼저 한국 철학 자료의 기본이라 할 수 있는 『고전국역총서』와 『한국문집총간』(한국고전번역원) 그리고 '유교문화종합정보'(한국국학진흥원) 전산화 작업을 살펴본 후, 그 외의 자료 전산화에 대해 간략하게 언급하고자 한다.

㉠ 『고전국역총서』와 『한국문집총간』

한국고전번역원에서 추진하는 정보화 작업의 주요 대상과 자료는 『고전국역총서』와 『한국문집총간』이다. 고전국역총서는 역사서와 문집류 가운데 매년 50책가량을 국역 간행하고 있다. 2001년 말 색인집을 포함하여 91종 784책이 간행되었다. 2000년도 「한국역사정보통합시스템」 구축 사업을 통해 전산화가 완료된 자료가 17종 82책으로, 국역본과 한문 원전이 같이 서비스되고 있다.

『한국문집총간』은 총 1,260종의 대상 서목(書目)을 선정하여 총 500책을 목표로 매년 20책씩 간행하고 있는데, 2001년 말까지 280책이 간행되었다. 2000년도 「한국역사정보통합시스템」 사업을 통해 전산화가 완료된 문집이 55종, 2001년도 사업을 통해 진행 중인 문집이 59종에 이른다. 이를 정리하면 〈표 2.4〉, 〈표 2.5〉와 같다.

〈표 2.4〉『고전국역총서』 전산화 목록(2000~2001)

서 명	편저자	서 명	편저자
연려실기술(燃藜室記述)	이긍익(李肯翊)	고봉집(高峯集)	기대승(奇大升)
고려사절요(高麗史節要)	김종서(金宗瑞) 등	기측체의(氣測體義)	최한기(崔漢綺)
신증동국여지승람(新增東國輿地勝覽)	이행(李荇) 등	인정(人政)	최한기(崔漢綺)
성소복부고(惺所覆瓿藁)	허균(許筠)	산림경제(山林經濟)	홍만선(洪萬選)
오주연문장전산고(五洲衍文長箋散稿)	이규경(李圭景)	동문선(東文選)	서거정(徐居正) 등
다산시문집(茶山詩文集)	정약용(丁若鏞)	성호사설(星湖僿說)	이익(李瀷)
완당전집(阮堂全集)	김정희(金正喜)	삼봉집(三峯集)	정도전(鄭道傳)
국조보감(國朝寶鑑)	신숙주(申叔舟) 등	만기요람(萬機要覽)	서영보(徐榮輔) 등
우서(迂書)	유수원(柳壽垣)	대동야승(大東野乘)	성현(成俔) 등
동국이상국집(東國李相國集)	이규보(李奎報)	담헌서(湛軒書)	홍대용(洪大容)
양촌집(陽村集)	권근(權近)	동사강목(東史綱目)	안정복(安鼎福)
청장관전서(靑莊館全書)	이덕무(李德懋)	잠곡유고(潛谷遺稿)	김육(金堉)
익재집(益齋集)	이제현(李齊賢)	경세유표(經世遺表)	정약용(丁若鏞)

〈표 2.5〉『한국문집총간』 전산화 목록(2000~2001)

<table>
<tr><th>책 수</th><th>서 명</th><th>저 자</th><th>책 수</th><th>서 명</th><th>저 자</th></tr>
<tr><td>29</td><td>퇴계집(退溪集) Ⅰ</td><td>이황(李滉)</td><td>33</td><td>귀암집(龜巖集)</td><td>이정(李楨)</td></tr>
<tr><td>30</td><td>퇴계집(退溪集) Ⅱ</td><td>이황(李滉)</td><td rowspan="3">34</td><td>유헌집(游軒集)</td><td>정황(丁熿)</td></tr>
<tr><td>31</td><td>퇴계집(退溪集) Ⅲ</td><td>이황(李滉)</td><td>수암유고(守庵遺稿)</td><td>박지화(朴枝華)</td></tr>
<tr><td rowspan="3">33</td><td>하서전집(河西全集)</td><td>김인후(金麟厚)</td><td>미암집(眉巖集)</td><td>유희춘(柳希春)</td></tr>
<tr><td>우암유집(寓庵遺集)</td><td>김주(金澍)</td><td rowspan="2">35</td><td>국간집(菊磵集)</td><td>윤현(尹鉉)</td></tr>
<tr><td>부훤당유고(負暄堂遺稿)</td><td>오상(吳祥)</td><td>소재집(穌齋集)</td><td>노수신(盧守愼)</td></tr>
</table>

책수	서명	저자
35	임당유고(林塘遺稿)	정유길(鄭惟吉)
36	치재유고(耻齋遺稿)	홍인우(洪仁祐)
	이암유고(頤庵遺稿)	송인(宋寅)
	청천당시집(聽天堂詩集)	심수경(沈守慶)
	소고집(嘯皐集)	박승임(朴承任)
	봉래시집(蓬萊詩集)	양사언(楊士彦)
	토정유고(土亭遺稿)	이지함(李之菡)
	첨모당집(瞻慕堂集)	임운(林芸)
	초당집(草堂集)	허엽(許曄)
37	금계집(錦溪集)	황준량(黃俊良)
	옥계집(玉溪集)	노진(盧禛)
	동원집(東園集)	김귀영(金貴榮)
	송천유집(松川遺集)	양응정(梁應鼎)
38	주천유고(舟川遺稿)	강유선(康惟善)
	습재집(習齋集)	권벽(權擘)
	덕계집(德溪集)	오건(吳健)
	개암집(介庵集)	강익(姜翼)
39	백담집(栢潭集)	구봉령(具鳳齡)
	옥동집(玉洞集)	문익성(文益成)
	죽천집(竹川集)	박광전(朴光前)
	약포집(藥圃集)	정탁(鄭琢)
40	고봉집(高峯集)	기대승(奇大升)
	우득록(愚得錄)	정개청(鄭介淸)
	팔곡집(八谷集)	구사맹(具思孟)

책수	서명	저자
41	설월당집(雪月堂集)	김부륜(金富倫)
	송암집(松巖集)	권호문(權好文)
	성암유고(省菴遺稿)	김효원(金孝元)
	백록유고(白麓遺稿)	신응시(辛應時)
	지천집(芝川集)	황정욱(黃廷彧)
	오음유고(梧陰遺稿)	윤두수(尹斗壽)
42	제봉집(霽峯集)	고경명(高敬命)
	문봉집(文峯集)	정유일(鄭惟一)
	초간집(草澗集)	권문해(權文海)
	귀봉집(龜峯集)	송익필(宋翼弼)
43	우계집(牛溪集)	성혼(成渾)
	내암집(來庵集)	정인홍(鄭仁弘)
	청강집(淸江集)	이제신(李濟臣)
44	율곡전서(栗谷全書) Ⅰ	이이(李珥)
45	율곡전서(栗谷全書) Ⅱ	이이(李珥)
46	약포유고(藥圃遺稿)	이해수(李海壽)
	송강집(松江集)	정철(鄭澈)
	졸옹집(拙翁集)	홍성민(洪聖民)
47	건재집(健齋集)	김천일(金千鎰)
	옥봉집(玉峯集)	백광훈(白光勳)
	월정집(月汀集)	윤근수(尹根壽)
	대소헌일고(大笑軒逸稿)	조종도(趙宗道)
	아계유고(鵝溪遺稿)	이산해(李山海)
48	학봉집(鶴峯集)	김성일(金誠一)

책수	서명	저자	책수	서명	저자
48	백곡집(栢谷集)	정곤수(鄭崐壽)	56	부사집(浮査集)	성여신(成汝信)
	각재집(覺齋集)	하항(河沆)		용담집(龍潭集)	박이장(朴而章)
49	겸암집(謙菴集)	유운룡(柳雲龍)		오리집(梧里集)	이원익(李元翼)
	파곡유고(坡谷遺稿)	이성중(李誠中)	57	사계유고(沙溪遺稿)	김장생(金長生)
	간이집(簡易集)	최립(崔岦)		일송집(一松集)	심희수(沈喜壽)
50	고죽유고(孤竹遺稿)	최경창(崔慶昌)		악록집(岳麓集)	허성(許筬)
	백암집(栢巖集)	김륵(金玏)		서경집(西坰集)	유근(柳根)
	동강집(東岡集)	김우옹(金宇顒)	58	지퇴당집(知退堂集)	이정형(李廷馨)
	송애집(松崖集)	박여룡(朴汝龍)		임백호집(林白湖集)	임제(林悌)
51	간재집(艮齋集)	이덕홍(李德弘)		천곡집(泉谷集)	송상현(宋象賢)
	사류재집(四留齋集)	이정암(李廷馣)		하곡집(荷谷集)	허봉(許篈)
	만전집(晩全集)	홍가신(洪可臣)		망우집(忘憂集)	곽재우(郭再祐)
	풍애집(楓崖集)	안민학(安敏學)	59	태천집(苔泉集)	민인백(閔仁伯)
52	서애집(西厓集)	유성룡(柳成龍)		만취집(晩翠集)	오억령(吳億齡)
53	옥산시고(玉山詩稿)	이우(李瑀)		구암유고(久菴遺稿)	한백겸(韓百謙)
	고담일고(孤潭逸稿)	이순인(李純仁)	59	태촌집(泰村集)	고상안(高尙顔)
	한강집(寒岡集)	정구(鄭逑)		오봉집(五峯集)	이호민(李好閔)
54	청계집(靑溪集)	양대박(梁大樸)	60	여헌집(旅軒集)	장현광(張顯光)
	송암집(松巖集)	이노(李魯)		백졸재유고(百拙齋遺稿)	한응인(韓應寅)
	중봉집(重峰集)	조헌(趙憲)	61	손곡시집(蓀谷詩集)	이달(李達)
55	촌은집(村隱集)	유희경(劉希慶)		송정집(松亭集)	하수일(河受一)
	이충무공전서(李忠武公全書)	이순신(李舜臣)		검간집(黔澗集)	조정(趙靖)
	지산집(芝山集)	조호익(曺好益)		계은유고(溪隱遺稿)	이정립(李廷立)
56	지헌집(芝軒集)	정사성(鄭士誠)		오산집(五山集)	차천로(車天輅)

책수	서명	저자	책수	서명	저자
62	금역당집(琴易堂集)	배용길(裵龍吉)	63	외재집(畏齋集)	이후경(李厚慶)
	백사집(白沙集)	이항복(李恒福)		어우집(於于集)	유몽인(柳夢寅)
	유천유고(柳川遺稿)	한준겸(韓浚謙)	64	창랑집(滄浪集)	성문준(成文濬)
63	운천집(雲川集)	김용(金涌)		추탄집(楸灘集)	오윤겸(吳允謙)
	약봉유고(藥峯遺稿)	서성(徐渻)		창석집(蒼石集)	이준(李埈)

『고전국역총서』의 경우 국역본과 원전이 같이 제공되고 있으며, 『한국문집총간』은 한문 원전 텍스트가 제공되고 있다. 『고전국역총서』의 간행이 고전 자료의 대중화에 기여하고 있다면, 『한국문집총간』의 전산화는 관련 연구 자료의 제공과 각종 문집의 수집 및 정리라는 측면에서 주목할 만한 성과라 하겠다.

『한국문집총간』 전산화는 표점 작업을 통해 문집의 이해를 돕고 있고, 인명 · 지명 · 서명 · 관직명 · 제도명 · 주제별 요어(要語) 등을 다양하게 선정하여 색인 자료를 제공하고 있으며, 이본(異本) 조사를 바탕으로 해제를 덧붙이고 있다는 특징을 지니고 있다.

㉡ 유교문화종합정보 전산화

한국국학진흥원은 유교문화권의 전통과 유산을 오늘에 되살리는 작업을 수행한다는 점에서 주목된다. 진흥원은 영남 유교문화권에 분포된 40여만 권으로 추정되는 고서, 고전적 중 학술적 가치와 연구 활용도가 높은 자료를 수집해오고 있다. 2000년도와 2001년도에 「유교문화종합정보 DB구축사업」을 추진, 고전적 6,732권을 DB화했다. 이는 특히 유교문화 통합 DB 구축을 통해 영남지역 유교적 공동체에 전래되어오고 있는 문화유산을 보존하고 활용하는 작업이라는 측면에서 주목할 만한 성과라 할 수 있다.

그 세부 내역을 보면 1,152종 6,206권의 문집에 대한 서지사항 · 목차 · 해제 작업을 진행했으며, 원문 이미지 파일은 1차년도에 『가은선생문집』 등 379종과 2차년도에 『갈천선생문집』 등 690종을 전산화했다. 그중에서 본문 텍스트를 전산화해 제공하고 있는 것은 『가휴선생문집』 등 156종에 이른다. 이를 정리하면 〈표 2.6〉과 같다.

〈표 2.6〉 한국국학진흥원 문집 전산화 목록(2000~2001)

서명	저자	서명	저자
가휴선생문집(可畦先生文集)	조익(趙翊)	구계선생유집(鷗溪先生遺集)	신완(申完)
갈봉집(葛峯集)	김득연(金得硏)	구음문집(龜陰文集)	김광수(金光壽)
개곡집(開谷集)	이이송(李爾松)	규천선생문집(虯川先生文集)	전극항(全克恒)
개암선생문집(開巖先生文集)	김우굉(金宇宏)	극난재집(克難齋集)	권제경(權濟敬)
건재일고(健齋逸稿)	박수일(朴遂一)	금은유집(琴隱遺集)	박희문(朴希文)
검남유집(劒南遺集)	이봉환(李鳳煥)	기암문집(棄嵒文集)	김응건(金應楗)
견산선생실기(見山先生實記)	정기원(鄭期遠)	낙음선생문집(洛陰先生文集)	도경유(都慶兪)
경옥선생문집(景玉先生文集)	이보(李簠)	남고선생문집(南皐先生文集)	이지용(李志容)
계산잡영(溪山雜詠)	이황(李滉)	남천집(南川集)	이도묵(李道默)
계서예집(溪書禮輯)	이황(李滉)	남촌선생문집(南村先生文集)	송리석(宋履錫)
고계문집(古溪文集)	이휘녕(李彙寧)	노봉선생문집(蘆峯先生文集)	김정(金徵)
고은안선생유고(皐隱安先生遺稿)	안지(安止)	단곡선생문집(丹谷先生文集)	곽진(郭瑨)
고재선생문집(顧齋先生文集)	이만(李槾)	대계유고(大溪遺稿)	황재영(黃在英)
광암유집(廣巖遺集)	여석보(呂錫輔)	대암선생문집(臺巖先生文集)	최동집(崔東集)

서명	저자	서명	저자
대해집(大海集)	황응청(黃應淸)	방담집(方潭集)	김건(金健)
도산급문제현록(陶山及門諸賢錄)	권두경(權斗經)	방호집(方壺集)	조준도(趙遵道)
도헌일고(陶軒逸稿)	류우잠(柳友潛)	백산문집(白山文集)	김희분(金熙奮)
동리선생문집(東籬先生文集)	김윤안(金允安)	백우문집(白愚文集)	김재로(金載璐)
동소집(桐巢集)	김중하(金重夏)	백졸암선생문집(百拙庵先生文集)	유직(柳稷)
동암선생문집(東巖先生文集)	권성오(權省吾)	백포선생문집(柏浦先生文集)	채무(蔡楙)
동애문집(東厓文集)	김돈(金墩)	벽오선생문집(碧梧先生文集)	이문양(李文樑)
동야집(東埜集)	김양근(金養根)	병명발휘(屛銘發揮)	이상정(李象靖)
동호선생문집(東湖先生文集)	이서(李舒)	복암집(復菴集)	조원순(曺垣淳)
동호선생문집(東湖先生文集)	변영청(邊永淸)	봉주집(鳳洲集)	남국주(南國柱)
두릉집(杜陵集)	이제겸(李濟兼)	북벽선생문집(北壁先生文集)	김홍제(金弘濟)
둔계선생문집(遯溪先生文集)	김선(金瑄)	분지선생문집(賁趾先生文集)	남치리(南致利)
만오문집(晩悟文集)	정유곤(鄭裕昆)	삼기재문집(三棄齋文集)	정선(鄭鐥)
만오선생문집(晩悟先生文集)	신달도(申達道)	삼당집(三塘集)	김영(金瑛)
만오일고(晩悟逸稿)	이상현(李相鉉)	삼성재일고(三省齋逸稿)	손흥례(孫興禮)
만우재문집(晩寓齋文集)	금영택(琴英澤)	삼송선생일고(三松先生逸稿)	남몽오(南夢鰲)
매창문집(梅窓文集)	정사신(鄭仕信)	서계선생일고(西溪先生逸稿)	김담수(金聃壽)
매헌선생문집(梅軒先生文集)	금보(琴輔)	서귀자선생유고(鋤歸子先生遺稿)	정윤해(鄭允諧)
매헌집(梅軒集)	홍준형(洪浚亨)	서소선생문집(書巢先生文集)	김종휴(金宗烋)
몽재집(蒙齋集)	이안도(李安道)	석간집(石澗集)	서효원(徐孝源)
묵재일고(默齋逸稿)	박사희(朴士熹)	석강문집(石矼文集)	김석(金奭)
문소세고(聞韶世稿)	김희삼(金希參) 외	석계선생문집(石溪先生文集)	이시명(李時明)
미촌선생문집(美村先生文集)	김건(金健)	석문선생문집(石門先生文集)	정영방(鄭榮邦)
반암집(半巖集)	김건(金健)	설악당선생일고(雪嶽堂先生逸稿)	김구(金球)

서명	저자	서명	저자
성리대전서(性理大全書)	김정국(金政國)	양직선생문집(養直先生文集)	도성유(都聖兪)
성오당선생문집(省吾堂先生文集)	이개립(李介立)	어주선생문집(漁洲先生文集)	전오윤(全五倫)
성재선생문집(惺齋先生文集)	금난수(琴蘭秀)	역악재선생문집(亦樂齋先生文集)	김치관(金致寬)
성학십도부록(聖學十圖附錄)	허유(許愈)	역암선생문집(櫟庵先生文集)	유치유(柳致游)
소계집(小溪集)	남만회(南萬會)	역와문집(櫟窩文集)	이세윤(李世胤)
소암선생문집(素巖先生文集)	김진동(金鎭東)	역파문집(櫟坡文集)	권석회(權錫晦)
소암유고(小菴遺稿)	박응곤(朴應坤)	염수헌문집(念睡軒文集)	김용한(金龍翰)
송간선생문집(松澗先生文集)	황응규(黃應奎)	오가산지(吾家山誌)	이희증(李希曾)
송계선생문집(松溪先生文集)	이형남(李亨男)	오연선생문집(梧淵先生文集)	김면운(金冕運)
송담선생실기(松潭先生實紀)	채응린(蔡應麟)	옥계선생문집(玉溪先生文集)	반우형(潘佑亨)
송소선생문집(松巢先生文集)	권우(權宇)	용계선생문집(龍溪先生文集)	오흡(吳翕)
송호선생실적(松湖先生實蹟)	김한철(金漢哲)	용암선생문집(龍巖先生文集)	박운(朴雲)
수암선생문집(修巖先生文集)	유진(柳袗)	용연선생일고(容淵先生逸稿)	김종발(金宗發)
수오재집(守吾齋集)	안민수(安敏修)	용천연고(龍川聯槁)	권흡(權潝)
수헌선생문집(守軒先生文集)	유의목(柳懿睦)	우헌문집(愚軒文集)	김양진(金養鎭)
식암선생문집(息庵先生文集)	황섬(黃暹)	운계집(雲溪集)	전이성(全以性)
아맹선생일고(啞盲先生逸稿)	권창진(權昌震)	원계집(猿溪集)	유인배(柳仁培)
암서선생문집(岩西先生文集)	조긍섭(曺兢燮)	월담국원연방일고(月潭菊園聯芳逸槁)	김정룡(金廷龍) 외
야계선생문집(倻溪先生文集)	송희규(宋希奎)	유곡선생실기(柳谷先生實紀)	손계돈(孫季暾)
야계유고(冶溪遺稿)	유학(柳檡)	유일재선생실기(惟一齋先生實記)	김언기(金彦璣)
야로당집(野老堂集)	이순(李淳)	육인재문집(六忍齋文集)	김광국(金光國)
야촌선생문집(野村先生文集)	손만웅(孫萬雄)	이계선생문집(伊溪先生文集)	남몽뢰(南夢賚)
양서선생문집(瀁西先生文集)	이광윤(李光胤)	이선생예설(二先生禮說)	이유장(李惟樟)
양선생언경촬요(兩先生言敬撮要)	박종후(朴宗垕)	이우당선생문집(二愚堂先生文集)	권환(權寏)

서명	저자	서명	저자
이자서절요(李子書節要)	이황(李滉)	탁계선생집(濯溪先生集)	전치원(全致遠)
이자수어(李子粹語)	이익(李瀷) 외	퇴계선생문집고증(退溪先生文集攷證)	유도원(柳道源)
이호문집(伊湖文集)	김세용(金世鏞)	퇴계선생서절요차의(退溪先生書節要箚疑)	김도화(金道和)
인재선생실기(忍齋先生實記)	권대기(權大器)	퇴계선생언행록(退溪先生言行錄)	권두경(權斗經)
일일재선생문집(一一齋先生文集)	김시찬(金是瓚)	퇴도선생언행통록(退陶先生言行通錄)	권두경(權斗經)
일죽재유집(一竹齋遺集)	신내옥(辛乃沃)	퇴서백선(退書百選)	이황(李滉)
일휴면진연고(日休勉進聯稿)	금응협(琴應夾) 외	투암선생문집(投巖先生文集)	채몽연(蔡夢硯)
임재선생문집(臨齎先生文集)	서찬규(徐贊奎)	풍암선생문집(楓菴先生文集)	문위세(文緯世)
잠계문집(潛溪文集)	권창식(權昌植)	하담문집(荷潭文集)	조언관(趙彦觀)
장곡집(藏谷集)	권태일(權泰一)	하암문집(下庵文集)	이종휴(李宗休)
정양당선생문집(靜養堂先生文集)	김윤명(金允明)	학림선생문집(鶴林先生文集)	권방(權訪)
존양재선생문집(存養齋先生文集)	송정렴(宋挺濂)	호양집(湖陽集)	권익창(權益昌)
종오당유집(從吾堂遺集)	허선(許墡)	활산선생문집(活山先生文集)	남용만(南龍萬)
주자서절요(朱子書節要)	주희(朱熹)	회당집(悔堂集)	유세철(柳世哲)
청암선생일고(靑巖先生逸稿)	권동보(權東輔)	회헌선생실기(晦軒先生實紀)	안향(安珦)
치헌선생문집(癡軒先生文集)	김덕오(金德五)	휘헌선생문집(撝軒先生文集)	도신여(都愼與)

한국국학진흥원에서는 향후 연차적으로 사이버 박물관과 전시실 운영 그리고 유교의 사상과 실천 의례, 관련 문화 자료 등을 체계화하고 멀티미디어로 가공해 유교문화 정보를 제공하는 일도 기획하고 있다. 이것 역시 철학 사상, 보다 좁게는 '유교'를 형이상학적 관념이 아니라 피부로, 생활의 일부로 느낄 수 있게 하는 작업이라고 할 수 있을 것이다. 아울러 이는 지방자치시대와 더불어 지역의 정체성 구축에 기

여할 수 있을 뿐만 아니라 지역문화 발전에도 공헌할 수 있을 것이라 생각한다.

ⓒ 『한국사사료총서』와 기타 문집 자료

이상에서 살펴본 것 외에 여러 한국학 전문 연구기관의 인터넷 사이트를 찾아보면 상당한 편차가 있긴 하지만 한국 철학 자료 또는 관련된 자료들이 서비스되고 있음을 알 수 있다. 예컨대 국사편찬위원회의 경우, 역사학 자료에 비하면 적은 편이지만 『한국사사료총서』와 「한국역사정보통합시스템」 사업을 통해 제공하는 자료에는 문집 자료도 서비스 내용에 포함되어 있다.

이 가운데 우선 『한국사사료총서』에 포함되어 있는 자료를 정리하면 다음과 같다. 이들은 원문이 입력되어 있어 원하는 원문 자료를 쉽게 검색할 수 있다.

- 『조선시대사초(朝鮮時代史草)』: 성종 대 김종직(金宗直)의 『필재당후일기(畢齋堂后日記)』를 비롯하여 명종 대의 김용(金涌)이 쓴 당후일기초본(堂后日記草本), 춘추관일기(春秋官日記) 등을 편집한 자료이다.
- 『계암일록(溪巖日錄)』: 조선 중기 김령(金坽)이 쓴 일기. 임진왜란과 병자호란 등 대전란기를 통한 재지사족의 삶과 더불어 당시 향촌의 사회, 경제 상황을 살펴볼 수 있다.
- 『묵재일기(默齋日記)』: 조선 중기 이문건(李文楗)의 일기. 당시 구체적이고 생생한 사회상을 엿볼 수 있는 자료이다.
- 『계일헌일기(戒逸軒日記)』: 조선 후기 이명룡(李命龍)의 생활 일기.
- 『향병일기(鄕兵日記)』 외: 조선 후기 경북 예안에 살았던 광산김씨(光山金氏) 4대,

김해(金垓), 김광계(金光繼) 등의 120여 년간의 일기.

- 『관란재일기(關瀾齋日記)』: 조선 말기와 일제 강점기 유학자 정관해(鄭觀海)의 일기 자료. 1912년부터 1947년까지 용인 지역을 중심으로 일상사 정황과 소회를 담고 있다.
- 『우곡일기(愚谷日記)』·『야언기략(野言記略)』: 1609년(광해군 1)부터 1618년(광해군 10)에 걸친 이유간(李惟侃)의 『우곡일기』와 1619년(광해군 11)부터 1638년(인조 16)에 걸친 오연(嗚淵)의 『야언기략』.

아울러 「한국역사정보통합시스템」을 통해 『매천야록(梅天野錄)』, 『기려수필(騎驢隨筆)』, 『위암문고(韋庵文稿)』, 『민충정공유고(閔忠正公遺稿)』, 『임술록(壬戌錄)』 등의 원문 자료가 입력되어 있을 뿐만 아니라 그와 관련된 색인어가 추출되어 있다.

서울대 규장각에서는 『수권(手圈)』, 『구운몽(九雲夢)』, 『여유당집(與猶堂集)』, 『홍재전서(弘齋全書)』, 『오륜행실도(五倫行實圖)』, 『어정홍익정공주고(御定洪翼靖公奏藁)』, 『어정대학유의(御定大學類義)』 등의 원문 이미지 정보와 소장 자료에 대한 목록과 해제를 웹서비스하고 있다. 그 외에 『논어언해(論語諺解)』 등 102종의 책판(冊版)을 3D 이미지로 보여준다.

그리고 한국학중앙연구원에서는 『이재난고(頤齋亂藁)』, 순조 문집 『순재고(純齋稿)』, 익종 문집 『경헌집(敬軒集)』, 장조 문집 『능허관만고(淩虛關漫稿)』, 헌종 문집 『원헌고(元軒稿)』, 철종 문집 『중재고(中齋稿)』, 고종 문집 『주연집(珠淵集)』, 순종 문집 『정헌집(正軒集)』과 함께 『와유록(臥遊錄)』, 『완영일록(完營日錄)』, 『치재일기(致齋日記)』, 『미암일기(眉巖日記)』 등이 전산화되고 있다. 순조, 익종, 장조, 헌종, 철종, 고종, 순종 등 왕들의 문집이 많다는 점이 특징이라 하겠다.

2) 전산화의 전망

지금까지 한국 철학 자료 전산화의 현황을 살펴보았다. 전체적으로 1990년대 후반 이래 활발하게 진행된 한국학 분야의 전산화 작업과 더불어 그 일환을 이루는 한국 철학 자료의 전산화 역시 상당한 단계에 진입하고 있음을 확인할 수 있다. 전산화 작업은 앞으로 더욱 활발하게 진행될 것으로 전망된다.

한국 철학 자료의 전산화 작업을 크게 전자도서 간행과 웹서비스로 나누어 살펴보았는데, 그 구분은 상대적인 것일 뿐 절대적인 것은 아니다. 전자도서로 간행된 자료라 하더라도 다시 웹으로 서비스하는 경우가 많기 때문이다. 웹서비스에 있어서는 국학 관련 연구기관들이 이미 서비스를 시작한 데다 국가적 차원에서 실행하는 「한국역사정보통합시스템」 구축사업에 힘입어 한층 더 가속화되고 있다.

한국 철학 자료라는 측면에서는 한국고전번역원의 『고전국역총서』와 『한국문집총간』, 그리고 한국국학진흥원의 유교문화종합정보 DB 구축 사업이 큰 비중을 차지하고 있다. 그 외에 국사편찬위원회, 서울대 규장각, 한국학중앙연구원 등이 일익을 담당하고 있다. 이와 같은 추세로 전산화 작업이 진행된다면, 현존하는 한국 철학 자료들은 언젠가는 모두 전산화될 것으로 전망된다. 보존과 이용이라는 측면에서 바람직한 방향이라 하겠다.

지금까지 이루어진 한국 철학 자료의 전산화 작업이 갖는 의미는 아무리 강조해도 지나치지 않을 것이다. 그렇다고 지금까지 해온 작업을 단순히 그대로 계속하는 것으로 모든 것이 해결되지는 않는다. 아직은 미비하고 부족한 점이 없지 않기 때문이다. 그런 만큼 전산화 과정에서 드러난 문제점들을 고려하여 개선과 더불어 적절한 방법을 모색하는 것 역시 필요하다고 하겠다. 다음에서는 필자가 직접 한국학 자료의 전산화 작업에 참여하면서 느낀 점들을 토대로 몇 가지 언급하고자 한다.

먼저 다양한 자료가 전산화되고 있는데 전산화의 이해 및 방향과 관련하여 심도 있는 적절한 검토가 필요하다. 전산화는 대상 자료를 단순히 컴퓨터에 입력하는 것을 의미하지는 않는다. 전산화에는 적절한 가공과 처리가 필요하다. 다시 말해 활용도가 높은 가공된 정보를 제공해야 하는 것이다. 따라서 각 기관별로 진행되는 전산화 사업에서, 그리고 구체적인 작업 과정에서 서로 의거하고 공유할 수 있는 지침, 표준화 방안과 공정 등이 필요하다. 실제로 같은 자료를 서로 중복하여 전산화할 필요는 없다. 앞에서 살펴본 한국역사통합정보시스템 같은 통합정보시스템을 구축할 경우, 그런 문제점을 해결해나갈 수 있을 것이다.

다음으로 전산화는 한문원전, 번역본, 원문이미지 자료가 동시에 제공되는 것이 바람직하다. 자료의 성격상 한문 원전의 서비스는 중요하다. 그리고 원전에는 표점(標點)을 부가하는 것이 필요하다. 표점은 한문 문장의 내용을 분석하여 붙이는 기호 체계이다. 쉼표, 마침표 등의 구두점 외에 다양한 문장 부호와 교감 기호를 포함한다. 표점은 가독성을 높여준다. 또한 원문은 국역본과 같이 제공될 때 그 효용이 더욱 높아진다. 나아가 원본 이미지자료의 제공 역시 필요하다. 원본에 아무리 가깝게 입력한다 하더라도 원본과 똑같을 수는 없다. 오자, 이체자, 약자 등의 문제가 있기 때문이다. 입력 과정에서 오차가 생길 수도 있고, 교감에서 달리 해석될 수 있는 부문도 있다. 그렇기 때문에 난해한 원전의 경우 교감 작업이 더욱 중요해진다.

그리고 철학 원전자료의 전산화 과정에 철학 전공 연구자의 참여

역시 요망된다. 원전 자료의 특성과 중요도에 따른 데이터베이스화가 필요하기 때문이다. 수많은 자료들 중에서 어느 것부터 할 것인가 하는 전산화 우선 순위의 결정, 교감과 표점 부가, 해제 등의 작업에서 철학 전공자들이 쌓아온 전문가적인 식견과 지식이 발휘되어야 할 것이다.

이 같은 점들을 염두에 두고 한국 철학 자료의 전산화 작업이 진행된다면 언젠가는 모든 한국 철학 자료를 온라인에서 쉽게 이용할 수 있는 시점에 이르게 될 것이다. 그때는 아마도 자료를 구하기 어려워 연구를 못한다는 변명은 더 이상 통하지 않을 것이다.

한 가지 덧붙여 말해두고 싶은 것은 한국 철학 자료의 전산화는 어디까지나 '자료의 전산화'일 뿐 그 자체가 철학, 사상의 연구는 아니라는 점이다. 자료의 전산화가 곧 연구 성과물의 축적을 보장해주는 것은 아니다. 예컨대 검색 결과가 수천 건 또는 그 이상이 나올 때, 이는 정보가 없는 것과도 같다. 다시 말해 자료의 전산화는 어디까지나 수단이자 방법일 뿐 그 자체가 목적은 아니라는 것이다. 그렇게 효율적으로 제공되는 전산화 정보를 적극 활용하여 그 자료에 담겨 있는 철학 세계와 사유체계를 연구하는 작업은 여전히 중요하다. 그것은 결코 양보할 수 없는 철학 전공자들의 고유한 몫이라 해야 할 것이다.

제3부

『고려사』와 『조선왕조실록』 디지털화

1. 『고려사』의 디지털화
2. 『조선왕조실록』의 디지털화
3. 『조선왕조실록』의 사론과 원주
4. 표점 원문 『조선왕조실록』의 디지털화
5. 『고종 · 순종 실록』의 디지털화
6. 실록 디지털화 묻고 답하기

1
『고려사(高麗史)』의 디지털화[1]

1) 정보화와 『고려사』 연구

바야흐로 '지식'과 '정보'가 부가가치 창출의 원천이 되는 지식기반 사회를 맞이했다. 무엇보다 지식과 정보를 다루는 기술의 급격한 발달에 힘입어 전 세계를 하나의 네트워크로 묶어주는 인터넷 시대를 열게 되었으며, 이른바 '인터넷 혁명'이 계속되고 있다.

우리 사회에서는 1990년대 중반 이후 거의 모든 분야에서 정보화 작업이 추진되어 학술, 역사, 문화 등 주요 지식 정보를 디지털화하여

1 이남희, 「『고려사』 디지털화의 방향과 과제」, 『청계사학』 18, 2003; 이남희, 「高麗史 電算化의 方向과 課題」, 동아대학교 '『고려사』 역주 사업단' 발족 기념 학술 심포지엄, 『텍스트로서의 『고려사』, 그 이해와 역주 방향』, 동아대학교, 2001. 12. 21.

인터넷으로 유통시키는 대규모 프로젝트도 진행되고 있다. 이 같은 정보화 혁명은 종래 전산화와 거리가 먼 것처럼 보였던 역사학을 비롯한 한국학, 인문학 분야에도 새로운 바람을 불러일으키고 있다. 이미 일차 사료에 해당하는 각종 원전과 번역물 자료가 디지털화되었다.

『CD-ROM 국역 조선왕조실록』이 간행(1995)된 이후 『삼국사기』, 『삼국유사』, 『고려사』, 『고종 · 순종실록』 등 대표적인 한국역사서가 디지털화되었다. 또한 『비변사등록』, 『승정원일기』, 『일성록』 등의 대규모 역사 기록물의 전산화 작업이 진행되었다. 그 밖에 각종 등록, 방목, 문집, 법전 등도 전산화되고 있으며, 향토기록지 지방사는 멀티미디어 전자도서로 편찬되고 있다. 이에 세계 각국의 연구자들이 방대한 양의 자료를 시간과 공간에 제한받지 않고 활용할 수 있게 되었다.

초점을 역사학 자료 전산화 작업에 맞추어보면 무엇보다 조선시대의 자료를 중심으로 이루어지고 있음을 알 수 있다. 이는 조선시대의 경우 현존하는 자료가 많고 다양하기 때문이다. 그 이전 시대에 해당하는 고려시대 자료의 전산화 작업은 『고려사』, 『고려사절요』, 『동국이상국집』 등이 이루어졌을 뿐이다. 『고려사』의 경우 북한 사회과학원 번역본을 저본으로 『국역 고려사 CD-ROM』이 간행되었으며(1998), 동아대학교 역주본을 저본으로 한 『CD-ROM 국역 · 원전 고려사』가 간행되었다(1999). 『고려사』는 남 · 북한 번역본이 모두 전산화되었다는 점에서 주목된다. 다른 두 종의 전산화 자료가 있어 서로 참조 비교할 수 있다는 점에서 효용성이 있다.

이 같은 상황에서 『고려사』의 재번역 작업이 추진되고 있다. 동아대학교의 『역주 고려사』 재역 사업과 한국학중앙연구원 『고려사』 제지(諸志) 번역 사업이 그것이다. 동아대학교에서는 2001년도 고려사역주사업단을 발족하여 재역사업을 추진해오고 있다. 한국학중앙연구원에서는 2000년부터 천문(天文), 역(曆), 오행(五行), 지리(地理), 예(禮), 악(樂), 여복(輿服), 선거(選擧), 백관(百官), 식화(食貨), 병(兵), 형법지(刑法志) 등 제지(志) 역주 사업을 추진해왔다.[2]

한 번 번역된 결과물을 다시 번역하는 것은 그간 학계에서는 거의 찾아볼 수 없던 일이다. 재역 사업이 단순히 번역에 그치는 것이 아니라 축적된 학계 연구 성과를 반영하여 작업을 추진한다는 점에서 그 의미를 찾을 수 있겠다. 이는 번역의 질 제고와 함께 그간 축적된 연구 결과물을 반영한다는 점에서 바람직한 방향이라 하겠다.

여기서는 필자가 직접 참여한 『국역 · 원전 고려사』 데이터베이스 구축사례를 소개하고자 한다. 그와 더불어 그동안의 고전자료 전산화 경험을 토대로 하여 향후 진행될 고려사의 디지털화 방향과 그 과정에서 염두에 두어야 할 점들에 관해 논의하고자 한다.

2) 『고려사 CD-ROM』 개발

『고려사』는 세종 31년(1449)에 편찬하기 시작하여 문종 1년(1401)에 완성된 기전체(紀傳體) 역사서로 고려 태조부터 공민왕까지 34왕 475년간에 이르는 역사를 세가(世家) 46권, 지(志) 39권, 표(表) 2권, 열전(列傳) 50권별로 기록하고 있으며, 한문 원본이 총 139권(목록 2권 포함)에 달한다. 고려시대의 대표적인 정사(正史)로 정치, 경제, 사회, 문화, 문물, 제

2 허흥식, 「고려사 제지의 역주와 선행사업」, 『고려시대연구 Ⅲ』, 한국학중앙연구원, 2001; 한국학중앙연구원 편, 『고려시대사연구』 Ⅰ · Ⅱ · Ⅲ · Ⅳ · Ⅴ, 2000~2002.

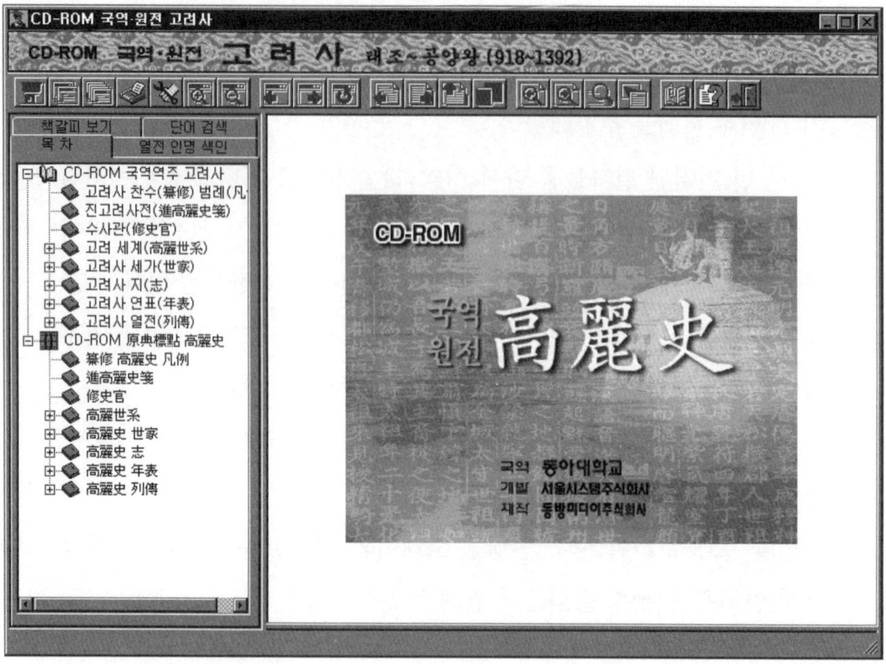

〈그림 3.1〉『고려사 CD-ROM』(1999)

도 등의 전 분야에 걸친 모습을 폭넓고 상세하게 전해주는 귀중한 보고라 하겠다. 편찬 당시의 풍부한 사서뿐만 아니라 중국의 문헌도 참고했기 때문에 그 사료적 가치가 크다. 『고려사』에 실린 많은 국서(國書)와 조칙(詔勅) 등은 당시의 국제 정세 및 대외 관계사를 연구하는 데 중요한 일차 자료가 되기도 한다.

동아대학교에서는 일찍이 1960년부터 『고려사』 번역에 착수, 1965년부터 1973년에 걸쳐 『역주(譯註) 고려사』 전 11책을 발간했다. 이 역주본은 남한에서 나온 유일한 고려사 완역본으로, 원전에 충실한 번역과 정확한 전거를 제시하고 표점 교감을 거친 원전을 첨부함으로써 많은 중세사 연구자들이 기본 텍스트로 활용해왔다. 북한에서 나온

『북역 고려사』가 부분적으로 의역이 많고 주석 처리가 제한적이라는 문제를 안고 있는 데 비해 『역주 고려사』는 의역을 지양하여 원전의 문장 파악이 용이하도록 했다. 또한 당시 학계 연구 성과를 반영한 풍부한 각주 자료는 일반 사전에서 찾아볼 수 없는 다양한 지식을 제공하며 용어사전으로서의 기능도 훌륭하게 수행하고 있다.

이 같은 『역주 고려사』를 전산화한 것이 『CD-ROM 국역 · 원전 고려사』이다. 이 작업은 1998년 3월에 착수하여 이듬해(1999) 12월에 마무리되었다. CD-ROM 개발을 위해 역주본 교열과 원전 감수는 동아대학교 사학과, 한문학과, 중문과 등의 연구진이 담당했으며, DB 구축 및 응용 소프트웨어 개발은 서울시스템(주) 한국학DB연구소 기술진이 수행했다. 『역주 고려사』를 데이터베이스로 구축하고 전자도서로 간행하는 사업은 자료에 대한 엄밀한 검증과 가공 작업, 데이터베이스 구축, 서체 개발, 운영 소프트웨어 개발의 노력에 의해 이루어졌다.

DB 구축을 위해서는 먼저 텍스트 『고려사』의 문자 정보가 입력되어야 한다. 기본 한자 이외에 벽자(僻字)를 상당수 포함하는 전문적인 한문 자료는 상용 워드프로세서로 입력할 수 없기 때문에 별도의 한문 전용 입력 에디터 개발이 필요하다. 1998년 당시 텍스트 입력은 서울시스템이 자체 개발한 문서편집기(PageStar 3.0)로 이루어졌다. 이 전문 문서편집기는 고전 자료 전산처리를 위한 한자 코드와 서체를 모두 수용했다. 페이지스타(PageStar) 3.0에 탑재된 「SSC 동양 고전 자료 전산처리를 위한 한자 부호계」는 한적 자료 전산 처리를 위해 중요한 1만 8,193자의 한자 코드와 서체 정보를 구성했다. '뿌리법'이라는 초고속 한자 입력 기술을 구현한 것이다. '뿌리법'은 한자를 형태적으로 분석하여 개개의 글자를 이루는 조성 요소(뿌리)를 코드화함으로써 그 코드를 입력하면 즉석에서 한자로 변환될 수 있도록 개발되었다.

이어 구축된 데이터베이스를 사용자가 손쉽고 빠르게 찾아볼 수 있게 해주는 정보 검색 소프트웨어의 개발이 뒤따랐다. 자료 구조에 가장 적합한 데이터베이스 구조 및 색인어 추출 방법, 방대한 어휘로 이루어진 색인 파일에서 최단 시간에 검색 어휘를 찾아내는 방법을 구현한 것이다. 그 과정에서 자료에 대한 「용어 및 체제 정리 지침」을 마련했다. 전산 데이터는 유용한 정보 검색을 목표로 하는 만큼 용어와 표기는 일정한 원칙에 따라 일관성 있게 이루어져야 하기 때문이다.

『고려사』 전산화를 위한 체제 통일은 앞서 작업한 『조선왕조실록』, 『고종 · 순종실록』 등의 전산화 경험을 토대로 하여 비교적 용이하게 진행할 수 있었다. 먼저 국역문의 표현이 지나치게 한문 투이거나 예스러운 것은 적절한 어구로 수정함을 원칙으로 했으며, 국역문의 노출된 한자는 한글 음을 달고 괄호로 묶어 병기했다. 『고려사』 데이터베이스 CD-ROM에 적용한 용어 표기 및 체제 통일원칙은 〈표 3.1〉과 같다.

이 같은 내용이 완벽한 지침서는 아니지만, 방대한 기사를 데이터베이스로 구축할 경우 다른 연구자들에게 참고 자료가 될 수 있을 것이다. 이는 또 재번역 작업을 하는 데 있어서도 디지털화와 관련하여 일종의 지침서 역할을 할 수 있을 것으로 여겨진다.

〈표 3.1〉『고려사 CD-ROM』 용어 및 체제 정리 지침

① 『CD-ROM 국역 · 원전 고려사』는 검색이 용이하도록 중층구조(重層構造)로 구성하여 한 기사를 중심으로 앞뒤 기사를 열람하는 좌우 이동은 물론 상위 또는 하위 단계로의 상하 이동이 가능하도록 했다.

② 원전의 편찬 체제를 따르되, 다음과 같이 체제를 통일했다.

㉠ 세가는 각 왕대의 월(月)을 하나의 기사로 구분했으며, 그 아래의 일(日)은 기사 안에서 ○로 구분했다.

㉡ 일진 표시 없이 작성된 첫머리 기사는 세가의 경우는 총서, 지(志)의 경우는 서문으로 분리했다.

㉢ 각 지(志)는 열람의 편의를 위해 내용에 따라 좀 더 세분하여 분류했다.

㉣ 연표는 1년 단위로 하나의 기사를 구분했다.

㉤ 열전으로 강등되었던 신우(辛禑), 신창(辛昌) 열전을 공민왕 세가 다음에 편재하여 고려시대 왕계(王系)와 그 연대기를 체계적으로 이해할 수 있게 했다.

③ 정확한 검색을 위해 인명(人名)의 성(姓)과 이름은 붙여 썼으며, 이름만 표기되어 있는 기사의 경우 성(姓)을 복원해주는 것을 원칙으로 했다.

④ 하나의 기사 내용이 원고지 100매 분량이 넘는 경우 기사를 분리하고 해당 「기사제목」 뒤에 ① ② ③ 등의 번호를 달았다.

⑤ 원전의 소자쌍행(小字雙行)은 원주로 처리하는 것을 원칙으로 했으나, 역지(曆志)의 표처럼 칸을 맞추기 위해 소자로 처리한 것은 원주로 처리하지 않았다.

⑥ 맞춤법과 띄어쓰기는 한글 맞춤법 통일안을 따르는 것을 원칙으로 하되, 원활한 검색을 위하여 다음의 경우에는 띄어쓰는 것을 원칙으로 했다.

㉠ 관직명(官職名) · 관서명(官署名) · 작호(爵號) · 제도 용어 등의 고유명사
예) 상서 우복야(尙書右僕射), 한림 학사(翰林學士), 순덕 왕후(順德王后)
단, 관직명이 관서명 앞뒤로 나뉘어 표기된 경우와 작호가 한 글자인 경우는 판의금부사(判義禁府事), 개령군(開寧君)처럼 붙여 썼다.

㉡ 지명과 병기된 관직명
예) 경상도 안렴사(慶尙道按嗟使), 서북면 병마사(西北面兵馬使)

㉢ 겸(兼), 행(行), 수(守), 증(贈), 섭(攝) 등이 앞에 붙은 관직명
예) 수 태사(守太師), 직 한림원(直翰林院)

⑦ 열람의 편의를 위하여 원주(原註), 역주(譯註) 등에 색상을 부여하여 쉽게 구별하도록 했다.

【연회색】: 『고려사』 편찬 당시 편찬관이 달아둔 원주(原註)를 표시한다.
【보라색】: 국역자(國譯者)가 단 역주(譯註)의 해당어를 표시한다.
【파랑색】: 역주(譯註)가 10자 이내인 경우는 사용자의 편의를 위해 본문에 노출시켰다.
【진노랑】: 역주에 있는 도표를 표시한다.
【빨간색】: 검색 결과를 보여줄 때, 사용자가 검색 명령어로 준 단어를 표시한다.

⑧ 부호는 다음과 같이 통일했다.

- ( ): 음(音)이 같은 한자를 묶는다.
- 〔 〕: 의미는 같으나 음이 다른 한자를 묶는다.
- " ": 대화 등의 인용문을 묶는다.
- ' ': 2차 인용이나 강조 어구를 묶는다.
- 「 」: 3차 인용을 묶는다.
- 『 』: 4차 인용을 묶는다.
- 〈 〉: 국역자가 달아준 보충역(補充譯)을 묶는다.
- 『 』: 책명을 묶는다.
- 【 】: 원주(原註)와 각주(脚註) 안의 보충주를 묶는다.
- / : 「기사제목」에서 상하 계층을 구분하는 경우 사용한다.
- § : 기사 내의 제목을 표시한다.
- ○ : 기사 내에서 앞의 내용과 구별하는 경우 사용한다.
- ◎ : ○에 속한 하위 단위인 경우 사용한다.

3) 『고려사』 디지털화의 특징

1 CD-ROM(전자도서)이란?

콤팩트디스크(CD)는 음악 연주를 담는 음향 매체로 널리 인식되고 있지만, 음악 연주뿐 아니라 문자나 영상 등 다양한 형태의 정보를 수록할 수 있는 최첨단 매체이다. 정보 유통 매체로 쓰이는 CD는 음향 매체로 쓰이는 CD와 구별하여 CD-ROM(Compact Disk Read only Memory)이라고 부르는데, CD롬의 규격과 형식은 국제표준기구(ISO)에 의해 표준화되었기 때문에 하드웨어나 운영체제에 구애받지 않고 세계 어느 지역에서나 공통적으로 사용될 수 있다.

CD롬은 지름 12cm 크기의 플라스틱 원반에 3억 자 이상의 문자 데이터를 담을 수 있기 때문에 대규모의 정보를 보급시키는 데 적합한 매체라고 하겠다. CD롬의 규격과 정보 저장 형식이 표준화된 1980년대 중반 이후 미국과 유럽 및 일본 등지에서는 종래 책자 형태로 간행되었던 많은 종류의 도서들이 전자도서의 형태로 보급되고 있다. 이와 같은 전자도서의 유용성은 일차적으로 그 속에 수록된 정보의 활용 가치를 더욱 높일 수 있다는 데 있다.

종이로 만든 책은 본문 내용에 대한 접근점이 책 앞에 수록된 '목차'에 한정되어 있지만, 전산화되어 전자도서로 간행된 책에서는 본문의 임의 단어까지 찾아볼 수 있다. 뿐만 아니라 검색의 속도가 빠르고, 관련 항목으로의 이동도 신속하다.

이 같은 이용상의 편의성 이외에도 매체 제작비가 인쇄비에 비해 현저하게 낮아 대량 생산이나 소량 생산이 모두 쉽고, 언제든지 최소의 비용으로 추가 제작이 가능하므로 재판 및 수정판 간행이 용이하다. 또한 크기가 작아 보관이 쉽고 생동감 있는 정보의 전달이 가능하다. 새로운 매체에 관심을 갖는 세대는 주로 청소년층이므로 이들의 자발적인 이용을 기대할 수 있다는 점도 CD화된 도서의 장점으로 지적될 수 있겠다.

2 『고려사 CD-ROM』의 기능

『CD-ROM 국역 · 원전 고려사』는 다음과 같은 특징을 가지고 있다. 우선 한문 원전과 국역을 동시에 수록했다는 점을 지적할 수 있겠다. 국역본과 구두점을 병기한 한문 원전을 동시에 수록함으로써 국역과 원전에 대한 신속한 검색과 상호 대조가 가능하다(〈그림 3.2〉와 〈그림

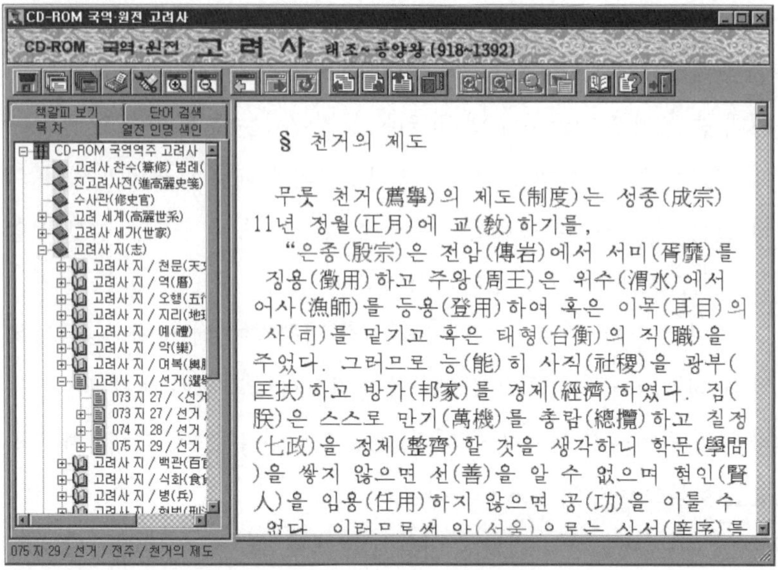

〈그림 3.2〉『국역 고려사 CD-ROM』 본문

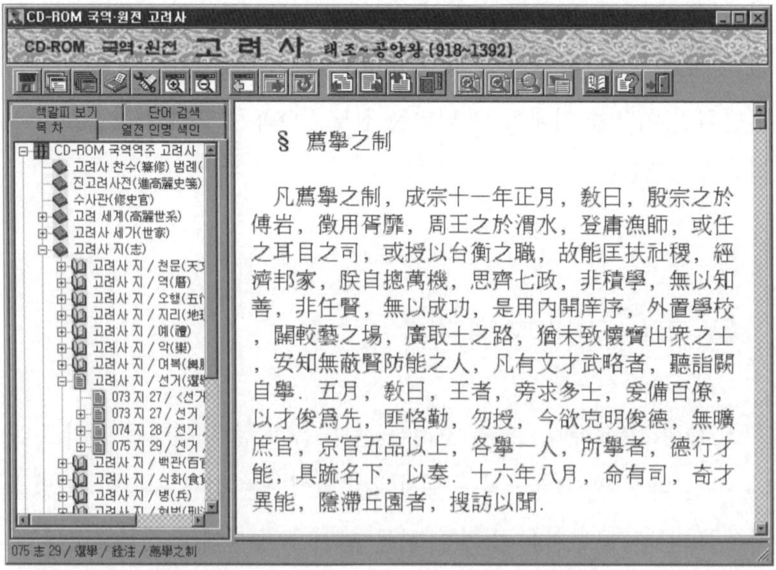

〈그림 3.3〉『원전 고려사 CD-ROM』 본문

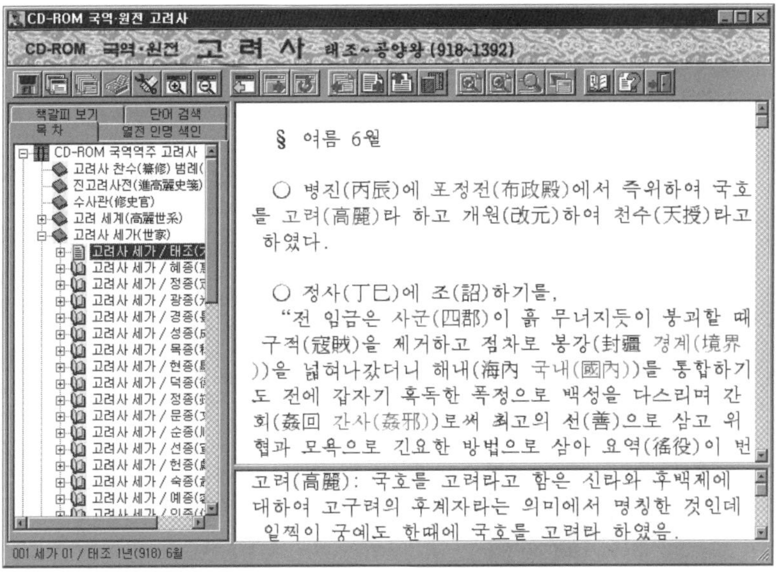

〈그림 3.4〉『고려사 CD-ROM』 각주 사전 기능

3.3〉). 이는 단순히 국역문에 원전의 이미지를 링크시키는 수준을 넘어 원전을 텍스트로 입력하고 이를 DB로 구축하여 검색이 가능하도록 했다. 마우스를 한 번 클릭함으로써 한문 원전과 국역본을 바로 참조할 수 있다.

둘째, 자세하고 충실한 역주와 협주를 들 수 있다. 경서(經書)와 사서(史書), 문학서(文學書)를 망라한 동양 고전에서 인용한 5,700여 개의 자세하고 충실한 역주는 내용의 정확한 이해를 도울 뿐만 아니라 역사서 읽는 재미를 한층 더 높여준다. 10자 이내의 간단한 협주는 본문에 하늘색으로 부기하여 한눈에 참조할 수 있도록 했다(그림 3.4).

셋째, 『고려사 CD-ROM』은 일목요연하게 편집되어 있다. 세가, 지, 표, 열전이라는 기전체 사서의 편찬 체제를 살리면서 단순한 권별

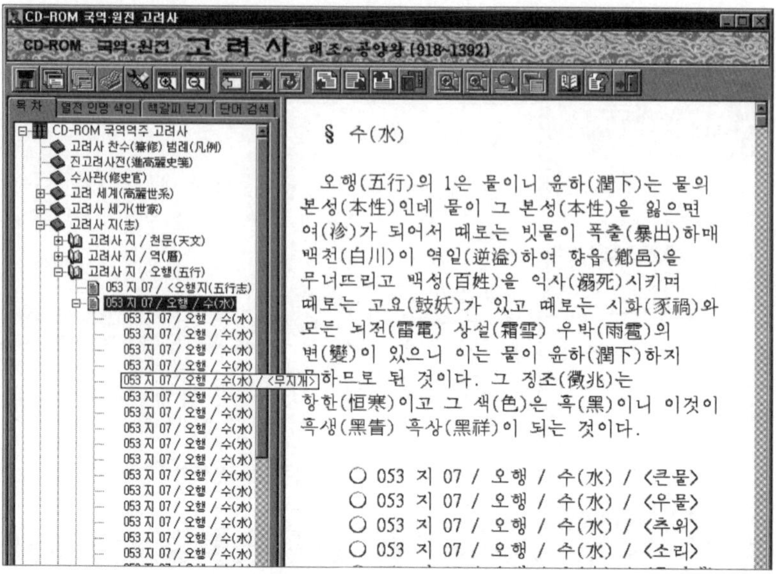

〈그림 3.5〉『고려사 CD-ROM』 목차

편집이 아닌 편, 장, 절, 항, 목에 따른 편집으로 내용을 열람할 수 있게 했다. 원전의 편찬 체제에 따르되 원활한 검색을 위해 기사의 내용이 긴 경우 내용 전개에 따라 기사를 나누고, 그 기사의 요지를 작성함으로써 내용 파악을 용이하게 했다. 각 지(志)는 일정한 체계 아래 대범주가 설정되고, 그 아래에 소범주화하는 분류방식을 취하고 있기 때문에 열람의 편의를 위해 내용을 세분하여 분류했다(그림 3.5).

넷째, 왕대별 검색, 색인 검색 등의 열람 방식을 통해 필요한 정보를 간편하게 검색할 수 있다. 특히 열전(列傳)에 수록된 인물은 별도의 '색인 항목'을 설정하여 원하는 인물 정보를 손쉽게 찾아볼 수 있다. 아울러 자연어 검색, 논리 연산자를 이용한 검색, 기사 열람 중에 검색어를 입력하지 않고도 본문에 있는 단어를 클릭하여 검색하는 기능

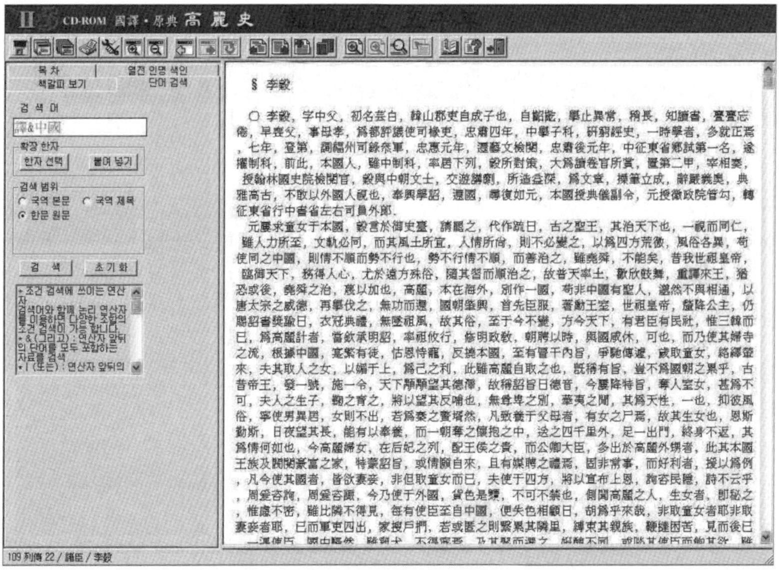

〈그림 3.6〉『고려사 CD-ROM』 복합연산자 검색 결과

등을 통해 원하는 정보를 손쉽고 다양하게 검색할 수 있다(그림 3.6).

다섯째, 『고려사 CD-ROM』을 통해 다양한 형태로 정보를 검색할 수 있게 되었다. 우선 한문 원전에 대해 낱자(一字) 검색을 할 수 있다(그림 3.7). 번역 시 동일한 한자를 내용의 흐름에 따라 달리 번역했기 때문에 이런 기능은 검색 시 원하는 기사를 놓칠 수도 있는 점을 보완해줄 수 있다. 다시 말해 정확한 정보를 얻을 수 있다. 한자 낱자 검색 기능을 통해 효율적으로 자료에 접근할 수 있다. KS 5601 기본한자(4,888자) 이외에 확장한자도 검색할 수 있다. 독음(讀音)에 의한 입력 방법과 함께 부수-획수에 의한 한자 입력 방법을 지원함으로써 정확한 한국식 한자 독음을 모르는 해외 한국학 연구자들도 손쉽게 검색할 수 있다. 또한 『고려사』에 출현하는 모든 한자를 트루타입 폰트로 제작, 제공하

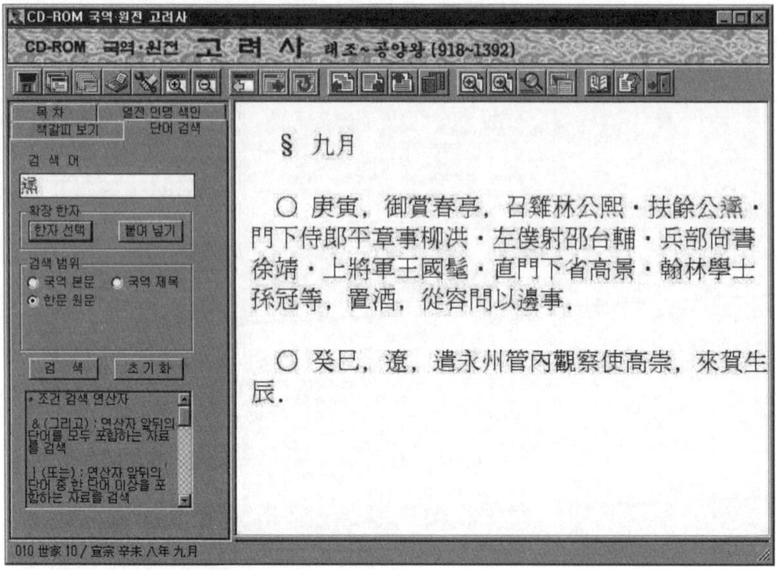

〈그림 3.7〉『고려사 CD-ROM』 낱자(一字) 검색 결과

고 있다. 이 같은 기능은 이전에는 생각할 수 없을 만한 전산화 성과라 해야 할 것이다.

이 같은 특징 이외에도 『CD-ROM 고려사』 간행을 통해 귀중한 서지학적 정보를 얻을 수 있다. 전산 입력된 『고려사』 기사의 수는 국역문과 한문본 각각 6,563건이다. 거기에 실려 있는 전체 글자 수를 보면, 국역본의 경우 번역문과 주석문을 포함해 385만 3,531자이며, 한문본의 경우 164만 9,416자에 달한다.

국역본과 한문본이 같이 수록되어 있기 때문에 한글과 한문의 색인 어휘를 따로 생성했다. 색인 어휘의 수는 국역본의 경우 검색률을 높이기 위해 본문 어휘 중 2자가 넘는 어휘를 절단하여 색인을 생성한 결과 227만 6,377개로 나타났으며, 한문본의 경우 한 글자 단위로 색인을 생성했기 때문에 전체 글자 수와 같은 164만 9,416자에 이른다.

4) 디지털화의 과제

『고려사』 데이터베이스 구축에 직접 참여했던 필자의 경험에 의하면, 『고려사』의 전산화 과정에서는 정확한 한문 표점, 한자의 자형 선택, 다양한 정보 제공 등이 필요하다. 이는 데이터베이스 구축 작업을 효율적으로 그리고 원활하게 추진하기 위해 반드시 필요한 표준화 작업이기 때문이다.

표점은 한문 원전에 부가하는 표식 기호이다. 마크업이 자료의 구조를 표시해주는 것이라면, 표점은 한문 문장의 내용을 분석하여 붙이는 기호 체계라 할 수 있다. 표점이 찍혀 있는 텍스트의 경우 내용 파악이 훨씬 쉽다. 표점은 다양한 해독이 가능한 상황에서 자신이 한문을 어떻게 읽었는지를 말해주는 기호 체계이기도 하다.

『CD-ROM 고려사』에는 원본에 대해 마침표, 쉼표, 중간점 등의 표점을 부가했다. 그런데 보다 정확하게 다양한 표점을 찍을 필요가 있겠다. 이에 참고가 되는 것은 『조선왕조실록』 원문에 부가하고 있는 표점 방식이다. 원문 『조선왕조실록』 데이터베이스의 개발 계획을 수립할 때, 가장 쟁점이 되었던 문제는 원문만 입력할 것인가 아니면 원문에 표점까지 덧붙일 것인가 하는 점이었다. 결국 표점을 부가하기로 결정했다. 구축된 표점본 교감 데이터베이스가 연구의 기본 자료로서 원문에 대한 이해를 높일 수 있을 뿐만 아니라, 그를 바탕으로 연구가 한층 더 촉진될 수 있기 때문이다.

원전 『조선왕조실록』에서 활용한 표점기호는 모두 17개이다. 전산화에 있어서 표점 자체가 다양한 검색어로 활용될 수 있다. 인명, 지명, 서명 등에 부여한 표점 기호를 마크업 기호로 활용하여 그에 해당하는 사항들을 일괄적으로 추출해낼 수 있기 때문이다. 인명, 지명, 서명의 경우에도 좀 더 세분하여 내용을 분류할 필요가 있다. 인명에는 인명뿐 아니라 자, 호, 시호, 봉작, 아명(兒名), 초명(初名), 개명(改名), 별명(別名) 등이 포함된다. 지명의 경우에도 국호(國名), 건물명(建物名), 창고명(倉庫名), 부족명(部族名) 등을 포함하고 있어 세부 분류가 필요하다. 서명의 경우에도 서명(書名)인지, 편명(篇名) 또는 곡명(曲名)인지 구분해야 한다.

또한 인명의 자호, 별호 등과 관청, 관직명 등은 용어사전을 통한 입력 통제와 함께 별칭에 대한 어휘사전 지원이 필요하다. 즉, 입력 단계에서 용어를 통일하거나 참조 정보를 부기하는 것이 바람직하다. 이와 같이 표점이 부가된 『고려사』를 토대로 각종 인명, 지명, 서명, 관직명 등을 추출하여 다양한 고려사 분류 사전을 편찬할 수도 있다.

그리고 한문 원전을 입력, 전산화하여 데이터베이스로 구축한다 하더라도 디지털카메라나 스캐너를 통해 원본을 흑백이 아니라 컬러 그대로 입력하는 것이 필요하다. 원본에 아무리 가깝게 입력한다 하더라도 원본과 똑같을 수는 없다. 입력 과정에서 오퍼레이터에 의해 차이가 생길 수도 있고, 연구자의 교감 과정에서 달리 해석될 수 있는 부분도 있다. 그런 문제를 해결하기 위해서라도 원문 상태 그대로 볼 수 있는 원본 이미지가 필요하다. 하지만 이미지의 경우에는 원문에 들어 있는 정보를 검색할 수 없다는 단점이 있다. 따라서 입력된 텍스트 정보와 원본 이미지를 같이 제공할 수 있어야 한다. 이와 함께 다양한 관련 정보가 제공되어야 한다.

그렇게 되면 사용자는 컴퓨터를 통해 다양한 주석이 포함된 번역본, 입력된 한문 원문, 원본 이미지라는 세 층위의 서로 참조가 되는 유익한 정보를 제공받을 수 있게 된다. 그리고 고려시대의 다양한 금석문, 고문서, 문집 등의 문헌 자료와 함께 고려시대 유물, 유적 등의 영상 멀티미디어 자료가 제공되면, 『고려사』는 물론이고 나아가 고려시대를 이해하는 데 큰 도움이 될 것이다.

이를 통해 정보 활용은 극대화될 수 있다. 컴퓨터 검색 결과를 통해 내용을 파악하고, 다시 영인된 원전을 도서관이나 서가에서 대조 · 확인할 필요 없이 한문 원전 이미지를 바로 열람할 수 있기 때문이다. 이로써 생산성이 크게 신장되고 정보 활용이 극대화될 것이다.

그런데 기술적으로, 입력된 텍스트 자료와 스캐닝된 이미지 자료를 연관시키기 위해서는 '관련 정보'를 데이터베이스에 부기해주어야 한다. 다시 말해 데이터베이스 중간 중간에 스캐닝된 이미지 파일명이 링크되어 있어야 한다. 이미지 파일을 유기적으로 결합하여 다른 자료로 연결시켜주는 통로를 만들어주는 것인데, 이를 하이퍼텍스트(hypertext)라 한다. 하이퍼텍스트는 문자, 사진, 동영상, 소리가 한데 어우러져 만들어진 완전히 새로운 서술방식에 사용되는 디지털시대의 언어라 할 수 있다.

위에서 지적한 요인들 외에 방대한 사료를 전산화하기 위해 고려시대 편년사료 편찬을 병행하는 것 역시 하나의 방안일 수 있다. '편년사료'란 연구에 이용할 수 있는 모든 사료를 시간 계열상으로 정리하는 것이다. 연대기적인 시간 선상에 배열이 가능한 사료는 모두 연대기별로 재구성해내는 것을 말한다. 『고려사』의 경우 세가와 연표가 가능하며, 편년체에 속하는 『고려사절요』가 기본 자료로 활용될 수 있을 것이다. 하지만 지, 열전의 경우는 어려움이 있다. 고려시대 자료의 종합적인 전산화 방향이라는 점에서 편년 사료 편찬 작업이 검토될 필요가 있다.

이후 전산화 작업을 추진할 때 이 같은 점들을 충분히 고려해 진행한다면 『고려사』의 디지털화는 한층 더 의미 있는 작업이 될 것이며, 그 결과 유용한 데이터베이스가 구축될 수 있을 것이다. 그렇게 구축된 데이터베이스는 인터넷을 통해 국내는 물론이고 전 세계 한국학 연구자들이 이용할 수 있다. 그와 더불어 고려사에 대한 관심과 연구 역시 한층 더 진작될 것이다.[3]

3 재번역된 『고려사』 DB는 최근(2015) 국사편찬위원회 「고려시대 사료 데이터베이스(http://db.history.go.kr/KOREA)」에서 『고려사절요(高麗史節要)』, 『선화봉사고려도경(宣和奉使高麗圖經)』, 『원고려기사(元高麗紀事)』와 같이 인터넷으로 서비스되고 있다. 『고려사절요』는 편년체 역사서로 1452년 김종서 등이 편찬했으며, 고려 관련 중국 사료인 『선화봉사고려도경』은 1123년에 송나라 국신사(國信使) 일행으로 고려에 온 서긍(徐兢)이 저술했으며, 『원고려기사』는 『경세대전(經世大典)』의 고려, 몽골전쟁기사와 『원사』 「고려전」의 대외관계기사를 청나라 말의 학자 문정식(文廷式)이 정리한 것이다.

2
『조선왕조실록』의 디지털화[4]

1) 정보화와 『조선왕조실록』 연구

우리나라는 2002년 여름 90년 만의 가뭄으로 인해 온 국민이 큰 고통을 겪었다. 그러면 조선시대에도 가뭄이 있었을까? 물론 있었을 것이다. 그러면 어떻게 알 수 있을까? 『조선왕조실록』 CD-ROM을 검색해보면 4만여 건의 가뭄 관련 기사를 찾아볼 수 있다. 마우스 클릭 한 번으로 500여 년 동안 있었던 가뭄에 관한 상황을 파악할 수 있

4 이남희, 「조선왕조실록 디지털화 과정과 방향」, 『청계사학』 16 · 17, 2002. 『조선왕조실록 CD-ROM』에서 실현된 기능은 'e-조선왕조실록'(국사편찬위원회 조선왕조실록, http://sillok.history.go.kr; 한국고전번역원 조선왕조실록, http://db.itkc.or.kr)에서 그대로 구현되고 있다. 2005년부터 인터넷으로 자유롭게 이용할 수 있다. CD-ROM의 기능과 내용을 파악하는 것은 인터넷에서 사용자가 자료를 검색하고 활용하는 데 도움이 될 것으로 여겨진다.

게 되었다. 이는 『조선왕조실록』의 디지털화가 가져다준 혜택이라 할 수 있다.

『CD-ROM 조선왕조실록』은 서울시스템(주) 한국학DB연구소에 의해 개발, 1995년 10월 9일 한글날, 국립민속박물관에서의 시연회(주관 문화체육부 · 교육부)를 통해 일반에 처음으로 공개되었다. 방대한 분량의 자료를 CD롬에 수록하여 연구자들에게 전산화의 효용성을 그대로 보여주었다. 2000년 12월에는 네 번째 업그레이드본이 간행되었다. 이는 정보화와 인터넷시대로 나아가는 추세를 더욱 가속화시킨 데 의의가 있다.

오늘날 우리는 정보 혁명을 통해 전 세계가 하나의 네트워크로 연결되는 인터넷 시대를 살고 있다. 공공 부문의 정보화가 적극적으로 추진되고 있으며, 학술 · 역사 · 문화 등 주요 지식 정보를 디지털화하여 인터넷으로 유통시키는 대규모 프로젝트가 진행되고 있다. 실제로 그 같은 정보화 흐름은 모든 분야에 혁명적인 변화를 가져다주었다. 한국 기록문화의 디지털화는 지식정보화를 기치로 내걸고 적극적으로 추진되고 있다. 자료의 전산화는 궁극적으로 검색을 통해 연구 생산성을 높일 수 있으며, 다른 한편으로 기록물의 보존이라는 측면에서도 유용하다고 하겠다.

「공공기관의 기록물관리에 관한 법률」(법률 제5709호)에서는 영구보존으로 분류된 기록물 중 중요한 기록물에 대해서는 복제본을 제작하여 보존하거나 보존매체에 수록하는 등의 방법으로 이중보존함을 원칙으로 하고 있으며, 기록물관리기관이 보존하는 기록물 중 보존매체에 수록된 중요기록물은 안전한 분산보존을 위하여 해당 기록물의 보존매체 사본을 중앙기록물관리기관에 송부하도록 하고 있다(법 제15조). 기록물 보존에 관해서는 차후의 과제로 다루고자 한다.

여기서는 필자가 직접 작업에 참여했던 『조선왕조실록』의 디지털화 사례를 중심으로, 역사 기록물의 디지털화 작업 과정과 정보 편찬 과정에 대해 살펴보고자 한다. 먼저 『조선왕조실록』이 어떻게 편찬되었고, 또 국역이 어떻게 이루어졌는지 간략하게 언급하고, 이어 국역본을 어떻게 디지털화했는지 살펴볼 것이다. 이는 자료를 활용 가능한 것으로 만들기 위해서는 어떤 가공, 처리가 필요한지에 대해 검토하는 것과 같다. 아울러 기록 유산의 디지털화 작업 과정에서 염두에 두어야 할 점을 제안하고자 한다.

2) 『조선왕조실록』 편찬

1 실록이란?

'실록'이라는 명칭은 어떤 특정한 역사책을 지칭하는 것이 아니었다. 중국 후한시대의 역사가 반고(班固)는 『한서(漢書)』에서 사마천이 지은 『사기(史記)』에 대해 "서술이 정확하고 과장도 은폐도 없이 사실을 잘 기록하여 실록이라고 할 수 있다."고 논평했다. 그러므로 실록은 처음에는 '사실을 정확하고 공정하게 잘 기술한 역사책'이라는 정도의 일반명사로 사용된 것이다. 하지만 시대의 흐름과 더불어 제왕을 중심으로 그의 재위 중에 발생한 사실을 연월일 순으로 기술하는 사체(史體)로 엮어진 특정의 역사서를 지칭하게 되었다.

중국에서 실록이라는 이름으로 역사 기록이 처음 등장한 것은 남북조시대인 6세기 중엽 양(梁) 무제(武帝) 때 주흥사(周興嗣)가 편찬한 『황

제실록(皇帝實錄)』이다. 하지만 전해지는 것으로 가장 오래된 것은 당나라 때 한유(韓愈)가 편찬한 『순종실록(順宗實錄)』이라 할 수 있다. 그 후 송(宋)대나 원(元)대에 실록들이 편찬되었으나 전해지지 않는다. 한 왕조 전체의 실록이 그대로 전해지는 것은 『명실록(明實錄)』과 『청실록(淸實錄)』이다. 일본에서는 9세기 말부터 실록이라는 명칭으로 역사서가 편찬되었으나 몇몇 천황에 그쳐 이어지지 못했다. 베트남에서는 완조(阮朝: 1802~1945)의 『대남식록(大南寔錄: 寔은 황후의 이름인 '實' 자를 피한 것이다)』이 편찬되었다.

우리나라에서 실록이라는 이름으로 역사를 기록한 것은 고려시대부터이다. 고구려에는 건국 이래의 역사를 모두 기록한 100권의 『유기(留記)』가 있었고 백제는 『서기(書記)』, 신라는 『국사(國史)』를 편찬했다는 기록이 있으나 현재 전하지 않는다.

고려시대에는 역대 왕의 실록을 편찬하는 것이 제도화되었으며, 그 기록이 조선 초까지 전해져 『고려사』, 『고려사절요』 등을 편찬하는 자료가 되었다. 하지만 『고려실록』은 전하지 않는다. 그 후 조선시대에 들어와서 『조선왕조실록』이 편찬되었다. 『조선왕조실록』은 임진왜란 등의 병란을 겪었음에도 불구하고 가장 완벽하게 전해지고 있다. 그래서 '실록'이라고 하면 바로 『조선왕조실록』을 가리키게 되었다.

2 실록 편찬

『조선왕조실록』은 태조에서 철종까지 25대 472년에 이르는 역사를 왕대별, 연도별, 날짜별로 기록해놓은 역사책이다. 한문 원본이 1,893권, 888책, 6만 6,984장, 13만 3,968면에 달하는 방대한 분량일

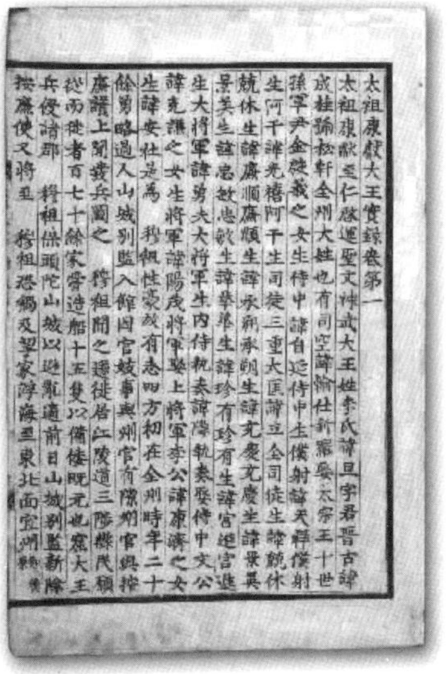

〈그림 3.8〉『태조실록』 표지와 원문(국보 제151호)

뿐만 아니라, 내용도 조선시대 전반의 정치 · 군사 · 경제 · 외교 · 사회 · 문화 등 전 분야에 걸쳐 있다. 역사, 인물, 제도는 물론이고 천문, 과학, 의약, 기술, 지리, 음양, 문학, 설화, 음악, 예술, 종교, 사상, 윤리, 도덕, 풍속, 인심, 세태 등에 이르기까지 거의 모든 분야의 역사적 사실을 망라하고 있는 세계에서도 그 유례를 찾아보기 어려운 우리 민족의 귀중한 문화유산이자 역사의 보물창고이다. 지난 1997년 9월 우즈베키스탄 타슈켄트에서 열린 유네스코 국제자문위원회 회의에서는 『조선왕조실록』을 '세계기록유산(Memory of the World)'으로 지정했다.

『조선왕조실록』은 국가에서 편찬한 이른바 관찬 사서로, 사관의 기록이 일차적인 자료가 되었다. 사관은 정론(正論)과 직필(直筆)을 생명으로 삼았다. 아무리 국왕이라도 잘못이 있으면 직필(直筆)로써 역사의 심판을 받게 했다. 사관이 자기 양심을 떠나 사초(史草)의 내용을 개서

(改書)하거나 사초의 제출을 기피하는 경우에는 국법으로 엄벌에 처하도록 되어 있었다.

『조선왕조실록』은 가장 정확하게 쓰인 사실적 기록이다. 실록은 문치주의(文治主義)의 산물이라 할 수 있다. 조선왕조는 유교의 덕치사상(德治思想)을 근간으로 한 문치주의 사회였으므로 유교 경전과 역사를 중시했다. 조선시대의 국왕은 왕도정치(王道政治)를 지향했고, 민심과 하늘의 뜻을 두려워하여 하늘의 날씨에 따른 천재지변이나 사람의 힘으로서는 어찌할 수 없는 농사의 풍흉까지도 그 원인과 해결 방안을 자기 자신의 진정한 반성으로부터 구했다. 이러한 정신 풍토 아래에서는 아무리 왕이라 해도 역사를 두려워하고 중시하지 않을 수 없었다.

한편 조선 후기에 들어와서 사관을 구성하는 주요 관직이 독점되는 경우가 있어 더러 실록 편찬의 공정성을 잃기도 했다. 그래서 집권당이 바뀌면 수정(修正) 또는 개수(改修), 보궐정오(補闕正誤) 실록을 다시 편찬하기도 했다. 그럴 경우에도 원래의 실록과 수정한 실록을 온전히 함께 보존하여 현재 『선조실록』『선조수정실록』, 『현종실록』『현종개수실록』, 『숙종실록』『숙종보궐정오실록』, 『경종실록』『경종수정실록』이 전하고 있다. 실제로 당쟁이 격심하던 시기에 편찬된 실록은 당파에 따라 평가와 서술이 다르기 때문에 공정성을 잃을 우려가 없지 않았다.

후세 사람들은 두 벌의 실록을 통해 두 개의 서로 다른 역사 서술과 평가를 대조함으로써 객관적인 역사적 사실에 한 걸음 더 다가갈 수 있다. 설령 당파를 달리하는 입장에 있다 하더라도 역사에 대한 평가를 후대인들에게 넘겨주었다는 점에서 주목할 만하다. 이는 조선왕조가 500년이란 오랜 역사를 지탱할 수 있었던 원동력의 하나라 해도 좋을 것이다.

〈그림 3.9〉 태백산사고

〈그림 3.10〉 전주사고

『조선왕조실록』의 편찬은 춘추관(春秋館)과 실록청(實錄廳)에서 맡았다. 춘추관은 상설 기구로서 평상시에 주로 사료의 수집, 정리와 역사 편찬의 일반 업무를 담당했으며, 실록청은 임시 기구로서 새로운 왕이 즉위하여 전 왕대의 실록을 편찬하기 위해 마련되었다.

실록 편찬은 국가의 중대 사업으로 수행되었다. 춘추관의 총책임자 영사(領事)에는 조선왕조 최고의 관리인 영의정이 임명되었고, 부책임자 감사(監事) 역시 좌 · 우의정이 맡았다. 편찬 실무는 수찬관(修撰官), 편수관(編修官), 기주관(記注官), 기사관(記事官)으로 요직의 문신과 사관이 망라되었다. 실록은 초초(初草), 중초(中草), 정초(正草) 등 3단계에 걸쳐 제작되었다. 나중에 초초와 중초는 기밀 누설 방지를 위해 자하문(紫霞門) 밖 차일암(遮日巖)에서 세초(洗草: 사초를 물에 씻어냄)했다.

정초본 외에 3부를 활자로 인쇄, 간행하여 춘추관과 충주, 전주, 성주 등 네 곳의 사고(史庫)에 보관했다. 그런데 춘추관, 충주, 성주 세 사고의 실록은 임진왜란 중에 모두 소실되고 말았다. 다행히 전주사고의 실록만이 병화를 면할 수 있었다. 전주사고본을 다시 인쇄하여(선조 29, 1606) 신간본 3부는 춘추관 · 태백산 · 묘향산에 보관하고, 전주사고에 있던 원본은 강화도 마니산에, 교정본은 오대산에 각각 보관했다.

그런데 춘추관에 보관했던 실록은 인조 2년(1624) 이괄의 난 때 소실되었으며, 묘향산 실록은 인조 11년(1633) 후금(後金)의 침입을 우려하여 무주 적상산으로 이전했다. 강화도 마니산 실록은 숙종 4년(1678) 정족산으로 옮겨졌다. 그래서 실록은 20세기 초까지 정족산, 태백산, 적상산, 오대산의 사고에 보관해온 것이다.

그러다가 1910년 일제가 정족산과 태백산본을 경성제국대학으로 이관시켰고, 그것이 해방 후 서울대학교 규장각으로 이어졌다. 태백산본은 국가기록원 부산지원으로 옮겨졌다. 오대산본은 일본으로 유출

되었다가 관동대지진(1923)으로 대부분 불에 타서 없어졌다. 하지만 남은 부분이 도쿄대학 도서관에 소장되어 있다가 2006년에 반환되어 서울대학교 규장각에 보관되어 있다. 그리고 적상산본은 장서각에 보관되었다가 한국전쟁 때 북한으로 가져가 김일성종합대학 도서관에 소장되어 있다고 한다. 2016년 현재 남아 있는 『조선왕조실록』은 정족산본 1,181책, 태백산본 848책, 오대산본 74책, 기타 산엽본 21책 등 2,124책으로, 모두 국보 151호로 지정되어 있다.

3) 『조선왕조실록』 국역

『조선왕조실록』은 무엇보다 한자로 기록되어 있어 일반인은 물론이고 심지어 전문 연구자들도 접근하는 데 어려움이 많았다. 이를 해독할 수 있는 능력을 가진 사람은 점차 감소하고 있다. 그런 점에서 『조선왕조실록』 국역 작업의 의의가 크다고 하겠다. 국역 사업은 1968년 세종대왕기념사업회가 『세종실록』을 번역하면서부터 시작되었으며, 1972년 한국고전번역원이 『연산군일기』 국역 작업에 참여함으로써 본격화되었다. 『조선왕조실록』의 대본은 태백산본(太白山本)을 영인한 국사편찬위원회 간행본(1955~1958)으로 하고, 판형은 신사륙배판으로 하며, 원전을 영인하여 첨부토록 했다.

국역 사업 초기에는 방대한 실록을 그대로 완역(完譯)할 필요가 있느냐는 반론이 제기되었다. 그 이유는 실록을 분류하여 항목별로 필요한 부분을 초역(抄譯)하고 철저한 색인을 작성하는 것이 국학 연구에 더 유용하다는 주장이었다. 그러나 『조선왕조실록』은 조선시대 연구의 기본으로 역사뿐만 아니라 각 분야를 포괄하고 있으며, 국역의 목적이 후세와 후학을 위해 하는 것이라면 한문 교육이 단절되고 있는 이 시점에서 완역이 불가피하다는 주장이 우세하여 완역이 이루어졌다.[5]

그렇게 시작된 『조선왕조실록』 국역 사업은 착수 후 10여 년이 지나도록 진척이 지지부진했다. 착수 연도인 1972년부터 1984년까지 13년 동안 국역 실적은 총 141책으로 17년 동안 연평균 8책에 불과한 실적이었다. 이런 추세로 사업이 진행될 경우, 2015년이 되어야 실록 국역이 완료될 전망이었다. 그러던 중 1980년대 북한의 『리조실록』 완역(完譯) 소식은 충격으로 받아들여졌다. 지금에 와서는 북한의 『리조실록』이 국학 자료로서 결정적 결함이 있다는 사실이 드러났지만 책을 구경하지도 못한 당시로서는 충격적인 소식이었다.

이러한 분위기는 1985년도 예산에 반영되어 유례 없이 연간 23책이라는 국역 실록이 간행되었다. 그리고 이듬해(1986) 「고전국역활성화방안(古典國譯活性化方案)」이 마련되었다. 이 시책에 힘입어 『조선왕조실록』은 1987년부터 연간 30책 이상이 국역되고 1993년도에는 48책의 국역 간행이 완료되었다. 두 기관에서 간행한 『조선왕조실록』 국역본의 책 수는 447책(국역본 413책, 색인 34책)이다. 국역 사업은 26년(1968~1993)이라는 장기간에 걸쳐 이룩한 대역사로서, 국내 학자 3,000여 명이 동원된 한국 학계의 최대 성과라 할 수 있을 것이다. 원전 『조선왕조실록』과 국역 『조선왕조실록』 편찬에 대해서는 【부록 1】 『조선왕조실록』 편찬 현황표를 참조하기 바란다.

북한에서도 『조선왕조실록』이 갖는 중요성을 인식, 국가적인 정책으로 국역 사업을 추진했다. 『조선왕조실록』을 『리조실록』이라 하

5 박찬수, 「『조선왕조실록』 국역 사업 경과」, 『CD-ROM 국역 조선왕조실록』 해설집, 1995.

여 그 첫 권인 『태조실록』 제1책을 사회과학원 리조실록 국역실의 이름으로 1975년 10월 10일에 발행했고, 끝부분인 『순종실록』 1책을 포함, 모두 400책을 1991년 12월 30일에 완간했다. 우리보다 2년 앞선 1991년 말에 국역을 마친 것이다.

북한의 국역본은 『고종실록』과 『순종실록』을 포함하고 있다. 고종과 순종 두 왕대의 실록이 남한의 국역본에 포함되지 않은 것은 일제 강점기에 편찬되었기 때문에 민족사의 정통성을 저해하는 시각이 결부되어 있지 않을까 하는 일종의 우려 때문이었다. 즉 일제 강점기에 설치된 실록편찬위원회에서 편찬되었다는 점, 명목은 실록이지만 사고(史庫) 봉안도 없이 사진 제판으로 인쇄되었다는 점, 내용에서도 왜곡된 부분이 많다는 점 등을 우려해 『조선왕조실록』에 포함시키지 않은 것이다.

하지만 설사 그런 측면이 있다 하더라도 존재하는 역사 기록 자체를 외면할 수는 없을 것이다. 오히려 그러한 사료들을 더욱 치밀하게 검토하고 비평함으로써 우리 역사의 진실한 모습을 규명할 수 있을 것으로 생각된다. 참고로 『고종실록』과 『순종실록』에 대한 국역은 조선왕조실록연구회에 의해 이루어졌으며, 이어 CD-ROM으로 출간되었다(『고종 · 순종실록 CD-ROM』 사용안내서, 서울시스템, 1998).

『조선왕조실록』을 우리말로 읽을 수 있게 됨으로써 한문으로 실록을 읽는 데 들였던 노력과 시간을 절약할 수 있게 되었다. 그러나 447책이나 되는 많은 분량의 책을 개인이 소장하기란 쉬운 일이 아니며, 소장한다 하더라도 편년체로 된 25대 왕대별 기사 내용을 일일이 뒤적이며 필요한 정보를 찾기란 어려운 일이다. 방대한 분량으로 인해 필요한 자료를 적절한 시간 안에 찾는 것은 거의 불가능하다. 국역 『조선왕조실록』은 총 413책(색인 34책 제외), 16만 페이지로, 하루에 100페이지씩 읽는다 해도 4년 3개월이 걸린다. 그 같은 상황하에서 간행된 『CD-ROM 조선왕조실록』은 기록유산의 전산화라는 측면에서 기념비적인 사업이라 할 수 있다.

4) 실록 CD-ROM

1 CD-ROM 개발과 업그레이드

지난 1995년에 간행된 『CD-ROM 국역 조선왕조실록』은 약 3년여에 걸쳐 서울시스템(주) 한국학DB연구소에서 개발했다. 서울시스템은 1985년 창립 이래 서체 개발, 신문 제작 시스템, 전자 출판 시스템에서 확보한 기술력을 바탕으로 한국학 고전 자료의 전산화에 대한 사명감을 가지고 작업을 추진했다.

제작에 직접 동원된 인원을 살펴보면, 우선 전산 자료 입력을 위해 전산 전문 입력 요원 300여 명이 투입되었다. 그리고 한국사 및 한문에 전문 지식을 가진 한국학DB연구소 상임 연구원 20여 명과 전국의 각 대학 사학과 관련 석·박사 과정에 있는 위촉 연구원 200여 명이 데이터베이스 구축을 위한 자료 정리 및 교정, 편찬 작업을 수행했다. CD-ROM 제작 및 데이터베이스 구축 프로그램과 기타 관련 프로그램 개발에는 고급 전문 기술 요원 50여 명이 동원되었다(『국역 조선왕조실록 CD-ROM』 사용안내서, 서울시스템, 1995).

CD-ROM이 완성된 후에도 끊임없이 수정·보완하여 2000년 12월까지 네 번의 업그레이드본을 간행했다. 그 과정과 내용을 정리하면 다음과 같다.

① 1995년 10월 초판본이 간행된 후, ② 1997년 10월 개정판이 간행되었다. 개정판에서는 운영시스템이 윈도 3.1에서 윈도 97로 업그레이드되었을 뿐만 아니라, 기사 분류 색인과 개별 기사의 한문 원전 소재 정보(국사편찬위원회 영인본)가 추가되었다.

이어 ③ 1999년 3월 간행된 특별 보급판은 1998년 실록 불법 복제 CD-ROM의 범람 이후에 간행되었다는 점에서 그 의미를 지닌다. 가격의 대중화와 함께 프로그램의 기능면에서 편의성과 효율성을 증진시켰다. ㉠ 우선 조선 전기 · 중기 · 후기로 나누어 3장의 CD에 수록했던 것을 고밀도의 데이터 압축 기술을 사용해 1장에 수록했다. 이로써 모든 정보를 한 번에 검색할 수 있게 되었으며, 사용 도중 CD를 바꿔 넣거나 여러 대의 CD 드라이브를 사용해야 하는 불편이 없어졌다. 또한 ㉡ 본문 속에 쓰인 모든 한자는 단어 중간의 글자들도 낱자(一字) 단위로 검색할 수 있으며, ㉢ 연구자들이 많이 사용하고 있는 혼글 워드프로세서에서 KS 5601(4,888자) 이외의 비상용한자도 소실 없이 편집할 수 있게 되었다. 이 외에도 재개정판의 특징으로 사용자의 편의를 고려한 화면 구성을 들 수 있다. 정보 검색 프로그램의 디자인을 비전문가 위주로 개선, 컴퓨터가 익숙하지 않은 사용자들도 손쉽게 활용할 수 있도록 했다. 목차와 검색 같은 핵심적인 기능은 항상 화면 왼쪽에 나타나도록 하고, 편집 · 열람 등 기타 필요한 기능들을 아이콘과 마우스 메뉴로 구성하여 활용에 어려움이 없도록 했다.

④ 2000년판은 실록뿐 아니라 『삼국사기』, 『고려사』, 『고종 · 순종실록』, 『사마방목』 등 한국사 연구의 기초 사료를 모아 『한국역사5천년 CD-ROM』이란 제품으로 패키지화했다는 점이 특징이다. 기능은 1999년판과 동일하다.

CD-ROM의 저본인 국역본 실록은 26년 번역 기간 동안 각 왕대에 걸쳐 부분적으로 출판이 이루어졌으며, 개정판은 물론 413책 전질 간행조차 이루어지지 못했다. 그런데 CD롬의 경우에는 3년 여 만에 두 차례나 개정판이 간행된 것이다. 이는 전산화의 효용성을 잘 입증하는 사례라고 하겠다. 참고로 CD롬은 매체 제작비가 인쇄비에 비해 현저하게 낮아 언제든지 최소의 비용으로 추가 제작이 가능하다. 유네스코 세계기록유산인 『조선왕조실록』이 최신 정보 기술의 발전에 보조를 맞추어 새롭게 변모하고 있으며, 이는 뉴미디어의 효율성을 잘 보여주는 사례라 하겠다.

2 실록 CD-ROM의 기능

㉠ 열람 기능

첫째, '연대 목차'는 『조선왕조실록』 본래의 연대기 순서대로 자료를 검색, 열람하는 것이다. 이는 실제로 실록을 펼쳐놓고 보는 것과 같으며 대목차, 중목차, 소목차를 통해 손쉽게 접근할 수 있다.

대목차에서 왕대를 선택한 뒤 중목차에서 열람하고자 하는 연도, 소목차에서 월을 선택하고 확인 버튼을 누르면 그달에 속하는 기사의 리스트가 '王代 卷 年 月 日(干支)/ 記事題目'의 형태로 차례대로 나타난다. 예컨대 『정조실록』 권3 1년 1월 1일 무진 기사와 「기사제목」은 "정조 003 01/01/01(무진)/효명전에서 친히 삭전을 행하다"라고 표시한다. 여기서 「기사제목」이란 실록 CD-ROM 개발 작업 과정에서 이용자의 편의를 위해 각 기사의 내용을 축약하여 붙인 기사의 요지이다. 실록 데이터베이스에는 모두 36만 개의 개별 기사 요지문인 「기사제

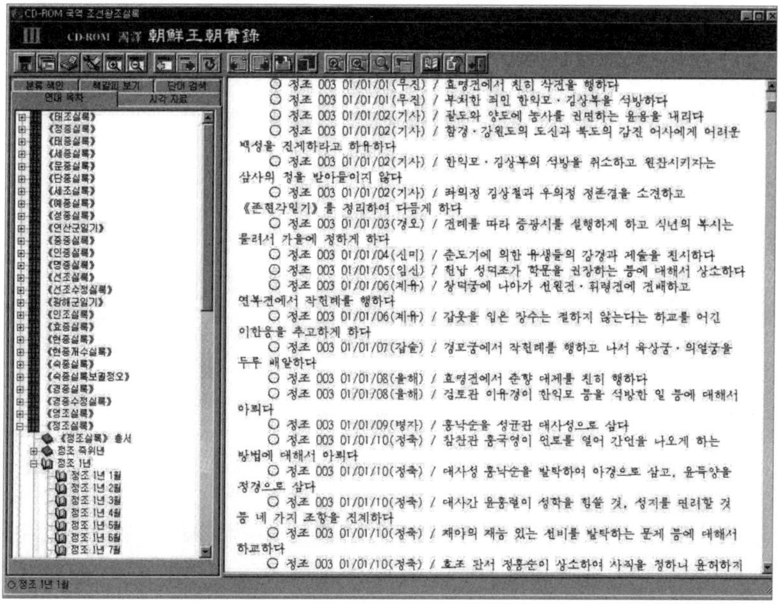

〈그림 3.11〉『조선왕조실록 CD-ROM』 연대 목차

목」이 수록되어 있다.

둘째, '분류 색인'은 특정한 분야 혹은 주제를 통해 검색, 열람하는 것이다. 국사편찬위원회의 '조선왕조실록 분류 편찬 자료'를 토대로 대분류(정치, 경제, 사회, 문화), 중분류(정치 9항목, 경제 12항목, 사회 11항목, 문화 8항목 등 총 40개 항목), 소분류(총 161개 항목)로 나누어져 있어서 자신이 원하는 특정 분야의 주제를 손쉽게 찾아볼 수 있다. 이에 대해서는【부록 2】『조선왕조실록』 분류 편찬 항목을 참조하기 바란다. 이는 국사편찬위원회에서 「조선왕조실록 분류사 편찬요강」에 의거 작성한 태조에서 철종까지 43만 건의 기사 분류 색인을 『조선왕조실록』 데이터베이스에 첨가한 것이다.

날씨나 천체의 현상을 검색하고자 할 때, 분류 색인으로 문화(대분

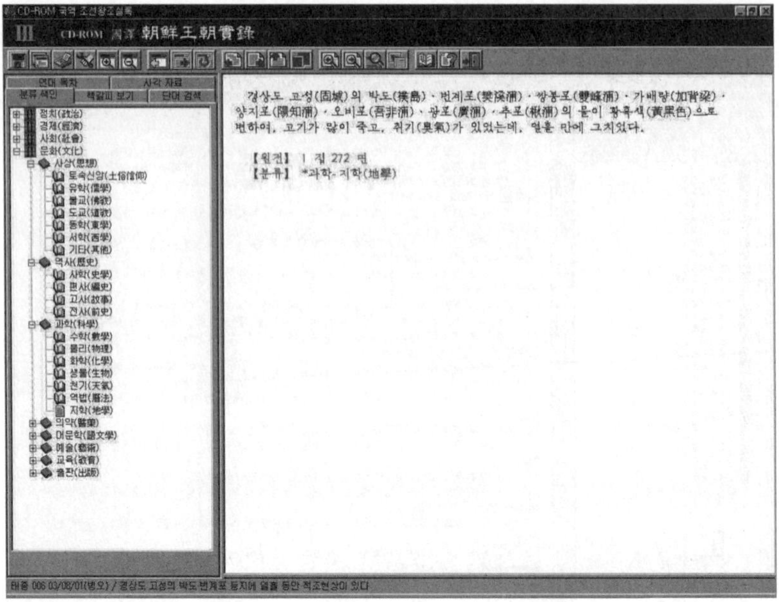

〈그림 3.12〉『조선왕조실록 CD-ROM』 분류 색인

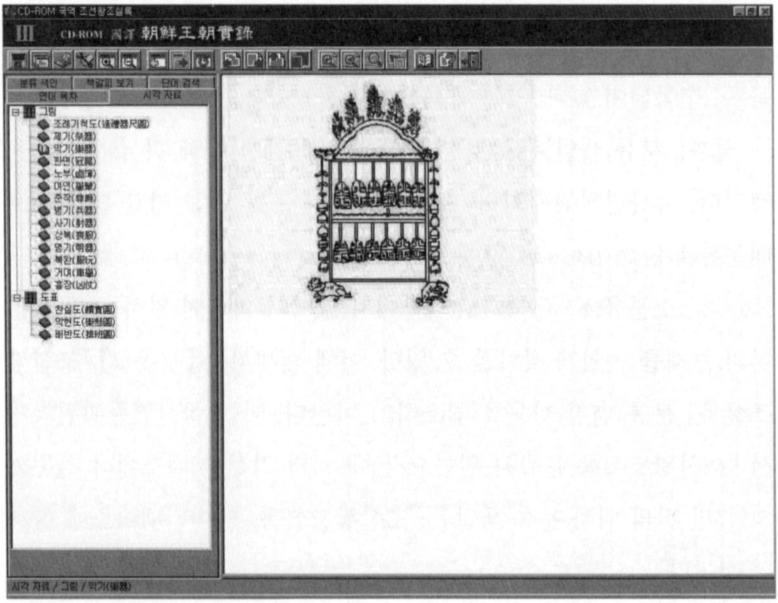

〈그림 3.13〉『조선왕조실록 CD-ROM』 시각자료

류) → 과학(중분류) → 천기(소분류) 항목을 선택하면, 조선왕조 500년간의 날씨와 천체 현상이 날짜 순서에 따라 순차적으로 떠오르게 된다. 또한 같은 방식으로 문화 → 과학 → 지학의 항목을 선택하면 지진이나 해양의 적조(赤潮) 현상 등을 날짜 순서에 따라 일목요연하게 확인할 수 있다.

셋째, 실록 본문과 더불어 조선시대의 제기, 악기, 관복, 노부(滷簿), 병기, 상복 등 355장의 그림과 찬실도(饌實圖), 악현도(樂懸圖), 배반도(排班圖) 등 44개의 도표 자료가 수록되어 있어 조선시대의 시각 자료를 열람할 수 있으며, 해당 자료가 나오는 본문 기사도 링크되어 있어 손쉽게 찾아볼 수 있다.

㉡ 전문 검색

데이터베이스에 입력된 실록의 기사의 수는 총 36만 개, 그 속에 쓰인 문자는 모두 1억 9,800만 자에 달한다. 이것은 본문 이외에도 36만 개의 「기사제목」에 쓰인 1,700만 자와 16만 2,954개 항목의 역주에 쓰인 830만 자를 포함한 값이며, 순수하게 국역 실록 본문에만 쓰인 글자는 1억 7,200만 자이다. 본문 속의 단어는 전문(full) 검색을 할 수 있도록 모두 색인화되었는데, 색인 생성을 위해 추출된 어절 수는 4,100만 개다.

여기에 단어 검색 시 검색률을 높이기 위해 본문 어휘 중 2자가 넘는 어절은 모두 1자 단위로 절단하여 색인을 생성한 결과, 색인 어휘의 총수는 모두 7,412만 2,921개에 이르고 있어서 검색하고 싶은 단어를 모두 검색할 수 있다. 예컨대 단어 검색 대화상자의 「질의어」에 '코끼리'를 입력하고 확인 버튼을 누르면 태종 11년(1411) 일본에서 처음으로 들여온 코끼리가 사람을 죽여 전라도로 유배 가는 흥미로운 내용을 찾아볼 수 있다. 또한 「질의어」에 '신문고'를 입력하고 확인 버튼을 누르면 '신문고'가 들어 있는 실록 기사를 모두 찾아볼 수 있다. 신문고의 명칭이 '등문고(登聞鼓)'로 변경된 것도 확인할 수 있다.

그리고 검색 시 검색 범위를 「본문 전체」와 「기사제목」으로 설정할 수 있다. 「질의어」에 '역관'을 입력하고 「검색범위」를 「본문 전체」로 한정한 다음 확인 버튼을 누르면 『태조실록』에서 『철종실록』에 이르는 2,008건의 역관 관련 기사를 확인할 수 있으며, 다시 「검색범위」를 「기사제목」으로 한정하면 304건의 기사를 확인할 수 있다. 이처럼 검색 결과 건수가 많은 경우에는 먼저 「기사제목」으로 한정하여 검색어와 직접적인 연관성이 있는 기사를 확인하는 것이 효율적이다.

이와 함께 적절한 연산 명령어(&(그리고), ¦(또는), &!(아니고), :(연접) 등의 부불리언 연산자)를 활용함으로써 더욱 유용한 정보를 얻을 수 있다. 예컨대 '(일본¦왜구¦왜적)&침입'이라는 검색어를 주게 되면, 검색 순서가 ( )를 우선 처리하므로 '일본, 왜구, 왜적'이란 단어가 들어 있는 실록 기사를 모두 찾은 뒤 '침입'이라는 말이 들어 있는 기사만 추출해준다. 이를 통해 불과 1초 만에 36만여 개의 실록 기사 중에서 임진왜란은 물론이고 조선시대 전체에 걸친 일본 관련 기사를 확인할 수 있다.

ⓒ 한자 검색

기본적인 윈도의 한자 입력 방식 외에도 부수에 의한 한자 입력 방식에 의해서도 검색이 가능하다. KS 5601에 있는 4,888자 이외에 1만 2,479자의 확장한자도 검색할 수 있다. 국역 『조선왕조실록』에는 1,051만 2,333개의 한자가 쓰이고 있으며, 한자의 종류는 9,014자에

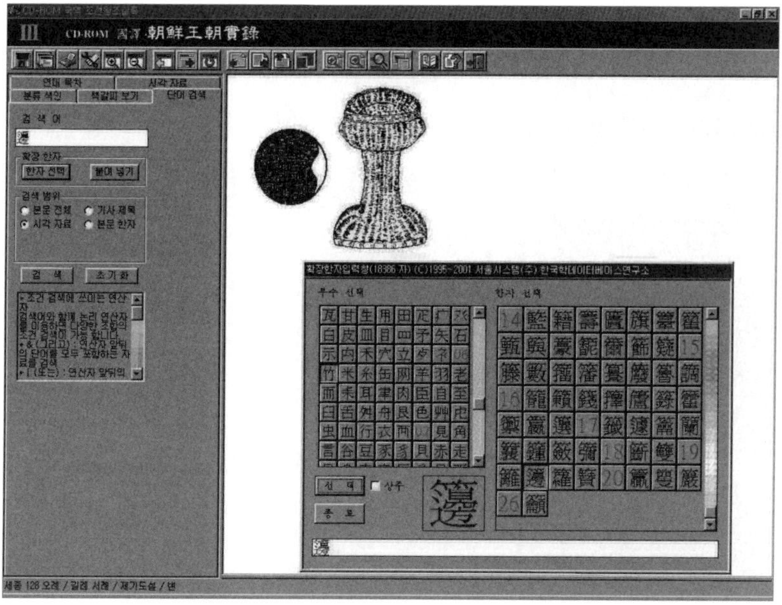

〈그림 3.14〉『조선왕조실록 CD-ROM』 한자 검색

이르고 있다. 이를 학술 자료의 전산화 과정에서 일반적으로 사용되고 있는 한국의 기본한자(4,888자)와 확장한자로 나누어 살펴보면, 기본한자는 4,515자종(50.1%)이 1,035만 8,983회로 98.5%의 빈도수를 차지하고 있으며, 기본한자 이외의 확장한자는 4,499자(49.9%)가 15만 3,350회로 1.5%의 빈도수를 나타내고 있다.

원전에 쓰인 모든 한자는 트루타입(True Type) 서체를 제작하여 구현했다. 4,888자 이외에 운영 시스템에서 지원하지 않는 확장한자까지 검색 · 열람 · 출력이 가능하다. 그래서 정확한 한국식 한자 독음을 모르는 해외의 한국학 연구자들도 손쉽게 검색할 수 있다. 특히 재개정판인 '1999년도 판 실록 CD-ROM'부터는 한자 단어를 단어 중간의 글자들도 모두 낱자(一字) 단위로 검색할 수 있다. 이러한 기능을 통해

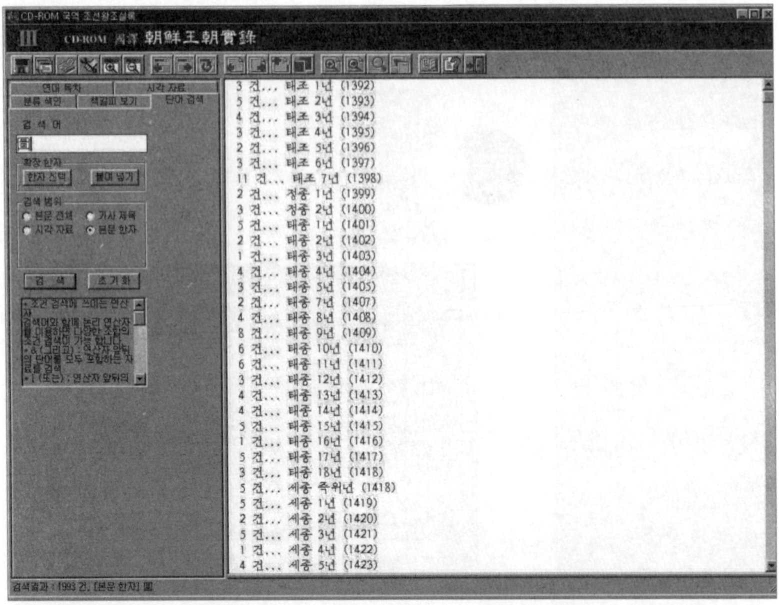

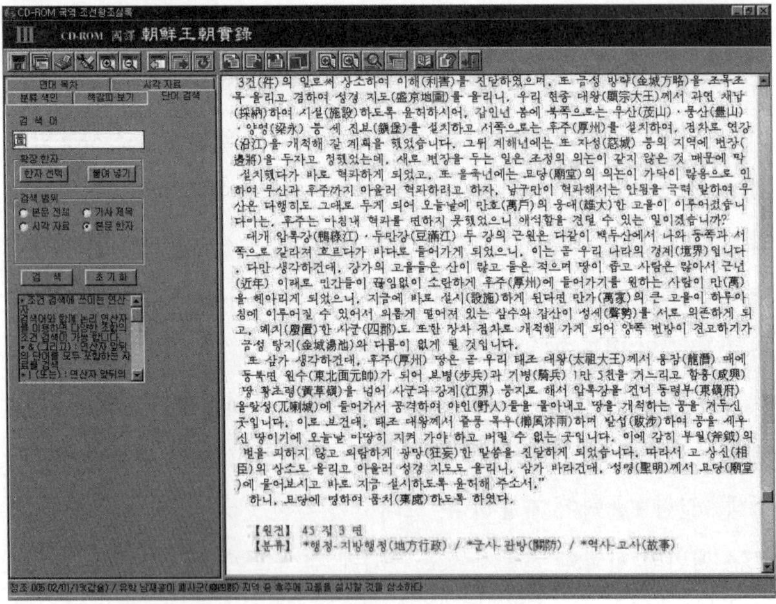

〈그림 3.15〉『조선왕조실록 CD-ROM』 한문 낱자(一字) 검색 목록 및 본문

전문 학자들의 연구 활동 영역의 확대와 아울러 많은 편의를 제공해 주고 있다.

그 밖에 검색 보기, 책갈피, 연결(link) 등의 다양한 기능을 통해 자료를 입체적으로 활용할 수 있다. 모든 기사와 도표, 그림 자료는 출력할 수 있으며, 워드프로세서로 다운로드 받아 편집·이용할 수 있다.

실록 편찬 당시 어려운 용어나 개념에 대해 자세한 설명을 덧붙인 3만 8,269개의 세주(細註), 사관들의 논평인 5,792개의 사론(史論), 국역본 간행 시 붙인 16만 2,954개의 역주(譯註) 등에 별도의 색상을 부여해 본문 기사와 쉽게 구별되도록 했다〔예: 원주(회색), 역주(파랑색), 사론(분홍색)〕.

이와 같이 디지털 『조선왕조실록』은 실록의 내용이 단순히 전산 입력되어 있는 것이 아니라 데이터베이스화되어 있어 2억 자나 되는 방대한 기록 속에 숨어 있는 어떠한 사건이나 사실, 인물도 1초 내에 찾아 자료로 활용할 수 있다. 또한 전산화 작업을 통해 『조선왕조실록』에 수록되어 있는 기사, 원주, 사론에 관한 세부적인 서지사항도 알 수 있게 되었다. 태조부터 철종까지 500여 년에 걸친 각 왕대별 기사의 규모나 원주의 언급, 사론이 얼마나 수록되어 있는지에 관한 서지학적 접근이 가능하게 되었다.

5) 문서 표준화 지침

『조선왕조실록』 디지털화를 위한 주요 과정을 살펴보기에 앞서 다음과 같은 점들을 염두에 둘 필요가 있다. 흔히 문자를 입력해 넣기만 하면 전산화가 이루어지는 것으로 아는 경우가 많다. 그러나 유용한 데이터베이스를 구축하기 위해서는 자료의 완성도를 높이기 위한 검증이나 자료들 사이의 연관성을 부여하는 일이 필요하며, 그것은 인문학 연구자의 역할이다. 반면 전산 기술자들은 대상 데이터가 컴퓨터 내에서 모두 부호화될 수 있도록 코드체계를 정하고 그에 상응하는 서체를 개발해야 하며, 데이터베이스에 수록될 정보를 입력하는 소프트웨어를 개발해야 한다. 이어 구축된 데이터베이스를 사용자가 손쉽고 빠르게 찾아볼 수 있게 해주는 정보 검색 소프트웨어를 개발해야 한다.

이처럼 역사기록유산의 디지털화는 인문학 연구자나 전산 기술자 어느 한쪽의 노력만으로는 이루어질 수 없다. 자료의 구성요소를 적절히 분석하여 구조를 드러내는 일은 자료의 성격을 정확하게 아는 사람만이 할 수 있다. 일반적으로 생각하는 것과는 달리, 정보화에 있어서도 연구자의 전문적인 지식은 중요하다. 따라서 인문학 연구자의 전문적인 지식과 전산 기술진의 소프트웨어 개발 노력이 어우러져야 한다. 그때 비로소 유용한 데이터베이스가 구축될 수 있다. 여기서는 인문학 연구자들이 담당해야 할 자료의 편찬의 표준화 지침에 국한시켜 검토해보고자 한다.

1 용어 표기 및 체제 통일

『CD-ROM 국역 조선왕조실록』은 세종대왕기념사업회와 한국고전번역원에서 26년간(1968~1993년) 국역한 『조선왕조실록』을 저본으로 하여 구축한 데이터베이스이다. 데이터베이스 구축을 위해 저본의 내용에 대해 첨삭을 가하거나 체제 및 기호를 통일했다. 또한 1993년 국역사업 이후 두 기관에서 수행한 국역 내용을 수정 및 보완한 작업 결과도 추가 반영했다.

데이터베이스 개발의 성패 여부는 시스템의 기능보다는 자료의 정밀성에 의해 좌우된다. 자료에 대한 교정 작업에서 중요한 것은 용어 및 체제 정리 지침을 마련하는 것이다. 『조선왕조실록』 국역은 두 기관에 의해 분담, 수행되었기 때문에 용어 사용이나 체제에 상이점이 적지 않았고, 26년간에 걸쳐 수많은 사람에 의해 국역이 이루어졌기 때문에 차이나는 점이 많았다. 전산 데이터는 어디까지나 유용한 정보 검색을 목표로 만들어지는 것이므로 용어나 표기 원칙은 일관성을 지니고 있어야 한다. 따라서 전산화를 위한 지침과 표준화 작업이 필요한 것이다.

이에 데이터베이스 개발 과정에서 두 국역 기관과의 협의를 거쳐 표기 및 체제 통일 지침 시안을 마련했으며, 이를 입력 및 교정 업무에 반영했다. 중요한 『조선왕조실록』 용어 표기 및 체제 통일원칙을 보면 다음과 같다. 데이터베이스 구축 과정에서 적용한 상세한 지침에 대해서는 【부록 3】 『조선왕조실록』 전산화 범례를 참조하기 바란다.

정확한 검색을 위해 인명의 성과 이름은 붙여 썼으며, 이름만 표기되어 있는 기사의 경우 성을 복원해주는 것을 원칙으로 했다. 종친의 이름에도 성을 복원했다. 맞춤법과 띄어쓰기는 '한글 맞춤법 통일안'을 따르는 것을 원칙으로 하되, 원활한 검색을 위해 관직명, 관서명, 작호, 제도 용어 등의 고유명사는 띄어쓰는 것을 원칙으로 했다. 예를 들어 이조 판서(吏曹判書), 사역원 정(司譯院正), 노비 변정 도감(奴婢辨定都監), 안평 대군(安平大君) 등과 같다. 단, 관직명이 관서명 앞뒤로 나뉘어 표기된 경우와 작호가 한 글자인 경우는 붙여 썼다. 예컨대 판의금부사, 의안군과 같다.

실록에 따라 편차가 있기 때문에 총서(總書)와 부록(附錄)의 체제는 아래와 같이 통일했다. 우선 총서는 다음의 내용을 토대로 통일했다. ① 왕의 출생, 성격, 일화(逸話), 즉위에 관련된 내용 등을 포함하는 각 실록 첫머리의 일진(日辰) 표시 없이 작성된 기사를 총서로 했다. ② 국역본 총서에 포함된 내용 중 명백하게 연대기로 분류되어야 할 기사는 일진을 참조하여 날짜를 복원한 후 연대기에 포함시켰다. ③ 국역본에는 연대기에 포함되어 있으나, 내용상 명확히 총서로 분류되는 것은 총서로 추출했다.

그리고 부록은 다음의 내용을 토대로 통일했다. ① 기본적으로 국역본에 부록으로 분류되어 있는 것을 그대로 따랐으며, 왕의 전기 자료, 즉 시책문(諡冊文)·애책문(哀冊文)·묘지문(墓誌文)·행장(行狀) 등과 편수관 명단 등을 그 내용으로 했다. ② 국역본에는 연대기에 포함되어 있으나, 내용상 부록에 해당하는 것은 원 체재를 크게 해치지 않는 범위 내에서 부록으로 처리했다.

국역본 『세종실록』에는 일자 정보가 간지 대신에 날짜만 수록되어 있다(세종대왕기념사업회, 1968~1975). 데이터베이스 구축 과정에서 다른 실록과의 체제 통일을 위해 한문 원전과 일일이 대조하여 간지 정보를 복원했다.

데이터베이스 구축 과정에서 어려웠던 부분 중의 하나가 『광해군일기』였다. 왜냐하면 조선시대 실록 중 유일하게 중초본(中草本)인 태백산사고본 187권 64책과 정초본(正草本)인 정족산사고본 187권 39책, 적상산사고본 187권 39책의 두 종류가 남아 있기 때문이다.

정초본은 활자로 인쇄된 여타의 실록과는 달리 총 187권 중 1권에서 5권까지의 전 부분과 6, 7권의 일부분만이 인쇄되어 있을 뿐 나머지 부분은 해서체로 필사되어 있는 것이 특징이다. 중초본은 초서로 쓰인 초간본(初草本)을 기본으로 하여 산삭(刪削), 수정, 보첨(補添)을 거친 상태의 윤문 교정본을 말하는데, 이는 정초본의 대본이 된다. 따라서 중초본은 주묵(朱墨)이나 흑묵(黑墨)으로 산삭 · 수정 · 보첨한 부분이 많고, 부전(附箋)이 붙어 있으며, 주로 초서로 쓰인 본문 각 면의 상하 난외(欄外)에 보첨한 부분이 많다. 『광해군일기』의 정초본과 유일하게 남아 있는 중초본을 비교 검토함으로써 실록 편찬 과정의 실상을 알 수 있다.

따라서 『광해군일기』는 사료적 가치를 고려하여 중초본(태백산 사고본)을 국역 대본으로 삼아 국역했다. 이는 정초본만을 대본으로 하여 국역한 북한의 『광해군일기』와 구별되는 특징이다. 특히 남한 국역본에서는 중초본을 탈초한 국사편찬위원회본을 첨부하여 초서에 익숙하지 않은 독자들의 이해를 돕도록 했다. 아울러 탈초하는 과정에서 발생한 오류에 대해서도 수정, 보완하여 참고하도록 했다. 특히 정초본과 대비할 수 있도록 각종 부호를 사용하여 수정 · 첨삭된 부분을 표시함으로써 중초본과 정초본을 함께 볼 수 있도록 했다.

이처럼 전산화 과정에서 용어와 체제를 통일하는 것은 정보 검색에 있어 관건이라고 할 수 있다. 이는 고전 국학 자료의 국역뿐 아니라 데이터베이스 구축에 있어 반드시 주의해야 할 점이라고 하겠다.

2 『세종실록』「오례」의 그림과 도표

『조선왕조실록』 DB에는 멀티미디어 자료로 『세종실록』「오례」(五禮)에 수록된 제기, 악기, 관면, 병기 등 355개의 그림과 찬실도, 악현도, 배반도 등 44개의 도표 자료를 가공하여 입력했다. '오례'는 국가적 행사로 거행되는 다섯 가지 의례이다. 길례(吉禮)는 국가 제사, 가례

(嘉禮)는 국왕 · 왕세자 · 왕세손 등의 혼례, 빈례(賓禮)는 외국 사신의 접대, 군례(軍禮)는 군대의 의식과 예절, 흉례(凶禮)는 왕실의 상장례(喪葬禮)에 관한 의식 절차를 말한다.

「오례」의 멀티미디어 자료는 해당 자료가 나오는 본문 기사와 연결하여 참조할 수 있도록 했다. 기술적으로 텍스트 입력 자료와 이미지 스캐닝 자료를 연관시키기 위해서는 '관련 정보'를 데이터베이스에 부기해주어야 한다. 데이터베이스 중간 중간에 스캐닝 이미지 파일명이 링크(link)되어 있어야 한다. 이미지 파일을 유기적으로 결합하여 다른 자료로 연결시켜주는 통로를 만들어주는 것인데, 이를 하이퍼텍스트(hypertext)라 한다. 인터넷에서 파란 글자를 마우스로 클릭했을 때, 연관되는 하위 정보를 볼 수 있는 것도 하이퍼텍스트 활용의 한 예이다.

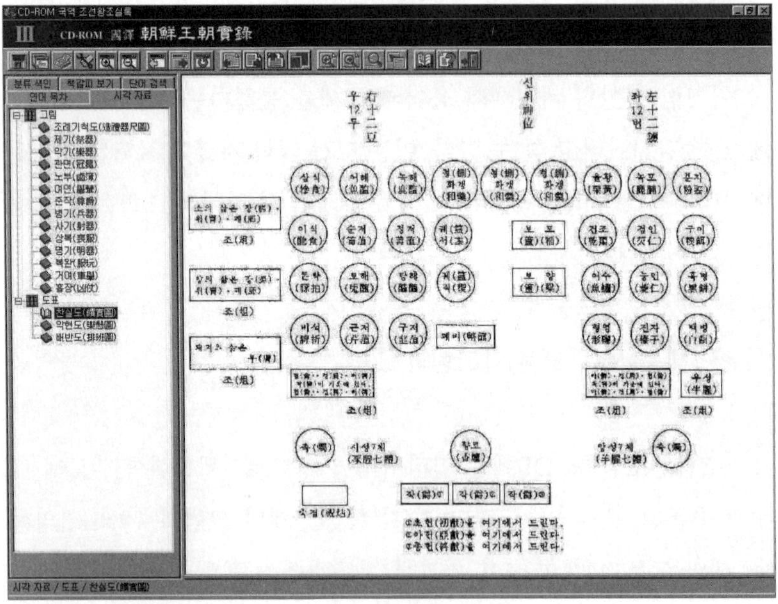

〈그림 3.16〉『조선왕조실록 CD-ROM』 사직 정배위 찬실도

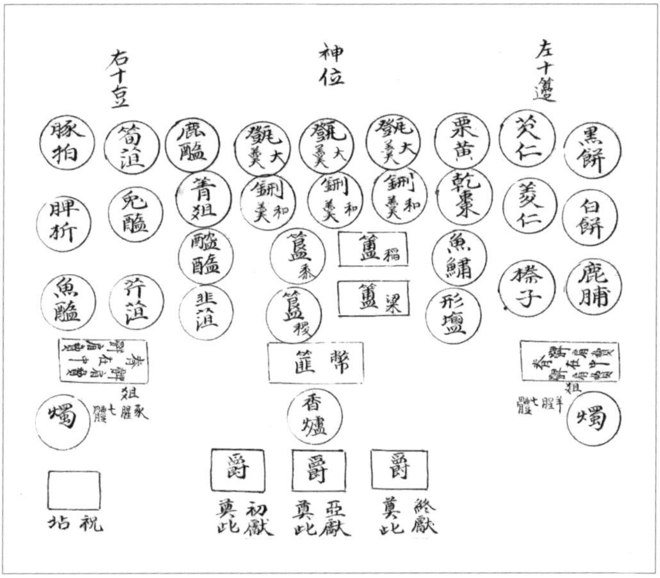

〈그림 3.17〉『세종실록』「오례」 길례 풍운뢰우 찬실도

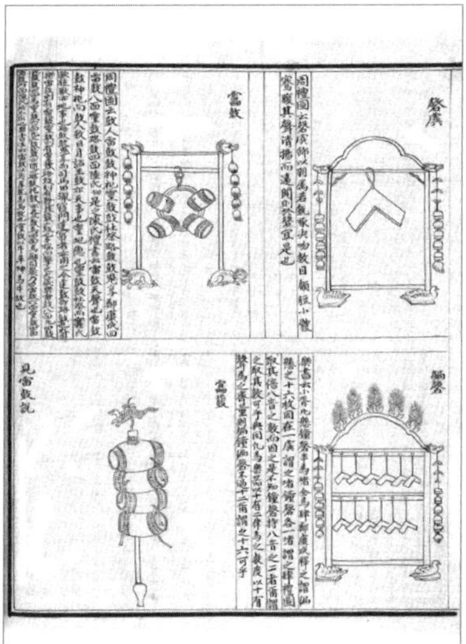

〈그림 3.18〉『세종실록』「오례」 길례 악기도설

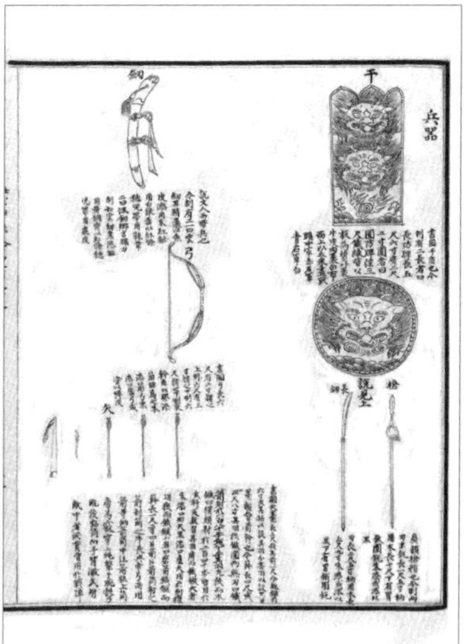

〈그림 3.19〉『세종실록』「오례」 군례 병기

〈그림 3.20〉『세종실록』「오례」 길례 전하의 면류관

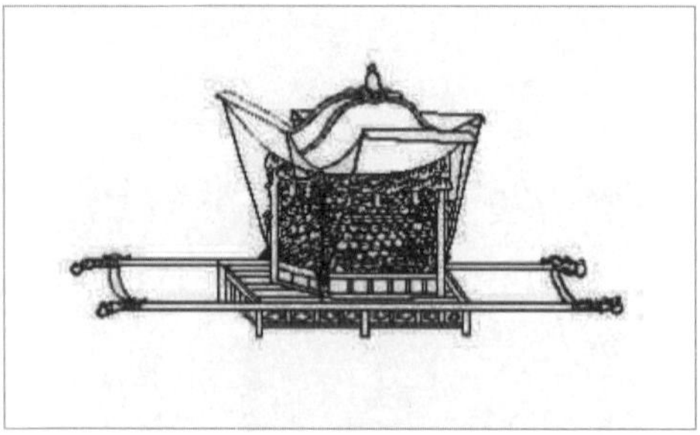

〈그림 3.21〉『세종실록』「오례」 가례 전하의 대연(大輦)

특히 도표의 경우에는 찬실도 등과 같이 상용한자 이외의 다수의 비상용한자가 사용되므로 그러한 확장한자들을 구현하고, 확대와 축소를 자유롭게 하기 위해 그림이 아닌 표로 전문 편집 에디터에서 입력했다.

참고로 「오례」의 그림과 도표 목록을 보면 다음과 같다. 그림의 경우 355개에 이르기 때문에 여기서는 큰 범주만 제시하기로 한다.

- 길례: 조례기척도(造禮器尺圖), 제기(祭器), 악기(樂器), 관면(冠冕)
- 가례: 관면, 노부(鹵簿), 여연(轝輦), 악기, 준작(尊爵)
- 군례: 병기(兵器), 사기(射器)
- 빈례: 준작, 악기
- 흉례: 상복(喪服), 명기(明器), 복완(服玩), 거여(車轝), 흉장(凶仗)

이어 도표 목록을 보면 다음과 같다.

〈표 3.2〉『세종실록』「오례」 도표 목록

① 찬실도(饌實圖)	
길례	- 사직: 사직 정배위(社稷正配位) 찬실도, 대사 대직 준뢰도(大社大稷尊罍圖), 후토 후직(后土后稷) 준뢰도, 기고 보사(祈告報祀) 찬실도, 기고 보사 대사 대직 준뢰도, 기고 보사 후토 후직 준뢰도, 주현 사직(州縣社稷) 찬실도, 설준도(設尊圖) - 종묘: 종묘 협향 오실(宗廟祫享五室) 찬실도, 당상(堂上) 준뢰도, 당하(堂下) 준뢰도, 칠사(七祀) 찬실도, 설준도(設尊圖), 춘하(春夏) 준뢰도, 추동 납일(秋冬臘日) 준뢰도, 종묘 시향 오실(宗廟時享五室) 찬실도, 춘하추동(春夏秋冬) 준뢰도 - 풍운뢰우: 풍운뢰우(風雲雷雨) 찬실도, 준뢰도, 기우(祈雨) 찬실도, 준뢰도 - 영성(靈星): 영성(靈星) 찬실도, 설준도 - 악 · 해 · 독(嶽 · 海 · 瀆): 북교 망기(北郊望祈) 찬실도, 설준도 - 명산 대천: 찬실도와 설준도는 영성과 같다. - 선농(先農): 선농 친향 정배위(先農親享正配位) 찬실도, 준뢰도 - 문선왕(文宣王): 종향(從享) 찬실도, 설준도, 주현 석전 정배위(州縣釋奠正配位) 찬실도, 준뢰도 - 단군 · 기자 · 고려 시조: 찬실도와 준뢰도는 풍운뢰우와 같다. - 사한 · 마조 · 선목 · 마사 · 마보(司寒 · 馬祖 · 先牧 · 馬社 · 馬步): 영제(禜祭) 찬실도, 설준도

② 악현도(樂縣圖)	
길례	사직 헌가(社稷軒架), 사직 등가(登架), 사직 무(舞), 종묘 헌가, 종묘 등가, 종묘 무
가례	조례(朝禮) 헌가, 조례 고취(鼓吹), 회례(會禮) 헌가, 회례 등가, 회례 무

③ 배반도(排班圖)	
가례	정지 급 성절 망궐행례지도(正至及聖節望闕行禮之圖), 근정전 배표지도(勤政殿拜表之圖), 정지 급 탄일 근정전 조하지도(誕日勤政殿朝賀之圖), 정지 회백관지도(會百官之圖), 회례연도(會禮宴圖)

❸ 기사제목

전산 데이터는 그 내용을 그대로 입력하는 것이 아니라 원시 데이터에 자료를 이루는 각각의 요소들 간의 구조적인 관계를 밝히는 기호를 부가해야 한다. 이를 마크업(mark-up)이라 한다. 마크업은 프로그램이 정보를 읽어들여 원하는 기능을 수행할 수 있도록 하기 위해 문서에 일정한 기호를 표시하는 작업으로, 자료를 전산가독형으로 만드는 데 필수적인 공정이라 하겠다.

『조선왕조실록』 DB 편찬 과정에서 실록의 자료적 특성을 표현하는 데 필요한 기호를 첨가하여 만들어졌다. 권, 년, 월, 일 등의 소재정보, 사론, 원주, 역주 등에 여러 가지 기호가 부가되었다. 이 기호들은 각 요소 간의 구조적인 관계를 정의하고 있다. 즉 자료를 구조적으로 분석하여 그것이 어떤 요소들로 구성되어 있으며, 그들 중 어느 것이 어느 것보다 상위의 요소이고 어떤 것이 어떤 것에 종속되어 있는지 밝히는 것이다.

『조선왕조실록』 DB에는 원본에서 ○표를 하나의 기사로 간주해 각 기사마다 그 기사 내용을 축약 표현한 「기사제목」을 작성해 붙였다. 「기사제목」의 수는 『태조실록』에서 『철종실록』까지 36만 2,435개이다. 300페이지 책으로 환산하면 약 50책에 이르는 방대한 분량이다. 당연히 국역본에는 없는 것이다. 데이터베이스 사용자들의 편의를 도모하기 위해 전산화 과정에서 첨가한 것으로 『조선왕조실록』 DB의 큰 장점 중의 하나라 하겠다.

「기사제목」은 자료를 검색하고 열람할 때 내용 파악을 용이하게 해준다. 짧은 기사는 한 줄이 채 안 되는 것도 있지만, 긴 것은 100장이 넘는 경우도 있다. 이용자가 검색하여 얻은 결과가 몇백 또는 몇천 건에 이를 때, 그 기사가 필요한 것인지 아닌지 확인하기 위해 내용을 일일이 다 읽어야 한다면 그 노력만 하더라도 만만치 않을 것이다. 그런데 「기사제목」을 참조하면 한눈에 일별하여 필요한 자료만 선택할 수 있다. 또한 「기사제목」 안의 단어들은 검색 접근점으로 쓰일 수 있다. 검색 범위를 「기사제목」에만 한정시켜 필요한 정보를 찾을 수 있기 때문이다.[6]

이처럼 전산화 과정에서 용어와 체제의 통일은 정보를 검색하는 데 있어 관건이라고 할 수 있다. 고전 국학 자료의 번역뿐 아니라 데이

〈표 3.3〉 『조선왕조실록』 DB 「기사제목」 작업 범례

① 기사 전체 내용의 요지와 기사가 다루고 있는 주제의 범위가 파악될 수 있도록 하되, 기사의 결론이 중요할 경우에는 결론 부분까지 명확히 드러나도록 한다.
② 색인어 검색과 관련, 「기사제목」을 보고도 찾고자 하는 내용이 들어 있는지의 여부를 판단할 수 있도록 표현한다.
③ 「기사제목」은 해당 기사의 주제가 되는 주요 개념이나 내용이 잘 드러나는 단어 또는 어구를 주제어로 삼아 문장을 구성한다.
④ 「기사제목」의 길이는 40자 이내로 하는 것을 원칙으로 하고, 마침표는 생략한다.
⑤ 「기사제목」에 한자는 병기하지 않는 것을 원칙으로 한다.
⑥ 왕을 주체로 서술하는 것을 원칙으로 한다. 예컨대 "사헌부 장령 이헌이 파면되다"는 "사헌부 장령 이헌을 파면하다"로 했다.
⑦ 「기사제목」에서 인명이 나열될 경우 중간점으로 열거를 표시한다.
⑧ 졸기(卒記)의 「기사제목」은 「관직명+인명의 졸기」 형태로 통일한다.
⑨ 여러 분야의 내용을 포괄하는 상소문, 구언, 표문, 자문 등의 「기사제목」은 '… 등에 관한 상소문'의 형태로 통일하는 것을 원칙으로 한다.

6 'e-조선왕조실록(http://sillok.history.go.kr; http://db.itkc.or.kr)' 에서도 「기사제목」이 제공되고 있으며, 상세검색 시 '표제'로 설정하여 검색할 수 있다.

터베이스 구축에 있어 반드시 주의해야 할 점이라고 하겠다.

사용자의 연구 효율성을 증진시키기 위한 이 같은 「기사제목」 추출 작업은 200여 명에 달하는 전국 석 · 박사 과정의 역사, 국문, 한문학 등 인문학 연구자들이 다음과 같은 지침에 따라 동일하게 진행했다.

이는 완벽한 지침서는 아니지만, 추후 다른 연구자들이 방대한 문헌을 데이터베이스로 구축할 때 참고 자료로 삼을 수 있을 것이다. 또한 『CD-ROM 조선왕조실록』의 「기사제목」을 이해하는 데 중요한 단서가 됨은 물론, 현재 인터넷으로 서비스되고 있는 'e-조선왕조실록'의 「기사제목」을 이해하는 데도 도움이 될 것으로 여겨진다.

4 파일 관리

데이터 입력과 관련하여 유의해야 할 점 중 하나는 파일의 관리라고 할 수 있다. 이 부분은 소홀히 하기 쉬운데 입력할 데이터의 양이 방대할 경우 특히 유의해야 한다. 파일을 잃어버리거나 파일명이 같아서 겹치는 경우도 있기 때문이다. 따라서 텍스트를 다시 입력해야 하는 수고를 피하기 위해서는 철저한 파일 관리가 필요하다.

1995년 간행한 『조선왕조실록』 데이터베이스의 경우, 입력 파일부터 6교를 거친 파일들의 수가 몇만 개에 달했다. 그러나 철저한 파일 관리를 통해 파일명만 보고도 어느 실록의 몇 년 몇 월 파일인지, 혹은 몇 번째 교정 파일인지 알 수 있도록 했다. 실록 텍스트 전산 입력작업을 착수한 1992년은 마이크로소프트의 첫 번째 운영체제인 윈도 3.1(1993년 출시)이 나오기 전으로, 파일명은 8자리까지만 입력이 가능했다. 지금으로서는 상상하기 어려운 전산 운영시스템 시기였다. 이에 파일 이름의 첫 번째 자리는 왕대, 2 · 3 · 4번째 자리는 권수, 5 · 6번째 자리는 재위연수, 7 · 8번째 자리는 달수로 구분했다.

왕대는 알파벳순으로 A는 태조, B는 정종, C는 태종, D는 세종을 표시했다. 예컨대 D0030101은 세종 권3 1년 1월 파일이다. 수정실록과 개수실록은 해당 왕조명을 두 번 써줬다. N은 선조실록 NN은 선조수정실록을, R은 현종실록 RR은 현종개수실록을 의미한다. 입력 파일, 1교 파일, 2교 파일의 구분은 A1, A2, A3, A4 등과 같이 하나의 왕대 안에 디렉토리를 구분하여 처리했다. 이처럼 자료의 성격에 맞는 규칙에 의거한 파일명 작성은 작업의 일관된 진행과 관리를 위해 반드시 필요한 부분이다.

6) 디지털화의 과제

유네스코 세계기록유산(Memory of the World)으로 지정된 『조선왕조실록』의 경우, 정보화 시대에 발맞춰 새로운 디지털화 작업이 시행되었다. 국사편찬위원회와 서울시스템의 공동 연구 개발로 이루어진 한문 원문에 대한 표점본 작업이 그것이다. 이에 따라 동아시아 대표 역사서인 『조선왕조실록』은 1992년 개발에 착수하여 2002년 첨단 디지털 자료로 새롭게 태어났다.

이제 우리는 조선시대에 간행된 각 왕대별 실록(888책) 뿐 아니라, 1950년대(1955-1958) 축쇄 영인된 『조선왕조실록』(48책), 1993년 완간된 『국역 조선왕조실록』(413책), 1995년 간행된 『CD-ROM 국역 조선왕조실록』, 그리고 2002년 간행된 『CD-ROM 표점 · 교감 조선왕조실록』이라는 세계기록유산을 갖게 되었다. 이는 유례를 찾기 어려운 세계기록유산의 디지털화 사례이다. 이와 관련하여 필자는 청주시에서 개최된 제5차 유네스코 세계기록유산 국제자문위원회 회의 기념 '국제 기록유산 세미나'에서 『조선왕조실록』의 디지털화에 관해 발표했다.[7]

그동안 필자는 『조선왕조실록』, 『고려사』, 『사마방목』, 각종 문집 등의 역사학 자료를 첨단 컴퓨터 기술에 접목시키는 작업에 참여해왔다. 그 같은 작업에 참여하면서 역사학 연구자로서 느낀 점 또한 적지 않았다. 되돌아보면 어쩔 수 없는 시행착오와 낭비가 전혀 없지는 않았지만, 다른 한편으로 그러한 경험은 추후 그와 같은 종류의 작업을 보다 효율적으로 진행하는 데 큰 도움이 되었다. 이에 역사 기록물의 디지털화를 추진하고자 하는 분들께 참고가 될 만한 점들을 간략하게 언급하고자 한다.

먼저 역사 기록물을 전산화하여 데이터베이스로 구축한다 하더라도 디지털카메라나 스캐너를 통해 원문을 그대로 입력하는 것이 필요하다. 원본에 아무리 가깝게 입력한다 하더라도 원본과 똑같을 수는 없다. 입력 과정에서 오퍼레이터에 의해 차이가 생길 수도 있고, 연구자의 교감 과정에서 달리 해석될 수 있는 부문도 있다. 그런 문제를 해결하기 위해서라도 원문 상태를 그대로 볼 수 있는 원본 이미지가 필요하다. 하지만 이미지의 경우에는 원문에 들어 있는 정보를 검색할 수 없다는 단점이 있다. 따라서 입력된 텍스트 정보와 원본 이미지를 같이 제공할 수 있어야 한다.

7 Lee Nam Hee, 「The Digitization of Documentary Heritage: the case of Choson Wangjo Silok」 *Digitization of Documentary Heritage by Utilization High-Technology*, 유네스코 한국위원회 · 청주시, 2001. 6. 30.

그 같은 작업을 진행하게 되면, 사용자는 컴퓨터를 이용하여 ① 다양한 주석이 포함된 국역본, ② 입력된 한문 원문, 그리고 ③ 원전 이미지라는 세 층위의 서로 참조가 되는 유익한 정보를 제공받을 수 있게 된다. 이를 통해 컴퓨터 검색 결과를 통해 내용을 파악하고, 다시 영인된 원전을 도서관이나 서가에서 대조, 확인할 필요 없이 한문 원전 이미지를 바로 열람할 수 있기 때문에 생산성이 크게 신장될 수 있음은 물론, 정보 활용이 극대화될 것이다. 원문 이미지 외에도 ④ 조선시대의 다양한 고문서, 문집 등의 문헌 자료와 ⑤ 실록과 관련된 음악, 유물, 유적 등의 멀티미디어 자료, 나아가 ⑥ 그간 축적된 조선시대 각 분야별 논저목록 등이 함께 제공되면 조선시대는 물론이고 한국사 전체를 연구하는 데 큰 도움이 될 것이다.

아울러 자료의 원활한 자료 검색을 위해서는 한자의 이체자 사용과 유사어의 처리 방안에 대한 기준이 확립되어야 한다. 한자 자형의 통일된 입력 방안은 연구의 생산성을 높일 수 있다. 예컨대 인명은 이체자를 그대로 수용하는 것이 바람직하지만, 관직명 · 관청명 등에 쓰인 이체자와 관용적인 오자는 하나로 통일시켜 일관성을 유지하는 것이 필요하다.

『조선왕조실록』의 디지털화 이후 역사 자료의 데이터베이스 구축, 전자도서 간행, 인터넷 서비스 등이 본격적으로 진행되고 있다. 이러한 한국 역사문화 자료의 정보화는 국내의 연구 수준을 향상시킬 수 있을 뿐 아니라 국제 교류는 물론이고, 나아가 국제사회에서 우리 나라의 위상을 높이는 데도 기여할 수 있을 것이다.

3
『조선왕조실록』의 사론과 원주[8]

『조선왕조실록』은 조선시대 태조에서 철종까지 25대 472년에 이르는 역사를 왕대, 연도, 일자별로 기록해놓은 역사서로, 조선시대 전반의 정치 · 군사 · 경제 · 외교 · 사회 · 문화 등 각 분야에 걸쳐 있다. 역사, 인물, 제도는 물론이고 천문, 과학, 의약, 기술, 지리, 음양, 문학, 설화, 음악, 예술, 종교, 사상, 윤리, 도덕, 풍속, 인심, 세태 등에 이르기까지 거의 모든 분야의 역사적 사실을 망라하고 있는 세계에서도 그 유례를 찾아보기 어려운 우리 민족의 귀중한 문화유산이자 역사의 보고이다.

여기서는 『CD-ROM 조선왕조실록』의 전산화를 통해 새롭게 밝혀진 『조선왕조실록』의 서지학적 측면을 살펴보고자 한다. 『조선왕조

8 이남희, 「전산화를 통해서 본 조선왕조실록: 서지학적 측면을 중심으로」, 『서지학연구』 13, 1997.

실록』의 내용은 크게 본문, 세주(細註, 원주), 사론으로 구성되어 있다. 지금까지 태조부터 철종까지 각 왕대별 기사의 규모나 원주의 언급, 사론이 구체적으로 얼마나 수록되어 있는지에 관한 서지학적 접근은 용이하지 않았다. 그러나 이제는 실록의 전산화를 통해 기사, 원주, 사론에 관한 세부적인 서지사항을 알 수 있게 되었다. 덧붙여두자면 이는 필자가 『조선왕조실록』 데이터베이스 구축의 실무 책임자(1992~2003)로 직접 개발 업무에 참여했기 때문에 가능한 일이었다.

1) 기사(記事)

태조 1년(1392)부터 철종 14년(1863)까지 전체 472년에 이르는 기간 동안 『조선왕조실록』에 실린 전체 기사의 수는 36만 2,435건에 이르고 있다. 이를 각 왕대별로 정리해보면 〈표 3.4〉와 같다.

참고로 표에서 별표(*)는 해당 왕대 중 총서, 부록, 즉위년이 없는 것을 표시한다. 『태조실록』의 총서는 CD-ROM 개발 과정에서 기사 수를 조정했다. 국역본의 기사를 구분하는 ○표를 한 기사로 처리하되, 한 기사의 길이가 원고지 100매 분량이 넘는 경우에는 열람의 편의를 위해 기사를 분할했다. 〈표 3.4〉에서 알 수 있는 점은 다음과 같다.

첫째, 기사 총수를 재위 연수로 나누어 얻을 수 있는 기사의 평균 수를 보면 전체 평균은 735.2개(362,435/493)이다. 그리고 평균 이상의 기사가 수록된 실록은 세종(967.3), 문종(891.3), 세조(774.6), 예종(754.5), 성종(1,148.4), 연산군(927.3), 중종(1,015.4), 광해군(1,378.9) 대로 나타났으며, 평균 이하의 기사가 수록된 실록은 태조(340.6), 정종(313.0), 태종(574.1), 단종

(637.3), 인종(673.0), 명종(654.3), 선조(636.5); 선조수정(45.0), 인조(594.6), 효종(495.3), 현종(580.9); 현종개수(656.2), 숙종(514.7); 숙종보궐(15.5), 경종(548.2); 경종수정(87.0), 영조(692.2), 정조(780.2), 순조(443.5), 헌종(249.2), 철종(384.2)이다.

둘째, 평균 기사 수가 가장 많은 왕대는 광해군으로 1,378.9개이며, 가장 적은 왕대는 헌종으로 249.2개이다. 광해군, 성종, 중종, 연산군, 세종, 문종, 세조, 예종 순으로 평균 기사수가 많고, 헌종, 정종, 태조, 철종, 순조, 효종, 숙종, 경종, 태종, 현종, 인종 순으로 적다.

셋째, 실록이 두 벌 전하는 선조, 숙종, 경종은 수정 및 개수실록에 실린 기사의 수가 적었다(선조(636.5); 선조수정(45.0), 숙종(514.7); 숙종보궐(15.5), 경종(548.2); 경종수정(87.0)). 현종개수실록만은 원래의 실록보다 기사의 수가 더 많았다(현종(580.9); 현종개수(656.2)).

2) 원주(原註)

원주는 실록 편찬 당시에 본문의 기사만으로는 미진한 경우 그 내용을 보충하기 위해 쓰인 것이다. 어려운 용어나 개념에 대해 자세한 설명을 덧붙인 것으로, 작은 글씨인 세주(細註)로 기록되어 있다. 때에 따라서는 원주에 대한 원주가 첨가되어 가되어 있는 경우도 있다. 『조선왕조실록』에 나타난 원주의 내역을 정리해보면 〈표 3.5〉와 같다.

실록에 기재된 원주의 총수는 2만 9,780개이며 연간 평균 60.4개로 나타나고 있다. 원주의 왕대별 분포를 보면 명종 대가 196.4개로 가장 많고, 그다음은 예종 179개, 인종 175개, 중종(130.4), 단종(128.8), 광해군(126.5), 선조(108.8) 순이다. 적은 순서는 정종 대가 3.0개로 가장 적고,

그다음은 헌종(5.0), 태조(5.1), 태종(5.4) 순이다. 그런데 실록의 분량이 많다고 하여 원주 분포 수치가 높은 것은 아니었다. 예컨대 세종(79.8), 성종(10.9), 인조(11.9), 숙종(30.7), 영조(38.3), 정조(55.4)의 경우가 그러하다. 그리고 『연산군일기』의 경우에는 원주가 나타나지 않고 있다. 이는 실록의 분량과 원주의 평균 개수 간의 상관관계가 없음을 보여주는 것이 아닌가 생각된다. 그런데 원주를 일별해보면 조선 초기의 그것과 후대의 기재되는 내용이 변화를 보여주고 있다. 이에 관해서는 다음 절에서 논하기로 한다.

3) 사론(史論)

사론은 사관 혹은 실록 편찬관이 '사신왈(史臣曰)'을 붙인 후 쓰는 주관적인 논평이라 할 수 있으며, 그 내용은 주로 사건이나 인물에 대한 평가였다. 따라서 역사를 서술하는 입장이나 견해가 분명하게 드러나는 특징적인 부분이다. 사론을 통해 기록자의 역사의식을 엿볼 수 있다. 또한 실록의 사론은 다른 사서(史書)의 그것과는 달리 바로 그 시대의 사건과 인물에 대한 논평이므로 자연히 현장감과 생동감을 느끼게 해준다. 또한 사론은 개인의 주관적인 의견이 아니라 사관이라는 집단의 논평이라는 점도 중요하다.

사론의 분석을 통해 『조선왕조실록』이 갖는 특성 하나를 밝혀낼 수 있다. 그러나 사론의 작성 과정, 내용 분석 등에 대해서는 차후로 미루고, 여기서는 조선조 전체에 걸친 사론의 존재 양상과 왕대별 분포 및 추이에 대해서만 살펴보고자 한다. 실록에 기록된 사론을 각 왕

〈표 3.4〉 『조선왕조실록』 기사의 왕대별 분포 현황

구분	태조	정종	태종	세종	문종	단종	세조	예종	성종	연산군	중종	인종	명종	선조
총서	134	1	1	1	1	1	30	2	1	1	1	1	1	1
즉위	*	*	*	686	1,132	620	*	408	165	42	*	*	709	42
1	187	302	442	1,582	1,238	838	522	1098	1,846	794	605	668	1013	207
2	340	322	528	1,125	302	717	757		1,809	802	1,266		934	109
3	358		481	1,048		359	915		1,860	1,106	1,298		836	119
4	307		408	1,038			830		1,604	495	1,490		752	117
5	256		499	1,226			822		1,808	615	1,168		628	157
6	333		532	1,110			881		1,841	760	1,109		991	497
7	465		498	1,264			792		1,478	318	1,241		656	480
8			546	1,149			684		1,258	1,069	1,043		641	233
9			607	1,082			537		1,021	975	1,007		717	157
10			594	1,253			871		1,126	2,152	985		805	102
11			688	1,094			702		981	1,483	1,389		655	179
12			650	1,199			772		971	1,443	1,424		787	34
13			662	1,266			1,036		1,256		1,214		645	180
14			731	1,044			693		1,202		1,064		539	194
15			649	1,142					792		1,095		445	34
16			608	1,140					1,099		1,019		481	282
17			707	1,057					953		1,150		342	80
18			502	846					983		1,018		523	101
19				846					1,071		1,052		436	92
20				805					1,209		1,680		655	245
21				963					1,198		994		608	256
22				773					1,300		870		247	258
23				696					1,236		1,469			64
24				769					1,282		880			136
25				858					1,109		1,028			1,125
26				817							867			2,641
27				638							716			1,547
28				681							934			1,284
29				502							992			1,332
30				592							844			1,433
31				529							668			1,651
32				137							813			1,528
33											617			1,347
34											885			1,189
35											618			891
36											620			1,043
37											730			1,519
38											654			1,016
39											1,082			1,390
40														1,214
41														221
42														
43														
44														
45														
46														
47														
47														
49														
50														
51														
52														
부록	2	1	1	·	1	14	1	1	·	·	1	4	2	5
평균	340.6	313.0	574.1	967.3	891.3	637.3	774.6	754.5	1248.4	927.3	1015.4	673.0	654.3	636.5

선조수정	광해군	인조	효종	현종	현종개수	숙종	숙종보궐	경종	경종수정	영조	정조	순조	헌종	철종
4	*	1	1	1	*	*	*	*	*	1	1	1	1	1
33	1,438	*	397	380	400	280	3	290	99	372	751	424	25	361
48	1,255	679	631	618	692	788	4	634	138	1,222	709	870	443	489
45	1,612	1,033	657	480	599	441	13	780	100	667	594	630	375	529
48	1,042	940	723	480	577	524	2	682	69	1,130	536	579	356	512
18	2,129	1,023	551	567	665	431	4	351	29	1,044	609	617	336	456
42	1,790	1,267	497	708	755	516	3			878	866	580	276	355
54	1,294	844	471	859	881	825	12			730	693	605	270	388
62	1,049	564	369	479	622	761	21			752	844	463	227	271
67	1,729	599	534	619	799	658	13			745	806	394	202	393
26	1,602	606	346	672	843	630	36			871	541	449	184	361
28	2,667	616	263	957	837	557	25			1,005	992	468	204	307
46	1,034	417		670	671	519	19			604	650	841	224	325
35	1,091	449		653	715	497	24			674	618	490	292	312
50	1,188	387		422	569	497	14			715	668	296	238	447
64	1,010	469		398	490	436	23			445	798	413	225	256
14	132	689		324	384	653	15			608	694	270	101	
127		585				428	7			677	934	350		
30		553				399	2			646	673	310		
41		537				325	5			516	957	578		
20		347				365	2			674	746	780		
28		315				763	15			605	701	330		
24		363				571	20			538	661	432		
61		500				556	16			642	601	305		
41		651				544	11			608	636	298		
63		490				469	13			628	418	284		
211		425				407	19			446		282		
103		508				412	17			462		261		
53		189				652	9			391		584		
35						480	12			638		296		
40						575	19			500		358		
35						546	10			652		434		
44						564	23			735		244		
34						505	24			601		366		
30						399	11			698		316		
21						443	10			691		312		
40						354	5			732				
33						510	11			611				
25						548	4			791				
19						481	44			843				
22						632	20			1,025				
19						293	17			782				
6						248	14			732				
						564	64			449				
						675	27			611				
						583	20			784				
						682	19			738				
						198	9			733				
										903				
										864				
										731				
										554				
										690				
										291				
3	*	9	8	8	*	8	*	4	*	12	21	11	8	*
45.0	1378.9	594.6	495.3	580.9	656.2	514.7	15.5	548.2	87.0	692.2	708.2	443.5	249.2	384.2

〈표 3.5〉『조선왕조실록』 원주의 왕대별 분포 현황

구분	태조	정종	태종	세종	문종	단종	세조	예종	성종	연산군	중종	인종	명종	선조
즉위	*	*	*	7	61	131	*	275	·	·	*	*	448	4
1	14	·	17	52	147	48	24	83	23	·	43	175	196	2
2	4	6	1	253	4	259	24		6	·	61		184	30
3	1		19	201		77	407		1	·	17		176	1
4	2		12	241			11		2	·	51		114	2
5	1		·	31			3		7	·	73		174	4
6	11		1	169			57		88	·	17		79	4
7	3		3	70			1		42	·	36		100	5
8			19	47			248		26	·	52		207	6
9			·	28			6		·	·	30		144	·
10			·	13			76		26	·	41		134	·
11			·	45			9		·	·	121		172	2
12			·	41			16		7	·	110		269	1
13			·	52			33		4		125		114	2
14			2	81			9		10		167		188	·
15			2	96					·		126		187	·
16			1	45					5		88		181	·
17			2	123					·		98		195	2
18			18	41					7		81		295	71
19				27					6		110		145	·
20				18					2		123		237	5
21				51					3		64		458	4
22				76					2		59		121	2
23				97					12		375			2
24				21					3		214			4
25				43					1		231			112
26				26							146			231
27				5							75			201
28				285							241			254
29				171							72			466
30				104							63			407
31				17							91			360
32				56							285			458
33											52			294
34											389			317
35											58			259
36											211			221
37											138			349
38											92			148
39											660			148
40														171
41														19
42														
43														
44														
45														
46														
47														
47														
49														
50														
51														
52														
평균	5.1	3.0	5.4	79.8	70.7	128.8	66.0	179.0	10.9	·	130.4	175.0	196.4	108.8

선조수정	광해군	인조	효종	현종	현종개수	숙종	숙종보궐	경종	경종수정	영조	정조	순조	헌종	철종
2	80	*	96	15	32	12	2	51	32	64	104	49	9	32
10	144	13	48	9	18	56	2	36	5	139	48	63	7	10
6	179	10	77	12	35	19	1	78	9	40	27	29	3	15
·	72	11	103	1	12	3	1	44	3	144	12	24	8	10
1	171	13	27	1	7	7	2	37	·	109	14	34	3	11
1	368	9	28	5	2	24	1			87	33	29	8	5
·	69	3	24	1	4	24	4			59	40	34	5	15
5	153	7	15	13	13	40	9			59	47	23	3	3
7	73	10	20	6	11	23	6			62	29	16	2	5
16	121	21	28	7	33	90	21			33	22	22	2	2
4	171	11	16	3	11	30	35			99	54	13	8	1
10	64	9		12	3	15	13			26	36	12	3	4
8	59	8		12	15	19	4			34	12	259	4	7
4	93	10		4	35	6	10			26	37	15	2	10
13	137	10		13	2	5	10			32	66	80	5	9
1	70	9		14	10	45	4			53	18	17	8	
31		9				19	2			29	45	9		
8		3				2	2			24	56	18		
12		14				·	3			31	50	14		
10		8				9	·			44	161	15		
2		10				116	11			28	58	8		
2		9				27	4			20	24	29		
26		23				25	2			15	275	23		
54		26				38	2			9	16	20		
17		41				18	3			50	100	6		
41		15				19	6			19		7		
18		8				25	2			27		15		
28		·				51	5			53		36		
5						6	3			20		12		
6						15	6			142		21		
1						9	2			7		34		
3						12	8			19		8		
·						31	6			14		21		
1						6	5			132		13		
1						5	6			6		37		
6						12	1			7				
1						28	3			7				
6						53	·			15				
8						87	20			15				
6						80	10			59				
4						21	3			20				
3						9	8			25				
						37	49			12				
						31	31			6				
						150	9			4				
						33	8			3				
						53	2			20				
										21				
										5				
										6				
										11				
										2				
										36				
9.2	126.5	11.9	43.8	8.0	15.2	30.7	7.4	49.2	9.8	38.3	55.4	30.4	5.0	9.3

〈표 3.6〉『조선왕조실록』 사론의 왕대별 분포 현황

구분	태조	정종	태종	세종	문종	단종	세조	예종	성종	연산군	중종	인종	명종	선조
즉위	*	*	*	·	·	·	*	2	1	1	*	*	57	·
1	·	·	·	·	·	·	1	·	13	·	16	56	62	·
2	·	1	·	·	·	·	·		5	5	22		37	·
3	·		·	·		·	·		10	1	18		53	·
4	·		·	·			·		8	·	13		32	·
5	·		·	·			2		23	6	16		13	·
6	·		·	·			·		8	4	19		82	·
7	·		·	·			·		8	·	28		72	·
8			·	·			·		8	5	60		44	·
9			·	·			2		35	2	67		134	·
10			·	·			·		19	4	69		93	·
11			·	·			·		17	10	91		50	·
12			·	·			·		16	2	107		133	·
13			·	·			·		41		55		40	·
14			·	·			2		30		88		54	·
15			·	·					45		73		63	·
16			·	·					20		5		83	·
17			·	·					44		8		51	·
18			·	·					40		9		97	1
19				·					28		22		32	·
20				·					34		14		27	·
21				·					25		17		88	·
22				·					37		12		59	·
23				·					57		4			·
24				·					48		32			·
25				·					40		50			3
26				·							39			47
27				·							11			39
28				·							24			24
29				·							44			46
30				·							16			13
31				·							13			32
32				·							29			51
33											16			58
34											13			24
35											15			62
36											55			89
37											42			52
38											15			41
39											94			88
40														53
41														·
42														
43														
44														
45														
46														
47														
47														
49														
50														
51														
52														
평균	·	0.5	·	·	·	·	0.6	1.0	25.4	3.1	34.4	56	63.3	17.2

선조수정	광해군	인조	효종	현종	현종개수	숙종	숙종보궐	경종	경종수정	영조	정조	순조	헌종	철종
·	20	*	·	·	·	1	·	7	·	16	·	·	·	·
·	50	31	1	·	·	16	·	4	3	22	·	·	·	·
·	40	16	1	13	3	·	·	18	3	3	·	·	·	·
·	13	16	2	16	4	·	2	11	·	58	·	·	·	·
·	16	18	·	18	·	·	3	1	·	8	·	·	·	·
·	·	5	2	4	1	8	2			5	·	·	·	·
·	1	4	·	2	1	2	3			2	·	·	·	·
·	·	19	·	6	3	4	10			1	·	·	·	·
1	1	6	1	12	4	2	·			·	·	·	·	·
·	32	·	·	30	13	·	9			15	·	·	·	·
·	1	1	1	8	6	15	14			44	·	·	·	·
·	16	4		10	5	6	1			·	·	·	·	·
·	8	8		11	6	5	3			21	·	·	·	·
·	·	4		7	2	4	2			15	·	·	·	·
·	13	9		5	2	·	3			6	·	·	·	·
·	·	3		1	·	16	2			14	·	·	·	
·		9				3	·			10	·	·		
·		·				1	·			5	·	·		
·		1				·	·			5	·	·		
·		1				·	·			5	·	·		
·		·				5				3	·	·		
·		·				28	2			1	·	·		
·		·				2	1			6	·	·		
·		4				3	6			8	·	·		
·		1				·	1			15	·	·		
·		2				·	5			15		·		
·		8				·	13			12		·		
·		1				6	5			·		·		
·						·	·			6		·		
·						17	5			1		·		
·						8	8			4		·		
·						12	1			8		·		
·						11	6			8		·		
·						7	2			2		·		
·						3	3			16		·		
·						1	4			6				
·						5	1			8				
·						5	2			7				
·						3	1			10				
·						4	12			15				
·						1	6			2				
·						2	1			2				
						12	·			·				
						4	5			·				
						12	·			·				
						2	·			7				
						1	2			3				
										21				
										5				
										6				
										19				
										14				
										6				
0.02	13.2	6.3	0.7	8.9	3.1	5.0	3.1	8.2	1.2	9.3	·	·	·	·

대별로 살펴보면 〈표 3.6〉과 같다.

〈표 3.6〉에서는 다음과 같은 점들을 알 수 있다. 첫째, 『조선왕조실록』에 수록되어 있는 사론은 모두 5,792건에 이른다. 최초의 사론은 정종 2년(1400)에 처음 나타나고 있으며, 가장 후대의 사론은 영조 재위 마지막 해인 영조 52년(1776)의 것이다. 『정조실록』 이후의 실록에서는 사론이 기재되어 있지 않다. 지금으로서는 그 정확한 이유를 알 수 없지만, 위에서 언급한 「원주」의 분포와 관계가 있는 것으로 생각된다. 조선 후기로 갈수록 원주 자체의 서술 내용이 종래의 사론 성격까지 포괄하고 있는 경우가 많기 때문이다.

둘째, 최초의 사론이 기록된 정종 이후 영조 대에 이르는 모든 왕대에서 사론이 나타나고 있는 것은 아니다. 태종, 세종, 문종, 단종에는 사론이 한 건도 보이지 않는다. 세조 이후 영조에 이르는 모든 왕대에는 사론이 나타난다. 즉 태종 1년(1401)에서 단종 4년(1455)까지 50여 년간은 사론이 보이지 않다가, 세조 1년(1455)부터 영조 52년(1776)까지 320여 년간은 사론이 실록에 기재되어 있다.

셋째, 사론의 연간 평균 수치를 보면 11.7개(5,792/493)이다. 그 빈도수를 왕대별로 살펴보면 명종(63.3)이 가장 많고, 인종(56.0), 중종(34.4), 성종(25.4), 선조(17.2); 선조수정(0.02), 광해군(13.2), 영조(9.3), 현종(8.9); 현종개수(3.1), 경종(8.2); 경종수정(1.2), 인조(6.3), 숙종(5.0); 숙종보궐(3.1), 연산군(3.1), 예종(1.0) 순이다. 효종(0.7), 세조(0.6), 정종(0.5)은 사론의 연평균 수치가 1개 미만이다.

또한 수정실록의 경우, 대체로 원래의 실록보다 사론이 적게 나타나고 있다. 이는 수정실록이나 개수실록 자체가 원래 실록을 비판 · 보완 · 수정하는 의미를 가지고 있기 때문에 상대적으로 적다고 하겠다.

4) 전산화와 서지사항

『CD-ROM 조선왕조실록』을 통해 『조선왕조실록』의 ① 기사, ② 원주, ③ 사론에 관한 서지사항을 계량적으로 검토해보았다. 이와 같이 디지털 『조선왕조실록』은 실록의 내용이 단순히 전산 입력되어 있는 것이 아니라 데이터베이스화되어 있어 2억 자나 되는 방대한 기록에 숨어 있는 어떠한 사건이나 사실, 인물 관련 정보도 1초 내에 찾아 자료로 활용할 수 있다.

아울러 이러한 전산화 작업을 통해 『조선왕조실록』에 수록되어 있는 기사, 원주, 사론에 관한 세부적인 서지사항도 알 수 있게 되었다. 이를 종합하여 정리해보면 〈표 3.7〉과 같다.

이처럼 조선왕조실록 DB를 통해 태조부터 철종까지 500여 년에 걸친 각 왕대별 기사의 규모나 원주의 언급, 사론 총수 등에 관한 서지학적 접근이 가능하게 되었다. 학술 연구 자료의 전산화 및 데이터베이스화의 좋은 사례라고 할 수 있다.

이를 통해 종래 파악하기 어려웠던 서지학적 측면들을 정확하게 알 수 있을 뿐만 아니라 자료 검색 역시 효율적으로 할 수 있게 되었다. 앞으로 이러한 학술 자료의 전산화는 역사학 연구 수준의 심화와 발전을 촉진함은 물론이고 정치, 경제, 과학, 민속, 예술 등 학제 간 연구를 활성화를 시킬 것이다.

〈표 3.7〉『조선왕조실록』 기사, 원주, 사론의 왕대별 분포

구분	태조 실록	정종 실록	태종 실록	세종 실록	문종 실록	단종 실록	세조 실록	예종 실록	성종 실록	연산군 일기	중종 실록	인종 실록	명종 실록	선조 실록	선조 수정 실록
재위 연수	7	2	18	33	3	4	14	2	26	13	39	1	23	42	
기사 총수	2,384	626	10,335	31,920	2,674	2,549	10,845	1,509	32,459	12,055	39,601	673	15,048	26,732	1,892
기사 평균	340.6	313.0	574.1	967.3	891.3	637.3	774.6	754.5	1248.4	927.3	1015.4	673.0	654.3	636.5	45.0
사론 총수	·	1	·	·	·	·	8	2	660	40	1341	56	1456	723	1
사론 평균	·	0.5	·	·	·	·	0.6	1	25.4	3.1	34.4	56	63.3	17.2	0.02
원주 총수	36	6	97	2,633	212	515	924	358	283	·	5,086	175	4,518	4,568	388
원주 평균	5.1	3.0	5.4	79.8	70.7	128.8	66.0	179	10.9	·	130.4	175.0	196.4	108.8	9.2

구분	광해군 일기	인조 실록	효종 실록	현종 실록	현종 개수 실록	숙종 실록	숙종 보궐 정오 실록	경종 실록	경종 수정 실록	영조 실록	정조 실록	순조 실록	헌종 실록	철종 실록	합 계
재위 연수	16	27	11	16		47		5		53	25	35	16	15	493
기사 총수	22,062	16,055	5,448	9,295	10,499	24,192	730	2,741	435	36,687	17,718	15,521	3,987	5,763	362,435
기사 평균	1378.9	594.6	495.3	580.9	656.2	514.7	15.5	548.2	87.0	692.2	708.2	443.5	249.2	384.2	735.2
사론 총수	211	171	8	143	50	237	146	41	6	491	·	·	·	·	5,792
사론 평균	13.2	6.3	0.7	8.9	3.1	5.0	3.1	8.2	1.2	9.3	·	·	·	·	11.7
원주 총수	2,024	320	482	128	243	1,445	347	246	49	2,029	1384	1,065	80	139	29,780
원주 평균	126.5	11.9	43.8	8.0	15.2	30.7	7.4	49.2	9.8	38.3	55.4	30.4	5.0	9.3	60.4

4
표점 원문 『조선왕조실록』의 디지털화

1) 간행 과정

『CD-ROM 국역 조선왕조실록』 개발과 더불어 기획, 구상되었던 한문 원전 『조선왕조실록』 전산화의 결과물인 『표점 · 교감 조선왕조실록』 CD-ROM이 8년여 간에 걸친 작업 끝에 2002년 간행되었다. 이는 국사편찬위원회와 서울시스템(주) 한국학DB연구소의 공동 작업에 의해 이루어졌다. 국사편찬위원회 연구편찬실에서는 표점과 교감을 담당했으며, 원문 입력, 서체 및 운영소프트웨어 개발, 전자도서 간행은 한국학DB연구소에서 수행했다.

『조선왕조실록』은 지난 1997년 유네스코 세계기록유산(Memory of the World)으로 지정된 역사 기록물로, 전 세계에 유례 없는 자랑스러운 기록유산이다. 『국역 조선왕조실록』의 CD-ROM 간행으로 우리에게 성큼 다가왔던 실록은 『CD-ROM 표점 · 교감 조선왕조실록』의 간행과 더불어 더욱 가까워질 것으로 기대한다. 특히 『표점 · 교감 조선왕조실록』은 한자로 쓰인 실록 원문을 단순히 입력하여 열람하고 검색하는 데 머무는 것이 아니라, 국사편찬위원회 연구편찬실 전문 연구진들이 '표점'과 '교감'이라는 고도의 작업을 거쳐 가공한 지식 정보 자원이라고 할 수 있다.

『표점 · 교감 조선왕조실록』의 초기 계획은 국역 실록 전자도서가 개발되는 시점까지 거슬러 올라간다. 국사편찬위원회와 서울시스템은 국역본을 개발하면서 한문 원전 실록을 공동 연구 개발 · 간행한다는 원칙을 세웠는데, 그 같은 계획과 실행은 서울시스템이 『국역 조선왕조실록』(1995), 『증보판 국역 조선왕조실록』(1997 · 1999), 『고종 · 순종실록』(1998), 『한국역사 5천년』(2000) CD-ROM을 간행하면서 더욱 가속화되었다. 특히 『고종 · 순종실록』에서는 국역 원문에 한문 원전을 덧붙여 같이 활용할 수 있게 했는데, 이러한 일련의 디지털화 작업 속에서 축적된 경험은 『표점 · 교감 조선왕조실록』 연구개발사업에 크나큰 밑거름이 되었다.

2) 개발 과정

전산화 작업은 데이터 입력과 더불어 시작했다. 다시 말해 데이터베이스 구축의 첫걸음부터 한문을 어떻게 입력할 것인가 하는 문제에 부딪히지 않을 수 없었다. 전문적이고 효율적인 '한문전용입력기'개발이 무엇보다 시급했고, 결국 『조선왕조실록』 원문 텍스트의 입력은 서울시스템에서 개발한 '뿌리법'이라는 초고속 한자 입력법에 의해 이루어졌다. 뿌리법은 한자를 형태적으로 분석하고 개개의 글자를 이루는 조성요소(뿌리)를 코드화하여 그 코드를 입력하면 즉석에서 한자로 변환될 수 있도록 개발되었다.

서체는 서울시스템 자회사인 서울폰트(주)에서 개발, 제작한 트루타입(True Type)을 사용했다. 이 서체는 대규모 고전 국학 자료에 적합한 것으로, 전근대 한적 문서에 나타나는 벽자(僻字), 이체자 등 다양한 한자에 관한 데이터베이스를 축적하고 있다. 코드 체계는 국제적 표준인 유니코드(Unicode)를 따랐다. 유니코드는 1993년 전 세계의 언어 문자를 한 종류의 부호계 내에서 표현하고자 하는 목적에서 만들어졌으며, 총 6만 5,000자로 구성되어 있다. 거기에 한자는 2만 7,484자(Extention A 포함), 한글은 1만 1,172자가 포함되어 있지만, 이들 유니코드 한자로도 『조선왕조실록』에 나오는 한자를 모두 구현할 수 없었다. 이에 구현할 수 없는 신출 한자 1,575자는 폰트개발센터에서 트루타입 서체로 제작하여 별도로 제공했고, 이로써 모든 한자가 한 글자도 소실되지 않고 원문 그대로 입력될 수 있었다.

전근대 문헌에서 자료를 찾을 때 한자 검색은 중요하다. 예컨대 『CD-ROM 국역 조선왕조실록』에서 '원구단'을 검색해보면 검색 결과가 11건인 데 비해, '圓丘壇'을 검색하면 5건 검색된다. 한자어의 검색 결과 건수가 더 적게 나타나는 것이다. 반면 '風雲雷雨壇' 검색 결과는 34건, '풍운뢰우단'의 검색 결과는 31건으로, 한자 검색 결과수가 더 많이 나타나고 있다.[9]

9 平木實, 「『朝鮮王朝實錄(韓國語譯)』 CD-ROMの基礎資料としての活用意義」, 『情報の科學と技術』 46巻12號, 1996, 685쪽.

이는 ① 원구단의 경우 국역 과정에서 모든 단어에 한자 병기가 되어 있지 않기 때문이며, ② 풍운뢰우단의 경우는 두음법칙과 관련한 오류이다. 실제로 '風雲雷雨壇'은 풍운**뢰**우단뿐 아니라, 풍운**뇌**우단으로도 번역되고 있기 때문이다. 『조선왕조실록』의 국역이 두 기관에 의해 분담, 수행되었기 때문에 용어 사용이나 체제에 있어서 상이점이 적지 않고, 26년(1968~1993) 동안 수많은 사람에 의해 국역이 이루어졌기 때문에 차이나는 점이 많다고 하겠다.

이를 위해 필자가 실무 책임자로 수행한 『국역 조선왕조실록』 디지털화 과정에서 용어의 통일성을 유지하려고 했다. 여전히 미흡한 것이 사실이지만, 이러한 점들은 『표점 · 교감 조선왕조실록 CD-ROM』의 간행으로 해결될 수 있을 것이다. 한문으로 기록된 원 사료의 내용을 낱자(一字) 단위로 자유롭게 검색할 수 있기 때문이다.

전산화의 첫 과정인 한자 원문 입력이 완료되면, 사용자가 손쉽고 빠르게 정보를 찾아볼 수 있도록 해주는 정보 검색 소프트웨어의 개발, 데이터의 등록 · 변경 · 삭제 등의 관리 기능을 구비한 관리시스템이 개발되어야 한다. 그 같은 프로그램 작업은 서울시스템 R&D센터의 소프트웨어 개발진들이 수행했다. 그에 힘입어 다양한 기능, 예컨대 한자 낱자 검색 기능, 독음(讀音)이 2개 이상인 한자도 한글 음으로 검색하는 기능, 또 인명 · 지명 · 서명 등을 별도의 검색 범위로 설정하여 사용자의 검색 시간을 단축시켜주는 기능 등이 구현되었다.

또한 인용문과 사론(史論)의 단락 형식을 다르게 설정하고, 사용자의 기호에 따라 색인어의 색상을 표시하거나 기본색으로 설정할 수 있는 기능 등 사용자의 편의를 최대한 고려했다. 그리고 해외 연구자들의 자료 검색의 편의성을 위해 음가변환, 부수획수변환, 한어병음, 사각호마, 뿌리법 등 다양한 검자법을 지원하는 한자 입력 도구(Global

IME)를 탑재하여 세계 각국의 사용자들이 원하는 자료를 정확히 검색할 수 있도록 했다.

이렇게 입력된 원문 자료와 운영 소프트웨어 프로그램이 한국학DB연구소 연구원들에 의해 통합됨으로써 원문 『조선왕조실록』 데이터베이스가 구축될 수 있었다. 데이터베이스에 입력된 실록 기사 수는 총 35만 9,225건, 그 속에 쓰인 문자는 4,667만 9,198자에 달한다. 본문 속의 글자는 전문(full text) 검색이 가능하도록 모두 색인화되었다. 색인 생성을 위해 추출된 글자 수는 글자 수와 동일한 4,600만여 자에 이른다.

그동안 필자는 몇 차례 『표점 · 교감 조선왕조실록』 전자도서 시험판의 발표회를 가졌다. 2001년 4월 유럽한국학회〔20th Association of Korean Studies in Europe (AKSE) Conference 2001, School of Oriental & African Studies (SOAS) University of London, 2001. 4. 4. ~ 4. 8〕 학술회의에서 한국에서의 한국학 관련 정보화 현황에 관한 발표와 더불어 『표점 · 교감 조선왕조실록』 시험판 데이터베이스를 시연했으며, 2002년 8월 세계역사학대회(서울대학교, 2002. 8. 15. ~ 8. 18)에서도 시험판 데이터베이스를 소개했다. 그러한 과정을 거치면서 국내 연구자뿐만 아니라 해외 연구자들의 요구사항도 수렴할 수 있었으며, 제기된 요구사항은 최대한 반영하고자 했다. 그리고 마침내 2002년 12월 국사편찬위원회에서 『표점 · 교감 조선왕조실록』 CD-ROM 개발 완료 보고 및 결과 발표회를 가지게 되었다.

3) 표점과 교감

『표점 · 교감 조선왕조실록』은 1963년 국사편찬위원회에서 축소, 영인한 바 있는 태백산 사고본을 저본으로 삼았다. 하지만 『광해군일기』만은 정초본인 정족산본을 저본으로 했다. 전체 작업 분량은 탐구당 영인본 48책 중에서 『광해군일기』 태백산본 5책을 제외한 43책에 해당하는 셈이다.

원문에 오자, 탈자 같은 오류가 있는 경우, 가능한 한 바로잡았다. 이른바 교감(校勘)이 그것이다. 틀린 글자(한자)는 ( ) 속에 넣고 바로잡은 글자(正字)는 〔 〕 안에 붙여 넣었다{예를 들면 大行大王, 至聖至明, (同)〔洞〕 知佛氏之足以亂國家也}. 그리고 연문임을 표시할 때는 ( )를 썼다(万万無此理, 天地神明所知, 中外臣(臣)民所痛). 탈락자를 보충해 넣을 때는 〔 〕 속에 넣었다(今之臺諫 · 弘文館, 任諫諍論思之〔職〕, 爲朝廷耳目). 오자를 교감할 때 이전에 명확하게 구별하지 않고 썼던 글자(예: 己 已 巳)는 굳이 교감 표시를 하지 않고 바로잡았다.

『표점 · 교감 조선왕조실록』에서 가장 두드러지는 것은 표점(標點)을 부가했다는 점이다. 표점이란 한문 원전에 부가하는 표식 기호인데, 중국 『이십오사(二十五史)』 표점본의 방식을 준용하여 표점을 부가했다. 마크업이 자료의 구조를 표시해주는 것이라면, 표점은 한문 문장의 내용을 분석하여 붙이는 기호 체계라 할 수 있다. 표점은 한문 문장의 내용을 분석해 붙이는 기호체계로 구두를 떼기 어려운 한문의 초보자들도 원문을 쉽게 이해할 수 있도록 고안된 것이다. 국역에서는 해당되지 않지만, 한적 자료의 데이터베이스 구축에서는 중요한 부분이라고 하겠다.

국사편찬위원회와 서울시스템이 공동 사업으로 진행한 원전 『조선왕조실록』에서는 『이십오사』 표점본의 표점 방식을 준용하여 원문

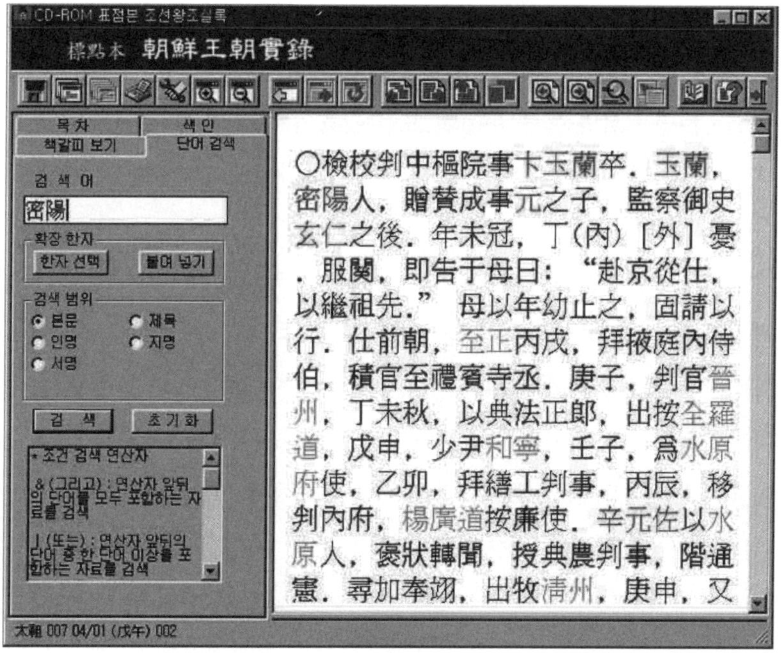

〈그림 3.22〉『표점 · 교감 조선왕조실록 CD-ROM』(2002)

에 표점을 부가했다. 1960년대 국사편찬위원회에서 간행한 영인본 『조선왕조실록』에는 단순 구두점만 표시되어 있다.

『표점 · 교감 조선왕조실록』에서 활용한 표점 기호는 쉼표(,), 마침표(.), 가운뎃점(·), 느낌표(!), 인용문(?) 표시 등 총 17개이다. 특히 인명(인명, 자, 호, 익호, 봉작, 능호 등), 지명(지명, 국명, 건물명, 교각명, 절, 창고명 등), 서명(서명, 편명, 곡명 등)을 구분하여 표점을 부가했다. 인명과 지명의 경우 일본인명과 일본지명, 몽골만주인명과 몽골만주지명을 세분하여 표점을 부가함으로써 연구의 활용도와 편의성을 높였다.

이번 표점 작업은 지난 26년간에 걸쳐 진행되어온 국역 사업과 함께 고전 현대화의 한 획을 긋는 성과로 기대를 모으고 있다. 단순히 원문만 입력하여 DB화한 자료들과는 달리 표점본은 표점 자체가 다양한 검색어로 활용되면서 자료의 효용성을 극대화시켜주고 있다. 가령 인명 · 지명 · 서명 등에 부여한 표점 기호의 경우 자료의 구조를 표시해주는 마크업 기호로 활용되면서 해당 사안들을 일괄적으로 추출할 수 있게 해준다.

이렇게 부가된 표점 기호는 다양한 검색어로 활용할 수 있다. 『조선왕조실록』에 등장하는 인명, 지명, 서명 등의 색인 항목을 단번에, 그리고 일목요연하게 뽑을 수 있는 것이다. 이 방법으로 실록을 검색하면 『태조실록』에서 『철종실록』에 이르는 470여 년간의 역사 기록에서 106,143개의 인명, 25,737개의 지명, 6,675개의 서명이 나타난다.

그중 일본인명이 2,553개, 일본지명이 806개, 몽골만주인명이 5,735개, 몽골만주지명이 1,286개에 달한다. 이런 자료를 『국조인물지』나 『문과방목』 등을 통해 접할 수 있는 인적 사항들과 비교 검토해보면 더욱 입체적인 정보를 얻을 수 있을 것이다.

『표점 · 교감 조선왕조실록』은 CD-ROM 간행과 함께 온라인 데이터베이스화되어 2006년부터 국사편찬위원회에서 인터넷으로 국역 조선왕조실록과 서비스하고 있다(http://sillok.history.go.kr).

4) 의미와 전망

이상에서 살펴본 바와 같이, 입력 및 운영 소프트웨어 개발 과정 및 표점 · 교감 과정을 거쳐 완성된 『표점 · 교감 조선왕조실록』은 한국학 연구와 정보화라는 차원에서 다음과 같은 의미를 갖는다.

우선 『표점 · 교감 조선왕조실록』은 한문 원전의 디지털화 작업에서 하나의 이정표가 될 것이다. 특히 '표점'과 '교감'이라는 고도의 지적인 행위를 거쳐 일차 한문 사료를 전산화에 적합한 지식정보로 가공 처리했다는 점에서 그러하다.

『국역 조선왕조실록』은 한문에 익숙하지 않은 한글세대가 많이 이용했으며, 그 자체로 『조선왕조실록』에 대한 관심을 제고시켰다. 그런데 전문가와 연구자들은 물론이고 역사와 문화에 많은 관심을 갖고 있는 일반인조차 한문 원문을 직접 확인하고 싶어 하는 경우가 많았다. 이제 그들은 『표점 · 교감 조선왕조실록』을 통해 『조선왕조실록』의 한문 원문 자료를 이용할 수 있을 것이다. 아울러 한글보다는 동아시아 문화권의 공용 문자였던 한문에 더 익숙한 외국의 한국학, 나아가 동양학 연구자들도 『표점 · 교감 조선왕조실록』을 많이 활용하게 될 것이다. 그것은 곧 '한국학의 세계화'를 촉진하는 길이다.

또한 『표점 · 교감 조선왕조실록』에는 국사편찬위원회가 1979년부터 1994년까지 작업한 『조선왕조실록』 분류사 간행사업의 성과가 반영되어, 태조에서 철종까지 43만 건에 달하는 기사 분류 색인을 볼 수 있다(【부록 2】『조선왕조실록』 분류 편찬 항목 참조). 또 원전의 위치 정보도 제공하고 있어 한문 영인본의 해당 페이지를 확인할 수도 있다. 이는 실록의 활용 범위를 경제, 사상, 군사, 민속, 과학, 예술사 등 다방면의 분야사로 확대하는 데 크게 기여할 것이며, 이용자는 다양한 검색 방법을 통해 조선왕조실록을 활용할 수 있을 것이다.

그리고 『표점 · 교감 조선왕조실록』에는 국역 『조선왕조실록』 데이터베이스 개발 시 구축한 정보를 부가함으로써 정보 활용의 편의성을 증대시켰다. 예컨대 36만여 개의 「기사제목」이 부가됨으로써 이용자가 검색된 기사의 내용을 한눈에 일별하여 취사선택할 수 있다. 「기사제목」만도 300페이지짜리 책 50권에 이르는 분량이다. 따라서 컴퓨터에서 제공하는 복합 연산자 기능을 병용하게 되면, 훨씬 다양한 정보를 얻을 수 있을 것이다.

『표점 · 교감 조선왕조실록』의 간행은 우리의 귀중한 기록유산이 21세기의 디지털 기술에 의해 다시 태어나게 되었다는 점에서 정보화 사회, 지식기반 사회에 부합하는 하나의 이정표라 할 수 있으며, 지식과 정보화가 서로 연결되는 지식정보화의 결정체라고 하겠다. 이를 통해 조선시대사 연구 수준의 심화는 물론이고, 학제 간 연구의 활성화, 나아가 한국학의 세계화에 기여할 수 있을 것으로 기대한다.

5
『고종 · 순종 실록』의 디지털화[10]

1) 간행 과정

정보 기술의 급속한 발전과 더불어 한국학 분야에서도 각종 연구 자료를 전산화하고자 하는 노력이 급속하게 증가하고 있다. 방대한 자료를 상호 연관성 있게 데이터베이스로 구축한 뒤 컴퓨터에서 제공하

10 이남희, 「고종 · 순종실록의 전산화」, 『21세기 정보화시대의 한국학』, 한국학중앙연구원, 1998. 이 글을 쓸 당시(1998) 문화관광부와 한국문화정책개발원이 공동으로 조사한 바에 따르면 컴퓨터 보유 가구는 전체 가구 수의 49.6%였다. 국내 사무용 PC의 보유대수는 세계 12위, 가구당 보유대수는 세계 15위에 달했다(『전자신문』, 1998. 3. 20). 그리고 1998년 1월 국내 인터넷 이용자 수는 200만 명으로 추정된다. 이는 약 1억 6,000만 명으로 추산되는 세계 인터넷 이용 인구의 0.1%에 불과하다. 미국은 5,400만 명으로 전체 절반 정도를 차지했다(골드뱅크, 「인터넷 이용자 조사」, http://www.goldbank.co.kr, 1998. 1). 세계 인터넷 환경은 그 어느 때보다 빠른 속도로 변화하고 있으며 국내 환경 역시 급속하게 변하고 있었다.

는 검색 기능을 활용하게 되면 원하는 정보를 손쉽게 찾을 수 있으며, 연구자들의 생산성도 크게 높일 수 있다.

자료와 정보를 데이터베이스화하고자 하는 노력은 전통 고전 국학 분야에서도 활발히 추진되었다. 서울시스템 한국학DB연구소에서는 1995년 10월 『국역 조선왕조실록』 데이터베이스 개발을 완료하여 CD-ROM으로 간행했으며, 이어 1998년 5월에는 국역문과 한문 원전을 동시에 탑재한 『고종 · 순종실록』 데이터베이스 전자도서를 개발했다.

『CD-ROM 조선왕조실록』의 학술적 · 문화적 가치는 이미 입증되었다. 그러나 한 가지 아쉬운 점이 있다면, 바로 조선시대 종반부, 즉 고종 · 순종시대에 대한 기록이 빠졌다는 점이다. 고종 · 순종 부분이 빠진 가장 큰 이유는 당시까지 두 왕대의 실록이 우리말로 번역되지 않았기 때문이다. 역사학계에서 그 부분의 번역을 기피한 이유는 일제강점기에 편찬되었기 때문에 민족사의 정통성을 저해하는 시각이 결부되어 있지 않을까 하는 일종의 우려 때문이었다. 그러나 설사 그 기록 속에 그런 측면이 있다고 하더라도 엄연히 존재하는 역사 기록의 존재 자체를 외면할 수는 없을 것이다. 오히려 그러한 사료들을 더욱 치밀하게 검토하고 비평을 가함으로써 역사의 진실한 모습을 규명할 수 있을 것이다.

『고종 · 순종실록』은 조선의 제26대 왕 고종 45년(1863~1907), 제27대 왕 순종 4년(1907~1910)과 순종 퇴위 후 17년 등 63년간의 사실을 앞서의 『철종실록』의 체재, 편책의 예에 따라 기술한 역사서로서, 순종 사후 1927년 4월 1일부터 1935년 3월 31일까지 이왕직(李王職)의 주관하에 만 8년에 걸쳐 모두 74권 60책 3,781장으로 편찬되었다. 특히 세계 각국과의 여러 조약문, 관제의 개폐, 관직의 임명과 해임, 각사(各

〈그림 3.23〉『국역 · 원전 고종 · 순종실록 CD-ROM』(1998)

司) · 각영(各營)의 회계부, 상소문 등의 기사를 충실히 싣고 있다. 또한 갑오경장 이후의 조칙 등을 원문 그대로 전재하고 있을 뿐만 아니라 조서 · 칙령 · 법률 등을 거의 망라하고 있다. 그런 까닭에 한국근대사 연구에서 간과할 수 없는 중요한 자료라고 하겠다.

여기서는 필자가 직접 작업에 참여했던『고종 · 순종실록』데이터베이스 개발 과정을 소개하고, 이를 통해 21세기 정보화 시대에 한국학이 지향해야 할 방향을 제시해보고자 한다. 특히 인문학 연구자들이 고전 국학 자료의 데이터베이스 구축을 위해 담당해야 할 역할과 그 역할에 관련된 기술적 사항에 대해 언급하고자 한다.

2) 개발 과정

『고종 · 순종실록』의 자료적 가치를 높이고 이 분야의 전문 연구에 대한 기여도를 증진시킨 『고종 · 순종실록 CD-ROM』의 제반 기능들은 원시 데이터에 대한 엄밀한 검증 · 가공 작업과 데이터베이스 운영 소프트웨어 개발의 노력에 의해 이루어졌다.

컴퓨터에 대한 이해가 깊지 않은 사람들은 '문자'를 기계적으로 입력해 넣기만 하면 곧 전산화가 이루어지는 것으로 이해하는 경우가 많다. 문자 데이터의 입력 작업은 데이터베이스를 구축하는 데 있어 빼놓을 수 없는 부분이지만, 전체 공정으로 본다면 일부분에 지나지 않는다. 실제로 고전 자료를 전산 입력하는 작업은 능률적인 기계 장치와 전문 훈련을 받은 오퍼레이터에 의해 훨씬 더 신속하고 정확하게 수행될 수 있다. 따라서 고전 자료 데이터베이스 구축을 위해 인문학 연구자들이 담당해야 할 일은 입력 자료의 검증이나 자료 간의 연관성을 부여하는 일이라고 할 수 있다.

전산 기술자들은 대상 데이터가 컴퓨터 내에서 모두 부호화될 수 있도록 코드체계를 정하고 그에 상응하는 서체를 개발해야 하며, 데이터베이스에 수록될 정보를 입력하는 소프트웨어 역시 개발해야 한다. 상용한자 이외에 벽자를 상당수 포함하는 전문적인 한문 자료는 상용 워드프로세서로 입력할 수 없기 때문에 별도의 입력 에디터 개발이 필요하다. 원전에 쓰인 모든 한자와 한글 고어는 전자적으로 재현할 수 있도록 디지털 서체를 제작하여 구현했다. 이어 구축된 데이터베이스를 사용자가 손쉽고 빠르게 찾아볼 수 있게 해주는 정보 검색 소프트웨어의 개발이 뒤따라야 한다. 예컨대 한문 자료 구조에 가장 적합한 데이터베이스 구조 및 색인어 추출 방법, 방대한 어휘로 이루어진 색인 파일에서 최단 시간에 검색 어휘를 찾아내는 방법 등을 구현해야 한다. 이 같은 요소 기술의 개발이 이루어졌을 때 비로소 유용한 데이터베이스가 구축될 수 있다.

그런데 데이터베이스 개발의 성패 여부는 시스템의 기능보다는 자료의 정밀성에 의해 좌우된다. 자료에 대한 교정 작업에서 중요한 것은 용어 및 체제 정리 지침을 마련하는 것이다. 전산 데이터는 어디까지나 유용한 정보 검색을 목표로 만들어지는 것이므로 용어나 표기 원칙은 일관성을 지니고 있어야 한다.

이에 전산화를 위한 지침과 표준화 작업이 필요하다. 데이터베이스 개발 과정에서 표기 및 체제 통일 지침 시안을 마련하여 입력 및 교정 업무에 반영시켜야 한다. 『고종 · 순종실록』의 체제 통일은 앞서 축적된 『조선왕조실록』의 간행 경험을 바탕으로 보다 손쉽게 진행될 수 있었다. 이처럼 전산화 과정에서 용어 및 체제의 통일은 정보를 검색하는 데 있어 관건이라고 할 수 있다. 이는 고전 국학 자료의 국역뿐 아니라 데이터베이스 구축에 있어서도 반드시 주의해야 할 점이다.

『고종 · 순종실록』 데이터베이스에는 원전 및 국역본의 ○표를 한 기사로 하여 각 기사마다 그 기사 내용을 축약 표현한 「기사제목」을 작성했다. 「기사제목」은 자료를 검색하고 열람할 때 내용 파악을 용이하게 해준다. 이는 데이터베이스 이용자들의 편의를 도모하고 연구 효율성을 증진시키기 위해 첨가한 것이다.

- 기사 전체 내용의 요지와 기사가 다루고 있는 주제의 범위가 파악될 수 있도록 하되, 기사의 결론이 중요할 경우에는 결론 부분까지 명확히 드러나도록 한다.
- 색인어 검색과 관련, 「기사제목」을 보고도 찾고자 하는 내용이 들어 있는지의 여부를 판단할 수 있도록 표현한다.

- 「기사제목」은 해당 기사의 주제가 되는 주요 개념이나 내용이 잘 드러나는 단어 또는 어구를 주제어로 삼아 문장을 구성한다.
- 「기사제목」의 길이는 40자 이내로 하는 것을 원칙으로 하고, 마침표는 생략한다.
- 「기사제목」에 한자는 병기하지 않는 것을 원칙으로 한다.
- 왕을 주체로 서술하는 것을 원칙으로 한다.
- 「기사제목」에서 인명이 나열될 경우 중간점으로 열거를 표시한다.
- 졸기(卒記)의 「기사제목」은 「관직명 + 인명의 졸기」 형태로 통일한다.
- 여러 분야의 내용을 포괄하는 상소문, 구언, 표문, 자문 등의 「기사제목」은 '… 등에 관한 상소문' 형태로 통일하는 것을 원칙으로 한다.

이와 같은 「기사제목」 추출 작업은 인문학 전문 연구자들이 위의 지침에 따라 동일하게 진행하도록 했다. 「기사제목」을 참조하면 검색한 기사를 한눈에 일별하여 취사선택할 수 있다. 또한 「기사제목」 안의 단어들은 검색 접근점으로 쓰일 수도 있게 했다. 「기사제목」 수는 『고종실록』과 『순종실록』이 3만 2,803개이다. 참고로 『태조실록』에서 『철종실록』까지의 「기사제목」 수는 36만 2,161개였다. 『철종실록』까지는 졸기(卒記)가 수록되어 있어 「기사제목」에서 「관직명+인명의 졸기」 형태로 통일했으나, 『고종실록』과 『순종실록』에는 졸기가 보이지 않는다.

『고종 · 순종실록 CD-ROM』은 번역문과 함께 구두점을 병기한 한문 원전을 데이터베이스에 함께 수록함으로써 모든 기사들을 대조 열람할 수 있다. 『고종 · 순종실록』의 서술 순서에 따라 목차 메뉴를 구성했으며, 고종 즉위년(1863)부터 순종 퇴위 후 19년(1926)까지의 실록 기사를 연, 월, 일 순으로 차례로 검색할 수 있다(〈그림 3.24〉와 〈그림 3.25〉 참조).

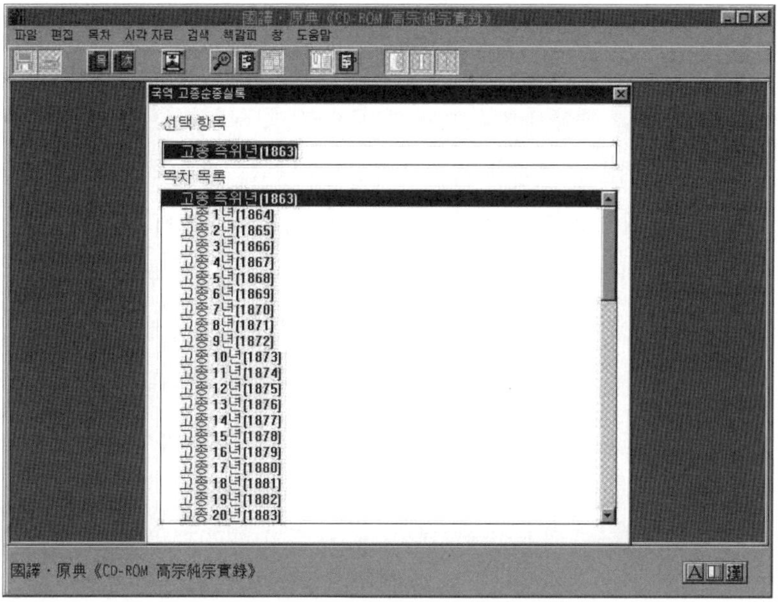

〈그림 3.24〉『고종 · 순종실록 CD-ROM』 국역 연대순 목차

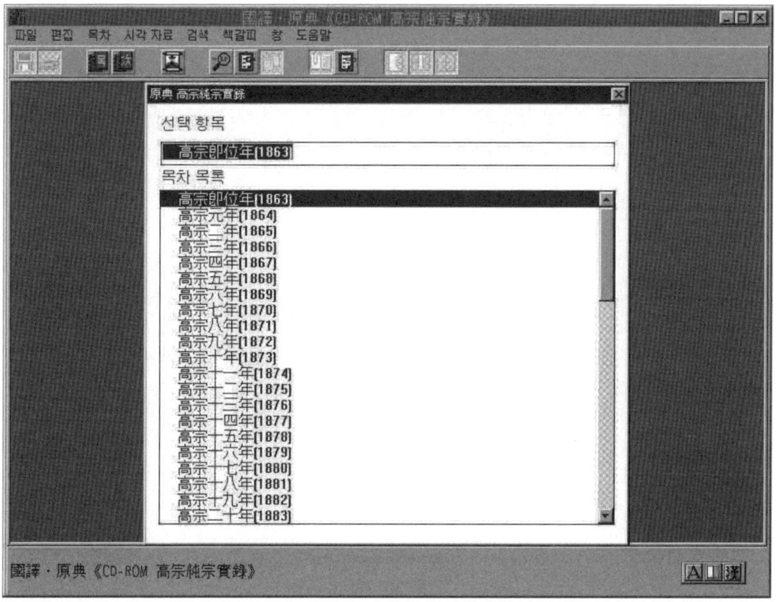

〈그림 3.25〉『고종 · 순종실록 CD-ROM』 원전 연대순 목차

검색 시 한글과 한문 어느 쪽의 글귀로도 자료를 찾을 수 있도록 검색 시스템을 향상시켰다. 이에 한문으로 기록된 원 사료의 내용을 낱자(一字) 단위로 자유롭게 검색할 수 있게 되었다. 예컨대 '奴'를 검색하면 107건의 기사를 확인할 수 있으며, '婢'의 검색 결과는 26건 찾을 수 있다. 이를 통해 19세기 후반 공노비, 사노비제의 혁파에 힘입어 노비제도가 형해화된 이후의 노비 신분에 대한 역사적 사실을 밝혀낼 수 있다. 또한 이용자가 찾고자 하는 단어의 검색 범위를 '국역 본문, 국역 제목, 한문 원문'으로 설정할 수 있다. 선택한 본문 기사 창에는 인접 자료 이동 아이콘, 국역 · 원전 참조 아이콘, 검색한 결과만을 열람할 수 있는 아이콘 등이 설정되어 있어 유관 자료로 바로 이동할 수 있다. 이러한 기능은 이용자들에게 많은 편의를 제공할 것이며, 특히 전문 학자들의 연구 활동 영역을 확대할 수 있을 것으로 여겨진다(〈그림 3.26〉~〈그림 3.28〉 참조).

고종 · 순종실록 데이터베이스에 수록된 정보는 계층적 열람, 어휘 검색, 하이퍼텍스트 링크 등에 의해 다각적으로 검색할 수 있도록 했다. 언제라도 열람 중인 검색 결과 목록이나 해당 기사의 국역문, 한문 원전 자료를 바로 참조하여 활용할 수 있는 상호 참조 기능도 주목된다(〈그림 3.29〉 참조).

이 밖에 자료 검색 이력 관리, 책갈피 기능, 검색 결과의 저장 · 인쇄 기능 등을 제공했다. 『고종 · 순종실록』은 앞서 『태조실록』에서 『철종실록』까지 수록한 『국역 조선왕조실록』과 같은 인터페이스를 최대한 유지함으로써 사용자들의 편의를 도모했다.

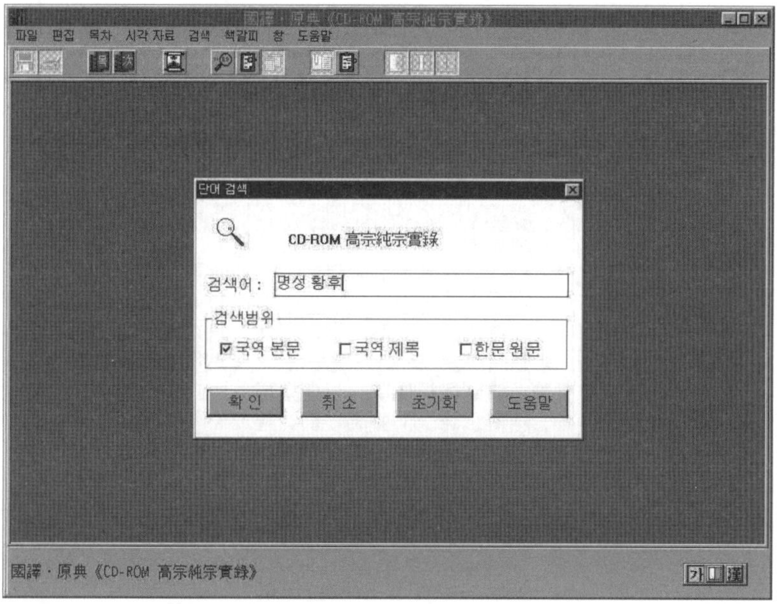

〈그림 3.26〉『고종 · 순종실록 CD-ROM』 검색

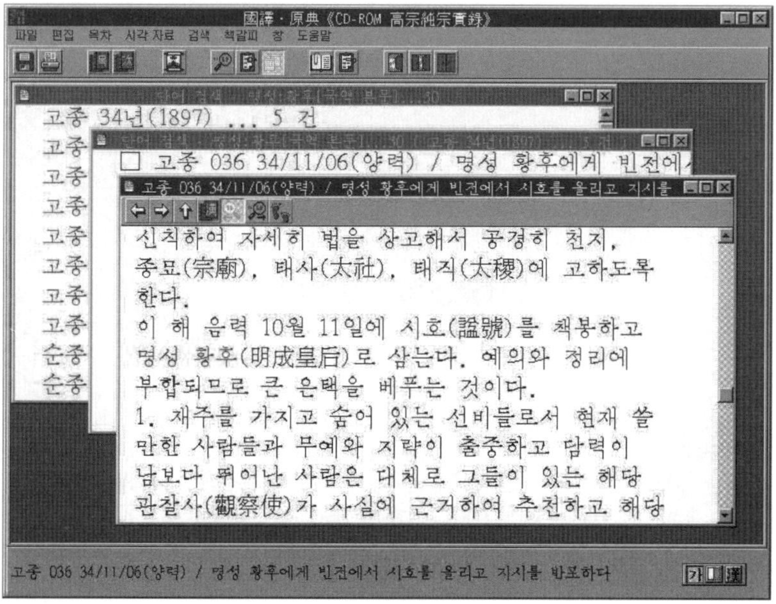

〈그림 3.27〉『고종 · 순종실록 CD-ROM』 국역 검색 결과

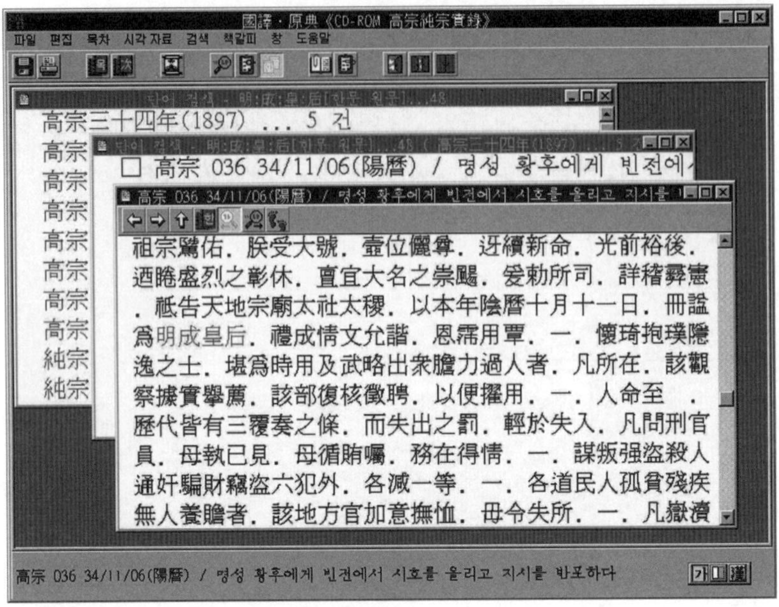

〈그림 3.28〉『고종 · 순종실록』 CD-ROM 원전 검색 결과

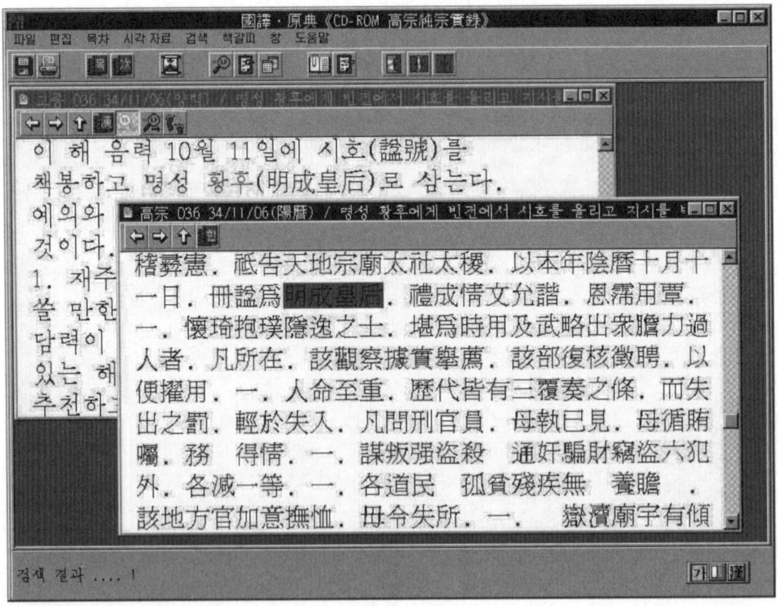

〈그림 3.29〉『고종 · 순종실록』 CD-ROM 상호 참조 기능

3) 디지털화 전망

인터넷이란 네트워크를 상호 연결하여 정보 통신망 사이의 장벽을 해소한 것으로, 미 국방부 산하의 각 조직에서 각각 독립된 정보 통신망을 운영하던 것을 하나로 묶고자 하는 시도에서 출발했다. TCP/IP(Transmission Control Protocol/Internet Protocol)라는 통신규약을 여러 통신망 사이의 정보 교류를 위한 공통 규약으로 채택했다. 서로 컴퓨터 기종이 다르고 제작 회사가 다르다고 하더라도 자유롭게 통신을 주고받을 수 있는 고속도로와 신호 체계를 갖추고 있다.

웹(World Wide Web)은 인터넷 상에서 가장 광범위하게 쓰이고 있는 정보 서비스 방법이다. 인터넷 상에 웹이 등장함으로써 인터넷 서비스가 텍스트 위주의 서비스에서 멀티미디어 서비스로 변화하게 되었으며, 웹은 가장 일반적인 멀티미디어 정보 서비스 방법이 되었다. 그런데 웹을 위한 기본적 문서 형식인 HTML(Hyper Text Markup Language)은 문서를 구조적으로 표현하고 유관 자료를 연계할 수 있는 기능을 제공해주지만, 방대한 자료에 대한 검색 기능을 지원하지는 않는다. 따라서 웹 상에서 정보에 대한 접근이 다각적으로 이루어질 수 있도록 하기 위해서는 웹 서버(Server)와 정보검색엔진의 연계 기능이 구현되어야 한다.

일반적으로 웹서버와 정보검색엔진과의 연계는 게이트웨이(gateway) 프로그램의 구현을 통해 이루어진다. CGI(Common Gateway Interface)는 웹서버와 다른 프로그램(DBMS, IRS 등) 사이를 연계시켜주는 프로그램이다. 클라이언트가 URL(Uniform Resource Locator)을 요청할 때마다 서버는 그에 해당하는 게이트웨이를 실행하고, 게이트웨이의 실행 결과는 다시 서버를 통해 클라이언트에게 전달된다.

데이터베이스에 구축된 자료를 웹 방식으로 서비스할 경우 사용자는 넷스케이프(Netscape), 인터넷 익스플로러(Internet Explorer) 같은 보편적인 웹 브라우저를 이용하여 정보를 검색할 수 있다. 이 경우 서버 쪽에서 운영되는 게이트웨이 프로그램은 이용자의 웹 브라우저가 발생시킨 메시지를 수신하고, 이를 데이터베이스 검색 명령으로 치환하여 데이터베이스를 검색하고 검색된 결과를 HTML 파일 형태로 만들어 이용자에게 송신한다.

인터넷은 도서관처럼 자료와 책을 보관하고 관리하는 기능이 없기 때문에 그 대안으로 '인터넷 아카이브(archive)' 프로젝트가 추진되고 있다. 미국 샌디에이고대학교 슈퍼컴퓨터센터에서는 정보 수집 컴퓨터를 활용하여 인터넷 상의 모든 정보를 다운받아 보관하고 있다. 이러한 작업은 특정 기간의 웹이 어떤 내용과 성격을 지녔는지를 연구하는 후세 역사가들에게 귀중한 기록물이 될 것이다. 인터넷을 통해 고전 국학 자료가 제공될 수 있다는 점에 주목한다. 인터넷 웹 페이지의 평균 수명이 70일에 불과하다는 것을 볼 때,[11] 고전 국학 자료는 지난 역사의 기록이라는 측면에서 오히려 장점을 가질 수 있기 때문이다.

또한 국내는 물론이고 외국 연구자들이 필요로 하는 국문, 역사 등 전문 정보, 고유한 특정 정보를 언제든지 제공해줄 수 있다. 따라서 인문학 분야 역시 첨단 정보과학기술의 발달과 더불어 앞으로 나아가야 한다. 실제로 학술연구기관을 중심으로 이러한 사업이 실행되고 있다. 한국학중앙연구원에서는 『역주 삼국사기』와 『문과방목』, 국사편찬위원회에서는 『국역 비변사등록』과 『한국사연구휘보』, 서울대학교 규장각에서는 『경국대전』 등 고전 원문 자료와 『규장각도서해제』 등을 전산화하여 온라인 서비스를 제공하고 있다.

11 김상현, 「디지털은 영원한가」, 『뉴스플러스』, 동아일보사, 1998. 3. 5.

국내외에서 연구자들이 인터넷을 통해 전통 국학 자료와 정보를 자유롭게 검색하고 활용할 수 있다면, 풍부한 연구 자원 제공으로 한국학 연구는 한층 더 촉진될 것이다. 또한 인터넷을 통해 제공되는 고전 국학 자료는 한국학을 세계에 널리 알리는 데 크게 기여할 것이며, 정보 문화 상품 개발을 위한 국제 간 협력 사업도 유도할 수 있다.

이런 추세로 보면 인터넷을 통해 고문서 자료를 화상으로 서비스하는 것이 적극적으로 검토되어야 한다. 이는 수집된 자료를 탈초해 영인본(흑백)으로 간행하는 재래의 방식에 비해 여러 측면에서 생산성을 향상시킬 수 있다. 그렇게 되면 누구나 언제든지 컬러 스캐닝된 고문서 자료를 인터넷 상에서 제공받을 수 있고, 독해하기 어려운 글자는 컴퓨터의 부분 확대 기능을 통해 확인할 수 있게 될 것이다.

그동안 필자는 실록 이외에도 조선시대 생원, 진사 시험 합격자 4만여 명에 대한 신상정보가 담긴 『사마방목(司馬榜目)』, 서울특별시사편찬위원회에서 간행한 『서울600년사』, 전통의학 정보를 총망라한 서울대학교 천연물과학연구소의 『전통 동양 약물 데이터베이스』, 우리의 전통 민속과 문화를 멀티미디어 자료와 함께 수록한 디지털 전자도서 『한국의 그림』, 『중요 무형문화재』 등 한국학 자료의 전산화 및 데이터베이스 구축 작업을 진행해왔다.

그 같은 작업을 진행하면서 한 사람의 역사 연구자로서 느낀 점 역시 적지 않았다. 이에 고전 국학 자료의 데이터베이스 구축을 기획하고 있는 분들과 앞으로 기획하고자 하는 분들이 참고할 만한 점을 말씀드리고자 한다. 고전 국학 자료의 원활한 인터넷 서비스를 위해서는 전자 출판 시스템과 연계 운영할 수 있는 데이터베이스 제작 기능, 인문학 연구자와 같이 전산 분야 비전문가에 의해서도 수행될 수 있는 데이터 편집 기능, 방대한 자료 속에서 필요한 자료를 적시에 찾을 수 있는 정보 검색 기능, 그리고 학술용 한자의 네트워크 서비스 기능이 수반되어야 한다.

고전 국학 자료의 데이터베이스 개발은 전산 기술자나 인문학 연구자 어느 한쪽의 노력만으로는 이루어질 수 없다. 요컨대 두 분야의 연구자들이 서로 긴밀하게 협력하여 공동 작업을 추진해나갈 수밖에 없다. 자료의 구성요소를 적절히 분석하여 구조를 드러내는 일은 자료의 성격을 정확하게 아는 사람만이 할 수 있다. 이러한 일들을 수행할 수 있는 고전 국학 연구자의 전문적인 지식과 컴퓨터 기술진의 고난도 소프트웨어 개발 및 서체 개발 노력이 한데 어우러져 전통 고전 국학 자료를 전자도서관, 초고속 공중 정보 통신망, 범지구적 네트워크인 인터넷을 통해 정보를 인프라화할 수 있는 연구와 작업을 적극적으로 추진해나가야 할 것이다.

6
실록 디지털화 묻고 답하기[12]

토론자 1

지금 보면 타이틀 형태로 제작된 것 같은데, 인터넷으로는 서비스가 안 되고 있지요. 그리고 또 마크업(mark-up)에 대해 말씀하셨는데, 마크업은 어떤 방식으로 하셨는지요? 메타데이터에 대한 마크업 방식에 대해 조금 더 말씀해주셨으면 좋겠습니다. 시스템 환경이 많이 다른 이용자들이 인터넷 상으로 동시에 접근했을 때 사실상 CD-ROM의 구성 체계와 상당히 많은 기술적 차이를 보여야 할 것 같은데, 그런

12 이 부분은 유네스코 한국위원회가 개최한 국제학술회의에서 필자가 발표한 논문(「The Digitization of Documentary Heritage: the case of Choson Wangjo Silok」, *Digitization of Documentary Heritage by Utilization High-Technology*, 유네스코 한국위원회 · 청주시, 2001. 6. 30.) 「한국 기록유산 디지털화의 현재와 미래: 조선왕조실록 사례를 중심으로」의 종합 토론 내용을 정리한 것이다. 실록 디지털화를 이해하는 데 도움이 될 것이라 생각한다.

것에 대해 혹시 계획이 있으신지요? 그리고 마지막으로 보여주신 자료를 보면, 그것이 스캐닝한 것은 아니지요? 데이터를 보면 인명, 서명 등에 통계치를 내셨는데 그 작업이 스캐닝을 안 하셨으면 상당한 작업이었을 것으로 여겨집니다. 파일 사이즈는 어느 정도 되는지 궁금하여 질문 드립니다.

토론자 2

제가 말씀드리고자 하는 것은 기술적인 문제보다는 일종의 저작권(copyright) 문제입니다. 활용 문제에 있어서 기업 쪽에서 볼 때는 저작권에 대한 문제가 어느 정도 관련이 될 것으로 여겨지는데, 퍼블릭 도메인(public domain) 기능과 저작권의 개념이 상충될 수밖에 없지 않은가 하는 점입니다. 경영하시는 분의 입장에서 접점을 어디서 찾으시려고 노력하고 계시는지요? 다른 나라에 쓰일 기록유산을 데이터베이스화할 때도 카피라이트 문제가 연관이 되기 때문에 한국의 경우는 어떤 입장을 취하고 있는지 궁금하여 문의를 드립니다.

발표자(이남희)

좋은 질문 감사드립니다. 순차적으로 간략하게 답변 드리도록 하겠습니다. 실록을 CD-ROM 매체에 수록했지만 인터넷 서비스는 예정하고 있습니다. 사실 1995년 CD-ROM에 담을 때만 하더라도 『조선왕조실록』은 세 장의 CD에 수록됐습니다. 그 뒤 컴퓨터 환경의 변화에 맞춰 네 차례의 업그레이드본을 출시했으며, 기술력의 신장에 따라 한 장의 CD에 수록할 수 있었습니다. 디지털화가 되면 매체 변화라든지 환경변화에 능동적으로 따라갈 수 있다는 점을 강조하고자 합니다.

다음으로 마크업에 관해서는 국가 표준으로 지정되어 있는 XML을 지향하고 있습니다. 당시 전산화 작업을 추진하던 1993년 상황에서는 SGML이 논의되고 있었지만 표준화에 관해서는 아직 사회적인 관심이 거의 없던 시기였습니다. 한국학DB연구소에서는 연대기 자료인 『조선왕조실록』의 데이터 성격에 맞는 레벨구조에 맞춰 DB를 구축했습니다. 그러면서 SGML에서 가지는 데이터의 성격을 밝히는 형식을 최대한 반영했습니다. 요컨대 DB 자체가 형식적으로 표준화되어 있기 때문에 XML이라든지 표준화로 가는 데 어려움이 없을 것으로 여겨집니다.

다음 질문은 역사기록물의 인터넷 서비스에 관련한 것이었는데요. 여기서 가장 관건이 되는 문제가 바로 한자 처리라고 생각합니다. 한국의 경우 19세기 이전 역사기록물의 거의 대부분이 한자로 쓰였다는 점에 주목해야겠습니다. 유니코드가 2만 7,484자(Extension A 포함)를 구현하고 있지만, 내용적으로 보면 중국 · 대만 · 일본 등의 국가 코드를 그대로 수용함으로써 동자 이체자가 많습니다.

한 연구기관의 조사에 따르면 절반 이상이 이체자 상관관계를 가지고 있다고 합니다. 즉 실질적으로 역사기록물을 웹서비스 한다고 했을 때, 유니코드 체계 안에 수용되지 못하는 한자가 나타난다는 것이지요. 그렇다면 처리되지 못하는 한자들은 어떻게 할 것인가 하는 문제가 남게 됩니다. 그것은 제가 발표문에서도 언급했듯이 국역 『조선왕조실록』을 보면 KS코드 1수준, 외국인 연구자분께서는 이 말을 이해하기가 좀 어렵겠습니다. 예를 들어 국내 연구자 여러분이 흔글을 사용했을 때 한자를 선택하면 앞부분에 검정색으로 나오는 그것이 바로 KS 1수준에 해당되는 4,888자입니다. 국역 실록을 보면 빈도수에 있어서는 98.5%의 한자가 4,888자 안에서 사용되고 있습니다. 그러니까 거의 대부분이 우리가 다 알고 있는 한자로 사용되고 있습니다.

그런데 글자의 종류에 있어서는 KS 1수준 이외의 한자가 50%를 상회하고 있습니다. 극소수의 한자가 빈도수에 있어서는 적지만, 글자의 종류 면에서 굉장히 많다는 것입니다. 이것을 구현하는 문제가 남습니다. 물론 기술환경에 있어서 "한자가 뭐가 그리 중요하겠느냐?"는 말씀도 하실 수 있겠지만, 어떻게 전통 역사문화 관련 기록물들을 첨단매체에 연속성으로 가져갈 것이냐 하는 문제와 관련하여 중요하다고 강조하고 싶습니다.

물론 그렇다고 하여 모든 한자에 대해 이체자를 허용하자는 입장은 아닙니다. 그런 입장에 대해서는 발표문에서 상세히 설명했기 때문에 여기서는 생략하겠습니다. 답변이 길어졌지만, 인터넷환경에서 고려되어야 할 점은 이상에서 언급한 확장한자 처리 문제, 다양한 문자환경에서 검색을 위한 한자 입력기 문제, 한적 자료에 적합한 검색 시스템 구현 문제 등이 있습니다.

그다음은 한문 원전 작업에 관한 부분입니다. 원전 데이터는 전용 워드프로세서를 통해 입력한 것입니다. 『조선왕조실록』 원문 5,000만 자를 모두 입력했습니다. 입력 방법은 여러 가지를 검토했는데, '뿌리법'이라는 한자고속입력법으로 이루어졌습니다. 한자의 성분을 분석해보면 240개 정도의 부수로 나눠집니다. 한자가 2만 자다, 8만 자다, 10만 자다 하지만 한자의 구성요소는 결국 240개의 부수가 조합하여 나타난다는 거죠. 그래서 240개의 한자를 40개의 키보드상의 자판에 전부 배분시켰습니다. 이와 관련해서는 발표문의 그림을 참조해주시기 바랍니다.

마지막 질문은 데이터의 저작권 문제에 해당된다고 하겠습니다. 『조선왕조실록』의 경우에는 국가기록유산으로 원전 텍스트에 대한 저작권은 해당되지 않는다고 할 수 있겠습니다. 국역 실록이 전산화되기 위해 데이터의 입력에서부터 운영 프로그램 및 서체 개발, 패키지 제작 등 모든 작업을 저희가 직접 진행했습니다. 그것이 가능할 수 있었던 것은 세종대왕기념사업회와 한국고전번역원이 26년간 축적해 온 번역 성과물이 있었기 때문입니다. 따라서 번역물에 대한 저작권은 이 두 기관이 가지고 있으며, 저희는 구축된 데이터베이스, 프로그램, 서체 등에 관한 저작권을 가지고 있습니다. 판매 수량에 따라 일정한 저작권료를 지급하고 있지요. 참고로 『삼국사기』(한국학중앙연구원), 『고려사』(동아대학교) 등의 역사 기록물의 저작권도 그렇게 처리하고 있습니다.

자료의 전산화는 검색을 통해 연구 생산성을 높일 수 있다는 점에서, 또 자료의 보존이라는 측면에서도 유용합니다. 유네스코가 지정한 세계기록유산인 『조선왕조실록』의 디지털화는 1995년 『CD-ROM 국역 조선왕조실록』이 간행된 이래 계속하여 이어지고 있습니다. 조선의 역사서이기 전에 동아시아의 역사서라고 할 수 있는 『조선왕조실록』이 국역본과 함께 한문 원전도 전산화됨으로써 자료의 활용이 극대화될 것으로 생각됩니다. 다시 한 번 『조선왕조실록』이 첨단 디지털 자료로 새롭게 태어나게 될 것입니다.

사회자

게이오대학교 이와이 박사님께서는 구텐베르크 성서를 디지털화하는 데 카메라를 사용했지 않습니까? 『조선왕조실록』은 사람 손으로 일일이 입력했다는 데 방식상의 큰 차이가 있는 것 같습니다. 이와이 박사님의 발표를 듣고 혹시 그쪽의 기술을 이 같은 작업에 어떻게든 이용할 가능성이 존재한다고 보십니까?

발표자(이남희)

디지털 자료의 활용이라는 측면에서 다른 요소라고 생각합니다. 디지털카메라라든지 스캐닝을 통해 DB를 구축했을 경우 장단점이 있습니다. 스캐닝했을 경우, 가장 큰 장점은 원본 그대로 보존할 수 있다는 것이죠. 그리고 그것은 필요한 요소입니다. 예를 들어 청주에서 서울로 가서 서울대 규장각에 있는 자료를 본다면, 시간적 · 경제적으로 많은 소모가 있을 것입니다. 그런데 스캐닝하여 이미지를 서비스한다면, 세계 어디에서든 시간과 공간의 제약을 받지 않고 자료에 접근할 수 있게 됩니다. 그런 측면에서 필요합니다.

그런데 그와 함께 『조선왕조실록』 데이터베이스 구축 시 주목했던 것은 원전의 원문을 워드프로세서를 통해 입력하는 방법이었습니다. 스캐닝에 비해 경제적으로 비용이 많이 소요되는데 왜 입력 방법을 선택했을까요? 스캐닝을 했을때는 원본 그대로 이미지를 볼 수 있다는 장점이 있는 반면에 거기 들어 있는 정보를 검색할 수 없다는 단점이 있습니다. 최근에는 PDF 파일 자동인식을 통해 보완되고 있지만, 원하는 단어를 검색하기 위해서는 데이터를 입력해야 합니다.

사실 1993년도에 『조선왕조실록』 DB를 구축하면서 가장 중요시했던 것은 전문(full text) 검색이었습니다. 물론 개발 초기단계에서는 여러 가지 논의가 있었습니다. 전문 검색을 했을 때 발생하는 시스템의 부하라든지 이런 것들을 고려하여 당시 개발진에서는 색인을 생성해주자는 의견도 제시되었지요. 결과적으로 모두 전문 색인을 생성했기 때문에 검색 시에 재미있는 검색 결과를 가져올 수 있습니다. 발표할 때 보여드렸던 대로 '가뭄'이라고 검색어를 입력했더니 1초 만에 조선 500년 동안의 관련 기사 4만여 건을 찾을 수 있었던 것입니다.

조선시대에 간행된 실록이 유네스코 세계기록유산에 등재되었지만, 그것이 거듭나서 국역 실록의 경우에도 26년간 3,000여 명의 학자가 방대한 한문 자료를 번역했다는 의미에서 '기록유산'의 성격을 가질 수 있다고 생각합니다. 조금 확대해서 생각하면요. 그렇게 했을 때 사용된 부사라든지 접두사 등은 의미가 없다고 볼 수도 있지요. 그런데 한편으로 "당시에는 한국말에서 '그리고'라는 말을 몇 번이나 번역하면서 썼을까?"라는 궁금증이 생겨 '그리고'라는 단어를 검색하면 2억 자 중에서 '그리고'라는 말이 몇 번 사용되었는지, 그다음에 단어의 변천까지도 모두 검색할 수 있습니다. 정리하면, 이것은 자료의 입력을 통해 얻을 수 있는 장점이라고 할 수 있겠습니다. 그렇기 때문에 저는 실록뿐만 아니라 기록유산의 디지털화는 자료의 원본 이미지 제공과 함께 검색을 위한 입력 자료의 제공이 같이 이루어져야 한다고 생각합니다. 감사합니다.

제4부

방목(榜目)의 디지털화

1. 『잡과방목』의 디지털화
2. 『사마방목』의 디지털화

1
『잡과방목』의 디지털화[1]

1) 잡과와 『잡과방목』

조선시대의 과거제도는 문과, 무과, 잡과로 구성되어 있었다. 그리고 문과의 예비시험으로 생원시와 진사시가 있었다. 이들 과거 중에서 제일 중시되었던 것은 문과 시험이었다. 문과에 합격해야 출세길이 열렸던 것이다. 무과는 무반 관료를 등용하기 위한 시험이었다. 그리고

1 이남희, 「조선시대 잡과방목의 전산화와 중인연구」, 『조선시대의 과거와 벼슬』, 집문당, 2003; 「잡과방목과 한국학 사료 외연 넓히기」, 『장서각』 32, 2014. 『잡과방목 CD-ROM』은 현존하는 조선시대 잡과 시험 합격자와 그 가계에 대한 신상정보를 한 장의 CD에 수록했다는 점에서 주목할 만하다. 그리고 필자가 편찬한 이 데이터베이스는 2005년부터 인터넷을 통해 「한국역대인물종합정보시스템(http://people.aks.ac.kr)」에서 자유롭게 이용할 수 있다. 이로써 자료의 열람, 검색, 편집, 출력 등 『잡과방목』의 효용성을 더욱 높일 수 있게 되었다.

기술관을 위한 잡과 시험은 과거제의 하나이긴 했으나 부차적인 위치에 머물러 있었다.

잡과는 기술직 중인을 선발하는 시험으로 역과, 의과, 음양과, 율과로 구성되어 있었다. 잡과에 합격했다는 사실은 곧 기술관으로서의 입지를 보장해주는 것이었다. 실제로 기술관서의 종6품 이상 참상관으로 승급하기 위해서는 잡과에 합격해야 했다. 부경사행(赴京使行)이나 관직 진출에 있어서 잡과 합격자가 우선시되었다. 잡과는 역관 · 의관 · 음양관 · 율관의 최고 입사로(入仕路)였으며, 관료 충원 체계인 과거제의 일환을 이루고 있었다. 하지만 그 운영에서 특이한 측면을 보여주었다. 대소과의 구별이 없는 단일과로서 식년시와 증광시만 실시되었다. 또한 잡과에는 초시와 복시 두 단계만 있고, 왕 앞에서 시험을 치르는 전시(殿試)는 없었다.

잡과 정원은 모두 46명으로 역과 19명, 의과 · 음양과 · 율과에서 각 9명을 선발했으며, 선발 인원은 식년시와 증광시가 동일했다. 합격자는 등위에 따라 8품에서 9품까지의 관품을 주었다. 하지만 이것은 어디까지나 법전상의 규정일 뿐이다. 실제 잡과 인원을 선발하는 데 어떻게 적용되었는지, 잡과 식년시와 증광시에서 어느 정도의 인원을 선발했는지, 그리고 선발 인원의 규모는 일정했는지, 아니면 시대와 더불어 변화 양상을 보여주었는지 검토해볼 필요가 있다.

이 같은 의문을 풀 수 있는 일차 자료가 잡과 합격자들의 명부인 『잡과방목(雜科榜目)』이다. 『잡과방목』은 현존하는 『역과방목(譯科榜目)』, 『의과방목(醫科榜目)』, 『음양과방목(陰陽科榜目)』, 『율과방목(律科榜目)』 등의 각 과별 잡과 합격자 명부를 총칭한다. 실록 등의 연대기에서는 잡과 운영과 잡과 합격자에 관한 자료를 찾기가 어려우며, 법전에도 잡과와 관련된 규정은 소략하기 때문이다. 방목은 누가 합격했는지 알림으

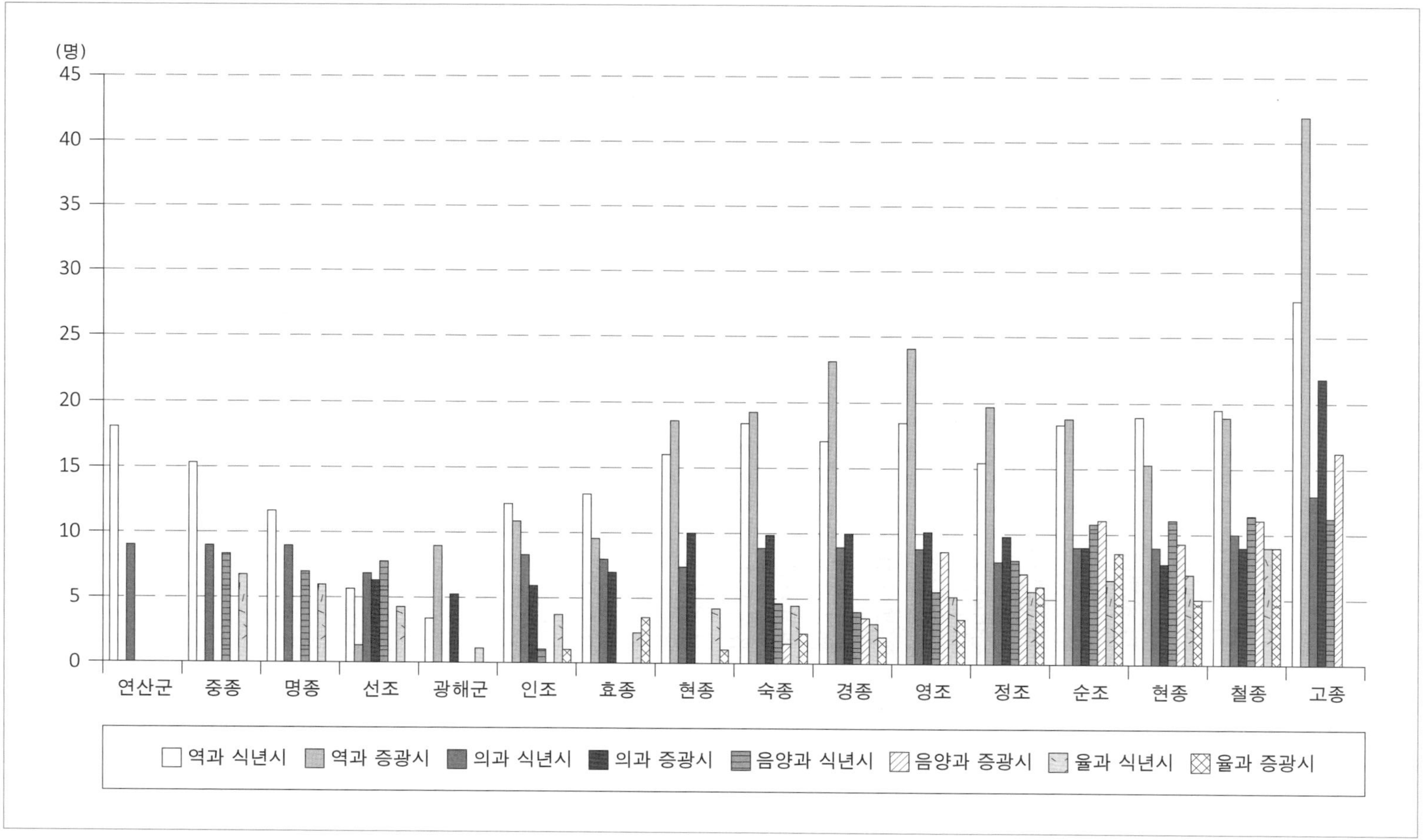

〈그림 4.1〉 왕대별 선발인원

로써 과거시험의 공정성을 알리는 방편이 되기도 했으며, 기재 내용의 정확성을 기하기 위해 녹명단자(錄名單子)를 대조하도록 했다. 또한 15세기 말(1498)부터 19세기 말에 이르는 400여 년에 걸친 방대한 자료가 남아 있다. 따라서 『잡과방목』은 잡과중인을 연구하는 데 있어 가장 기본적인 자료라 하겠다.

조선시대 전체 잡과 합격자의 명단을 수록한 방목은 전하고 있지 않다. 『잡과방목』은 편찬시기와 수록 과목에 따라 '단회방목(單回榜目)'과 '단과방목(單科榜目)'으로 나눌 수 있다. 문과방목의 경우에는 전자를 '단과방목', 후자를 '종합방목'이라 부르고 있다. '단회방목'은 어느 한 시험이 끝난 후 그 시험의 합격자만 수록하여 간행한 방목이며, '단과방목'은 한 과목의 합격자 명단을 전 시기에 걸쳐 종합하여 수록한 방목이다. 즉 단회방목은 한 회분의 방목이며, 단과방목은 『역과방목』, 『의과방목』, 『음양과방목』, 『율과방목』과 같이 집성된 방목을 말한다. 『잡과방목』의 현황을 단회방목과 단과방목으로 나누어 정리하면 〈표 4.1〉, 〈표 4.2〉와 같다.

현전하는 『잡과방목』은 단회방목과 단과방목을 합해서 모두 177회분에 이른다. 이는 조선시대 233회 잡과 중 76.4%에 해당한다. 시기별로 보면 14세기는 없고, 15세기 5%, 16세기 56%, 17세기 98.2%, 18세기 이후는 100%이다. 16세기까지 『잡과방목』의 현존율이 낮은 것은 단과방목이 편찬된 19세기에도 잡과 관련 자료를 수집하기가 쉽지 않았다는 것을 말해준다고 하겠다. 예컨대 『율과방목(律科榜目)』(하버드옌칭도서관)을 보면 합격연도를 알 수 없는 97명이 권두에 수록되어 있다. 방목을 집성하면서 97명의 미상자가 있다는 것은 당시에도 합격연도를 정확하게 파악할 수 있는 자료가 충분치 않았다는 것을 알 수 있다. 97명 중 7명의 합격연도는 필자가 「잡과단회방목」에서 확인할 수 있었

〈표 4.1〉 잡과 단회방목 현황

시험 연도	단회방목명	소장처
① 중종 2년(1507) 식년시	충재선조부군급제방목(冲齋先祖府君及第榜目)	한중연도서관 MF
② 중종 8년(1513) 식년시	계유문무방목(癸酉文武榜目)	한중연도서관 MF
③ 중종 20년(1525) 식년시	문무잡과방목(文武雜科榜目)	고려대 만송문고
④ 중종 35년(1540) 식년시	경자식년문과방목(庚子式年文科榜目)	고려대 만송문고
⑤ 중종 38년(1543) 식년시	계묘식년방목(癸卯式年榜目)	계명대도서관
⑥ 명종 4년(1549) 식년시	가정기유식년시잡과방목(嘉靖己酉式年試雜科榜目)	Edward W. Wagner
⑦ 명종 19년(1564) 식년시	갑자식년문무과방목(甲子式年文武科榜目)	충남대도서관
⑧ 선조 3년(1570) 식년시	융경경오문무방목(隆慶庚午文武榜目)	고려대 만송문고
⑨ 선조 9년(1576) 식년시	병진증광사마방목(丙辰增廣司馬榜目)	고려대 만송문고
⑩ 선조 33년(1600) 식년시	만력이십팔년경자식년퇴행어신축하방목(萬曆二十八年庚子式年退行於辛丑夏榜目)	하버드옌칭도서관
⑪ 인조 11년(1633) 증광시	숭정계유증광시잡과방목(崇禎癸酉增廣試雜科榜目)	Edward W. Wagner
⑫ 인조 11년(1633) 식년시	문무과방목(文武科榜目)	하버드옌칭도서관
⑬ 숙종 1년(1675) 식년시	강희을묘식년시잡과방목(康熙乙卯式年試雜科榜目)	Edward W. Wagner
⑭ 숙종 10년(1684) 식년시	갑자문무과방목(甲子文武科榜目)	고려대도서관

〈표 4.2〉 잡과 단과방목 현황

과목	단과방목명	소장처	수록 연대
역과	상원과방(象院科榜)	하버드옌칭도서관	연산 4년~고종 17년(1498~1880)
	역과방목(譯科榜目)	규장각, 국립중앙도서관	연산 4년~고종 28년(1498~1891)
	역과방목(譯科榜目)	장서각	연산 4년~고종 7년(1498~1870)
	상원방목(象院榜目)	국사편찬위원회	선조 1년~영조 16년(1568~1740)
	사역원방목(司譯院榜目)	규장각	연산 4년~고종 4년(1498~1867)

과목	단과방목명	소장처	수록 연대
의과	의과방목(醫科榜目)	하버드옌칭도서관	연산 4년~고종 17년(1498~1880)
	의과방목(醫科榜目)	일본 천리대학교	연산 4년~고종 31년(1498~1894)
	의과방목(醫科榜目)	고려대학교	연산 4년~고종 22년(1498~1885)
	의과방목(醫科榜目)	국립중앙도서관	연산 4년~고종 11년(1498~1874)
	의방(醫榜)	규장각	연산 4년~고종 7년(1498~1870)
음양과	운과방목(雲科榜目)	하버드옌칭도서관	숙종 39년~고종 11년(1713~1874)
	운과방목(雲科榜目)	국립중앙도서관	숙종 39년~고종 16년(1713~1879)
	운관방목(雲觀榜目)	규장각	숙종 39년~고종 22년(1713~1885)
	관상감방목(觀象監榜目)	규장각	숙종 39년~고종 4년(1713~1867)
율과	율과방목(律科榜目)	하버드옌칭도서관	광해 1년~철종 11년(1609~1861)
	율방(律榜)	규장각	?~순조 27년(?~1827)
	율과방목(律科榜目)	규장각	?~철종 12년(?~1861)

다. 그들은 16세기 합격자들이었다.

방목별로는 단회방목 14회, 단과방목 170회분이 전하고 있다. 233회 설행된 잡과에서 14회분만 단회방목이 현존한다는 점은 740회 중에서 110회분의 단회방목이 남아 있는 문과, 230회 중에서 186회분의 단회방목이 남아 있는 생원 · 진사시와 현저한 대조를 이룬다. 또한 단회방목은 시기적으로 16~17세기 조선시대에 편중되어 있다. 그 원인이 무엇인지 현재로서는 정확하게 알 수 없다. 단회방목은 각 회별로 합격자가 수록되어 있고, 단과방목과는 달리 집성(集成)되어 있지 않아 수집에 어려움이 많다. 필자는 1985년 석사학위논문을 준비하면서부터 『잡과방목』을 수집해왔다. 그 과정에서 하버드대학교 에드워드 와

그너 교수의 도움을 받았다.

따라서 현존하는 『잡과방목』의 대부분은 단과방목으로 역과방목 · 의과방목 · 음양과방목 · 율과방목 등과 같이 과목별로 집성되어 있다. 단과방목은 미국 하버드옌칭도서관 소장본과 국내 소장본은 그 수록한 내용에서 차이가 확인된다. 하버드옌칭도서관 소장본은 내용이 풍부하게 수록되어 있는 반면, 국내 소장본은 수록된 합격자 숫자가 많다. 이 같은 소장본 사이의 수록 내용, 합격자 인원수 등과 같은 차이는 다른 과목(역과, 의과, 음양과, 율과)의 방목에서도 동일하게 나타나고 있다. 따라서 합격자의 사회적 지위를 파악하는 데는 하버드옌칭도서관 소장본이, 합격자 인원수를 파악하는 데는 국내 소장본이 유용하다고 하겠다.

『잡과방목』의 수록 연대를 보면 가장 이른 시기가 연산군 4년(1498)이다. 『상원과방』(하버드옌칭도서관)과 『의과방목』(하버드옌칭도서관)을 보면 그 아래에 "譯科醫科幷自此始"(역과 의과 모두 이때부터 시작되었다)"라고 덧붙여져 있다. 『잡과방목』에는 서문과 간기가 없기 때문에 편찬자와 간행 연대를 정확하게 알 수 없다. 그런데 방목의 수록 하한선이 1800년대 말이라는 점, 『상원과방』 앞부분에 함풍 원년(철종 2년, 1851) 일자의 통청(通淸) 자료가 수록된 점 등을 볼 때 19세기 말에 편찬된 것으로 보인다.

이러한 잡과방목류가 성책될 수 있었던 것은 새롭게 부상하는 중인층의 신분의식 강화 및 신분상승 운동 등과 궤를 같이하고 있다. 19세기 말 전개된 중인통청운동을 주도한 관상감, 사역원, 전의감, 혜민서, 율학 등의 유사(有司)들은 거의 합격자임을 『잡과방목』에서 확인할 수 있다. 『잡과방목』이 잡과 합격자를 중심으로 하는 고급 기술관료들에 의해 주도적으로 만들어졌다고 하겠다.

2) 『잡과방목』에 수록된 내용

잡과 단회방목, 단과방목은 수록 양식과 내용에 있어 차이가 있다. 이는 단회방목과 단과방목을 보면 확연하게 드러난다. 단회방목은 문무과 및 사마시 단회방목과 같은 형식으로, 단과방목과는 달리 합격자의 전력과 거주지가 기재되어 있다. 단과방목에는 합격자의 최종 경력과 가계에 관한 정보 등이 상세하게 기재되어 있다. 기재 형식 및 내용상의 차이는 단회방목과 단과방목의 편찬 시기가 다르다는 데 기인하는 것으로 여겨진다. 단회방목은 시험이 끝난 후 그 시험의 합격자만을 수록하여 편찬한 것이고, 단과방목은 전 시기 합격자를 종합하여 만들어졌기 때문이다.

단회방목과 단과방목의 수록 내용을 종합해보면 크게 세 부분, 즉 시험설행, 합격자 본인, 합격자 가계에 관한 사항으로 구분된다. 먼저 시험설행에 관한 사항을 보면 시험연도, 시험관, 합격등위 등이 기재되어 있다. 시험연도는 식년시와 증광시 구분이 있으며, 증광시의 경우 설행 이유를 명기하여 무엇을 경축하기 위한 시험인가를 밝혔다. 대증광시도 나타나고 있으며 퇴행(退行), 직부(直赴), 추부(追付) 등도 기재되어 있다.

합격자 본인에 관한 사항으로는 성명, 생년, 본관, 거주지, 전력, 경력 등이 기재되어 있다. 자(字)와 초명(初名), 개명(改名), 일명(一名) 등이 기록되어 있다. 또한 생년이 기재되어 있어 잡과 합격시의 연령을 파악할 수 있다. 그리고 본관과 거주지가 있어 신분 배경을 파악할 수 있다. 아울러 관직과 품계를 통해서는 합격자의 관로(官路)를 추적할 수 있다.

합격자 가계에 관한 사항을 보면, 합격자의 4조(부, 조, 증조, 외조)와 처

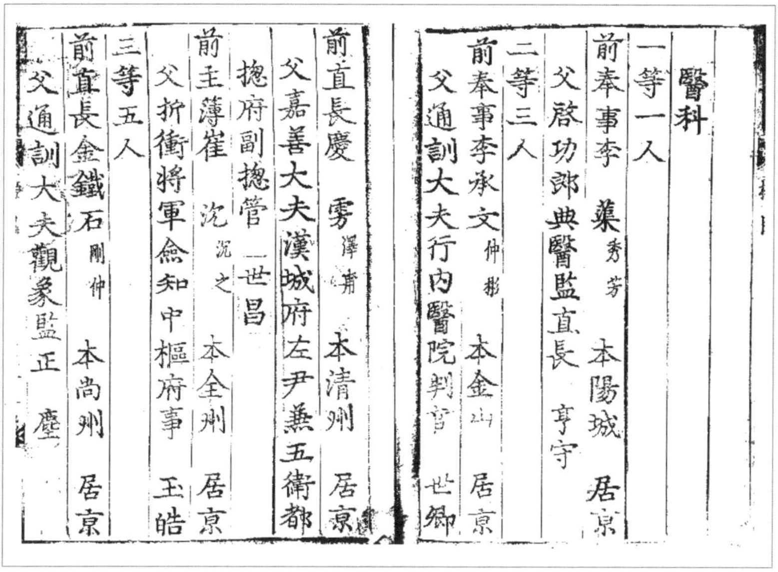
醫科
一等一人
前奉事李 蕖 秀芳 本陽城 居京
父啓功郎典醫監直長 亨守
二等三人
前奉事李承文 仲彬 本金山 居京
父通訓大夫行內醫院判官 世卿
前直長慶 霽 澤甫 本淸州 居京
父嘉善大夫漢城府左尹兼五衛都
摠府副摠管 世昌
前主簿崔 沇 沇之 本全州 居京
父折衝將軍僉知中樞府事 玉皓
三等五人
前直長金鐵石 剛仲 本尙州 居京
父通訓大夫觀象監正 塵

〈그림 4.2〉 잡과 단회방목

부, 형제 등 친인척의 경력, 과거 합격 등에 관한 정보가 기록되어 있다. 양자인 경우는 생부도 기재되어 있다. 가계 구성원은 성명, 외조와 처부의 본관 등 인적사항이 기재된다. 외조부와 처부의 성관을 통해 잡과 가문의 혼인 양상을 알 수 있다.

『잡과방목』에 수록된 합격자는 역과 2,976명, 의과 1,548명, 음양과 865명, 율과 726명으로 모두 6,115명이다. 가계 구성원까지 합하면 3만여 명에 이르는 방대한 가계 정보를 담고 있다. 이렇게 합격자 본인뿐 아니라 그들 가계의 과거 합격 사항까지 상세하게 기재하고 있는 것은 문과, 무과, 『사마방목』 등 다른 과거의 합격자 명부에서는 볼 수 없는 『잡과방목』만의 특징이라고 하겠다.

『잡과방목』은 연대기, 법전 등의 자료에서는 잘 드러나고 있지 않

〈그림 4.3〉 역과방목

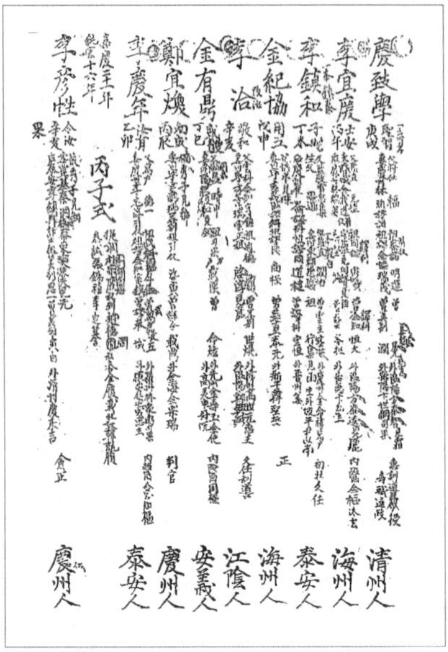

〈그림 4.4〉 의과방목

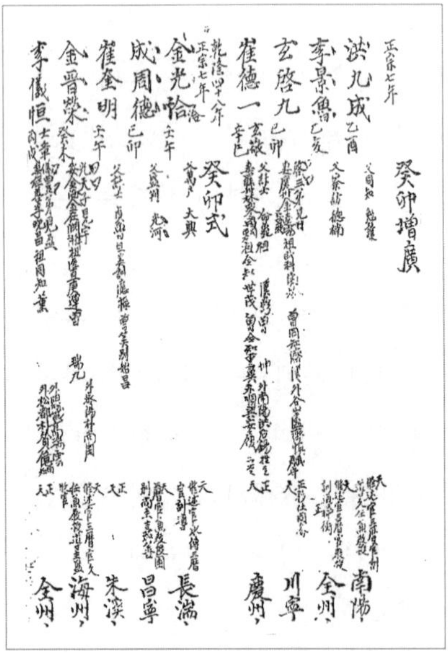

〈그림 4.5〉 음양과방목

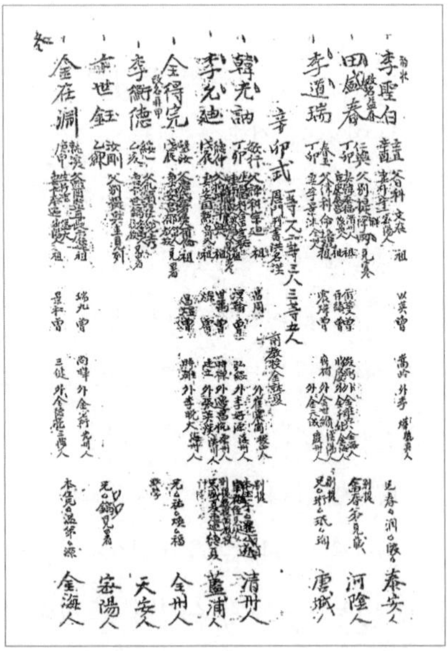

〈그림 4.6〉 율과방목

은 잡과 운영의 실태와 잡과 합격자의 신분과 배경을 파악하기 위한 중요한 일차 자료이다. 이런 측면에 주목하여 『잡과방목』에 수록된 정보와 합격자 분석을 통해 그들의 세전 및 경력을 밝히는 성과가 나왔고, 이를 통해 조선시대에 설행된 잡과 실시 횟수와 선발 인원 등 구체적인 운영 실태를 파악할 수 있게 되었으며, 중인 기술직의 세전 양상, 신분 성격 등이 적지 않게 규명되었다.

그런데 기존의 연구에서 적지 않은 오류를 발견할 수 있다. 이는 방목 자료를 연구하는 데 있어 유의할 점들이라 하겠다. 첫째, 『잡과방목』에는 약칭으로 관청명을 원(院), 혜(惠)로 줄여서 기재하는 경우가 많다. 원(院)은 사역원, 혜(惠)는 혜민서의 약칭이다. 그런데 연구자에 따라서는 혜(惠)를 혜과(惠科)로 해석하여 역과, 의과, 음양과, 율과 외에 달리 혜과(惠科)가 있었던 것처럼 통계 처리한 경우가 있다.

둘째, 조선시대 잡과 합격자 수를 추출하는 데 있어서 잡과 단과방목 초기 기록의 부실을 간과하여 이를 토대로 평균 합격자 수를 추출하는 오류를 범하고 있다. 이는 잡과 단과방목 초기 부분에 나타난 1명이라는 기록을 그대로 선발 인원으로 간주하고, 이를 토대로 평균 합격자 수를 추출했기 때문이다. 잡과 단과방목의 내용은 1630년대 이후 합격자에 관한 정보를 풍부하게 수록하고 있다.

셋째, 단회방목 중에는 표지가 낙장되어 단회방목의 책명을 파악할 수 없는 경우가 있다. 그럴 때는 다른 방목의 예에 따라 필자가 방목 이름을 붙였으며, 간지만 있어 시험연도를 파악하기 어려울 때는 시험관의 관직과 성명 등을 통해 확인했다. 그리고 잡과 단회방목에서 책명이 '문무방목(文武榜目)'으로 되어 있는 경우에도 그 수록 범위를 보면 문무과, 사마시, 잡과가 같이 성책되어 있다. 그런데 그들은 같은 해 설행된 시험이 아닌 경우가 많았다. 누구에 의해 그렇게 성책되었는가 하는 점은 앞으로 규명되어야 할 부분이라 여겨진다.

넷째, 연구방법론상의 문제이다. 방목에는 합격자의 합격 당시 신분을 알 수 있는 전력(前歷)뿐 아니라 합격 뒤에 거친 관직과 품계 등의 경력(經歷)이 기재되어 있다. 합격자의 이러한 관력 분석을 통해 중인들의 관로 실태를 파악하려는 시도가 일찍부터 이루어졌다. 관직과 품계를 묶어서 처리함으로써 전체적으로 통계 수치가 높게 나타났다. 행수법(行守法)에서 드러나듯이 관직과 품계의 불일치는 흔한 일로, 품계만을 가지고 신분을 논의할 경우 주의해야 할 점이다.

또한 방목에 기재된 합격자의 여러 관직 중 어느 것을 선택하여 최종 경력으로 처리했는가 하는 기준이 제시되지 않고 있다. 어떤 경우는 관품의 고하를 고려하지 않고 첫 번째 기재된 관직을 분석 대상으로 삼는 경우도 있었다. 이러한 점은 『잡과방목』뿐 아니라 방목을 연구할 때 유의해야 할 점이라고 하겠다.

다섯째, 『잡과방목』 자료를 종합하여 정리한 자료집 『조선시대 잡과합격자 총람』(이성무 · 최진옥 · 김희복 편, 한국학중앙연구원, 1990)이 간행되어 많은 편의를 제공하고 있다. 그런데 책자 형태로 간행되다 보니 지면이 제한되어 부득이 『총람』 〈범례〉에 따르면 "품계에서 본인은 둘, 부친 · 조부 · 증조부 · 외조부 · 생부는 하나만 출력했고, 생모부친 · 처부 · 처조부 · 처부 2는 관품을 출력하지 않았다. 또한 관직은 관직이 다수 표기되어 있는 경우에 본인은 둘까지 출력했고, 그 외에는 하나만 출력했다"고 되어 있다. 『잡과방목』에 기재된 1, 2번째 관직만 기재되어 있기 때문에 잡과 합격자의 관력을 파악하는 데는 일정한 제한점을 지니고 있다. 이는 연구자들이 분석, 활용하는 데 유의해야 할 것이다.

2002년 간행된 현존하는 『잡과방목』을 통합한 『잡과방목 CD-ROM』(이성무 · 최진옥 편저, 이남희 DB 편찬, 한국학중앙연구원 · 동방미디어)은 『총람』을 근간으로 하고 필자가 새롭게 발굴한 4회분(〈표 4.1〉 ④, ⑤, ⑦, ⑧)의 잡과 단회방목을 추가하여 데이터베이스로 구축한 것이다. 지금까지 전해지고 있는 조선시대 잡과 시험 합격자와 그 가계에 대한 신상정보를 한 장의 CD에 모두 수록했다는 점에서 주목할 만하다.

3) 『잡과방목 CD-ROM』 개발

방목의 전산화를 최초로 시도한 연구는 에드워드 와그너 교수와 송준호 교수의 문과방목 데이터베이스 구축 작업이다. 이 프로젝트는 조선시대 1만 4,600여 명의 문과급제자를 대상으로, 그들과 관련된 다양한 정보를 문과방목뿐 아니라 각종 족보, 문집 등 다양한 자료를 토대로 데이터베이스를 구축하는 것이다. 1960년대에 시작된 문과프로젝트는 40여 년의 작업을 거쳐 2001년 『보주(補註) 조선문과방목 CD-ROM』(동방미디어)으로 간행되었다.

한편 1997년 한국학중앙연구원 역사연구실에서 조사 정리한 『CD-ROM 사마방목: 조선시대 생원 · 진사시 합격자 신상정보』가 간행되었다. 설행된 총 230회의 생원진사시 가운데 현전하는 186회의 합격자(생원 1만 9,675명, 진사 2만 974명으로 총 4만 649명)에 대한 신상정보와 가족사항이 수록되어 있다. 그리고 2002년 『잡과방목 CD-ROM』이 간행되었다.

이 같은 일련의 「조선시대 과거 합격자 인물 데이터베이스」 전산화 결과물을 유기적으로 활용하면 — 통합 인물 데이터베이스를 구축하면 — 조선시대 지배 신분 집단의 성격은 물론이고, 나아가 조선

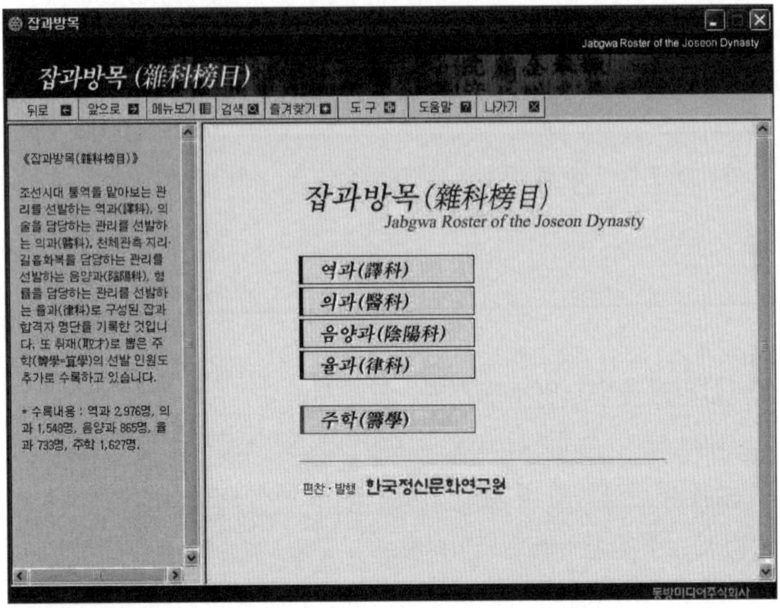

〈그림 4.7〉『잡과방목 CD-ROM』(2002)

시대 전체의 사회적 성격을 규명할 수 있을 것이다. 이 밖에 한국학 자료를 전산화하고자 하는 노력은 연대기 자료를 중심으로 문집, 법전, 호적, 족보 등의 제 분야에서 활발히 추진되고 있다.

『잡과방목 CD-ROM』은 왕대별, 과별(역과, 의과, 음양과, 율과, 산학) 순으로 되어 있기 때문에 이들을 중층구조로 엮어서 인접항목 사이를 자유롭게 이동하여 관련 기사를 열람할 수 있다. 또한 자료의 순차적 · 계층적 구조에 대한 정보 이외에 유관한 자료를 연결해주는 하이퍼텍스트 링크 정보를 기록하고 있어 도중에 밀접한 관련이 있는 다른 문서를 열람해볼 수 있다. 예컨대 어떤 인물 자료의 기록된 그의 부친이나 형제 이름 위에서 마우스를 누르면 그의 잡과 합격 정보뿐만 아니라 생원 · 진사시나 문과, 무과 시험에 합격했을 경우에는 그에 대한 정보가 바로 나온다.

『잡과방목 CD-ROM』에서 주목되는 것은 잡과가 실시된 역관, 의관, 음양관, 율관 이외에 취재시험만이 시행되었던 산원(算員)도 함께 수록했다는 점이다. 산원은 산학(算學), 즉 국가의 회계업무에 종사한 하급 기술관인데, 합격자 명단인 『주학입격안(籌學入格案)』이 전하고 있기 때문이다. 『주학입격안』은 홍치 연간, 즉 연산군부터 시작하고 있으나 정확한 연도 표시 없이 홍치(弘治), 정덕(正德), 가정(嘉靖) 등 중국 연호로만 표기되어 있다. 그러다가 선조 1년(1568)부터 연도가 표시되고 있다. 강희(康熙), 옹정(雍正), 건륭(乾隆) 연간에도 정확한 연도를 알 수 없는 경우가 있다. 따라서 총 1,627명 중에서 합격연도 미상자 559명을 제외하면 141회, 1,098명의 합격자를 배출한 것이 확인된다.

잡과DB는 합격자 본인과 가계에 대한 111개의 항목으로 구성되어 있다(『잡과방목 CD-ROM』, 한국학중앙연구원 · 서울시스템 한국학DB연구소, 2002). 잡과 합격자 본인에 관해서는 다음과 같다.

- 〔본인 성명〕 합격자 본인의 성명
- 〔합격연도〕 합격자 본인의 합격연도
- 〔본인 등위〕 합격자의 등위
- 〔본인 자〕 합격자의 자(字)
- 〔본인 초명〕 합격자 본인의 초명(初名)
- 〔본인 개명〕 합격자 본인의 개명(改名)
- 〔본인 생년〕 합격자의 생년(生年). (예: 정묘(丁卯, 1687))
- 〔본인 본관〕 합격자 본인의 본관(本貫)
- 〔본인 호〕 합격자 본인의 호(號)
- 〔본인 거주〕 합격자의 거주지(居住地)
- 〔본인 전공〕 합격자의 세부전공. (예: 한학(漢學), 천문학(天文學) 등)

- 〔본인 타과〕 합격자가 분류된 과 외의 다른 과거시험에 합격한 과
- 〔본인 품계〕 합격자 품계(品階)
- 〔본인 관력〕 합격자 관력(官歷)
- 〔본인 가족〕 합격자의 형제 등 가족 성명

합격자 가계로는 〔부친〕〔생부〕〔조부〕〔생조부〕〔증조부〕〔생증조부〕〔외조부〕〔생외조부〕〔처부 1〕~〔처부 7〕〔처조부 1〕~〔처조부 3〕〔처증조부 1〕~〔처증조부 3〕〔처외조부 1〕~〔처외조부 3〕에 이르는 구성원들의 〔성명〕, 〔본관〕, 〔과거〕, 〔품계〕, 〔관력〕 등이 기재되어 있다.

모든 한자에 한글 독음을 병기했다. 이를 위해 데이터 가공 과정에서 한자의 한글 독음을 자동 추출했고, 인명 · 관청 · 관직명에 쓰이는 특수한 독음은 추가로 수정 작업을 거쳤다. 따라서 사용자는 한글과 한자로 모든 원하는 정보를 검색할 수 있다. 그리고 부친 등 가계구성원은 기초 전산자료에는 이름만 입력되어 있으나 하이퍼텍스트 검색을 높이기 위해 성(姓)을 복원했다. 또한 한문자료 구조에 적합한 데이터베이스 구조 및 색인어 추출 방법을 구현하여 방대한 어휘로 이뤄진 색인 파일에서 검색어를 최단 시간에 찾아내도록 했다.

검색에 있어서는 순차 검색 방식을 채택하여 원하는 정보를 손쉽게 검색할 수 있도록 했다. 1차 검색 범위로는 「본인」「가족」「전체」로 설정할 수 있으며, 2차 검색 범위는 「본인」의 경우에는 합격연도, 성명, 자와 호, 생년, 본관, 거주, 전공, 타과 합격, 품계, 관력 등, 「가족」의 경우는 성명, 본관, 과거, 품계, 관력 등으로 한정할 수 있다. 예컨대 1차 검색 범위로 「본인」을 설정하고 2차 검색 범위로 「본관」을 설정한 뒤 「전주」를 입력하면 본인 중 본관이 전주인 합격자에 관한 정보를 곧바로 얻을 수 있다(〈그림 4.9〉 참조).

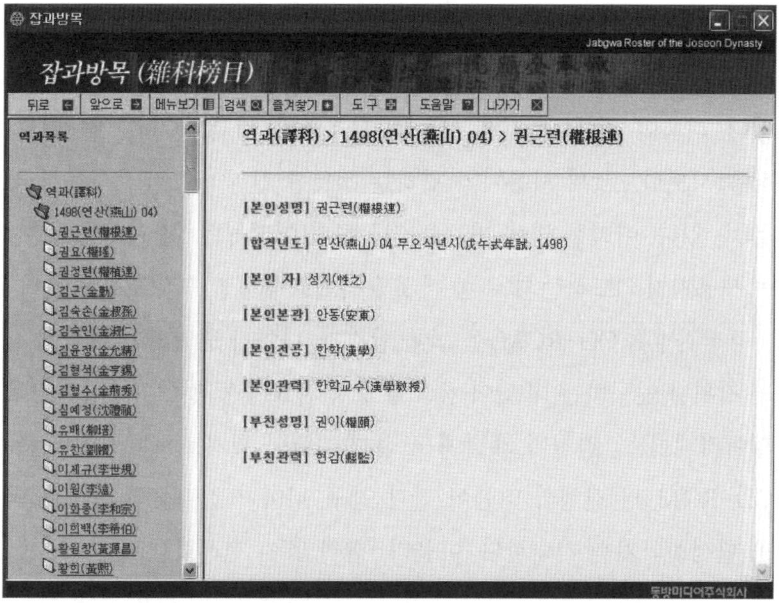

〈그림 4.8〉『잡과방목 CD-ROM』 본문 화면

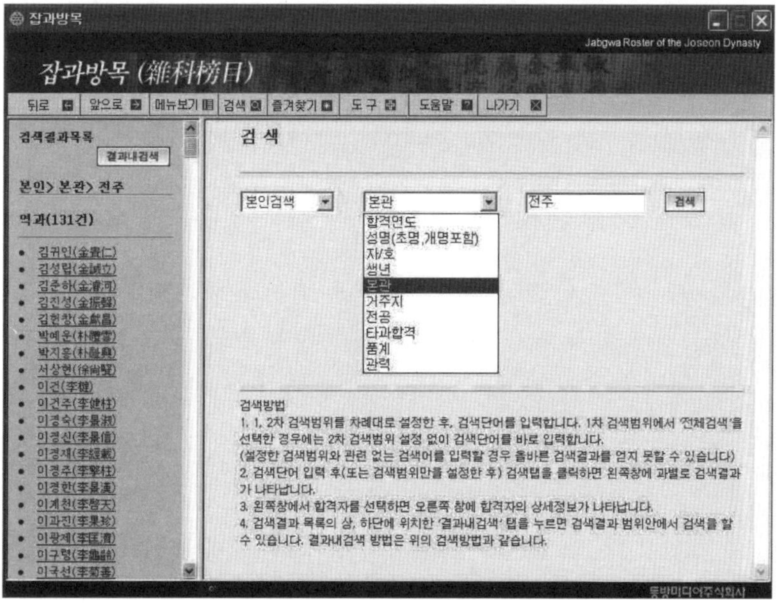

〈그림 4.9〉『잡과방목 CD-ROM』 검색 화면

즉, 원하는 정보에 보다 손쉽게 접근할 수 있다는 장점을 지니고 있다. 더욱이 '결과 내 검색 기능'을 활용하면, 검색된 결과 내에서 검색을 시도함으로써 사용자가 원하는 정보를 실질적으로 신속하게 찾을 수 있다. 이러한 검색 기능은 접근하기 어려웠던 『잡과방목』 원전을 사용자가 의도하는 대로 좀 더 효율적으로 활용할 수 있도록 해준다.

『잡과방목 CD-ROM』은 잡과 합격자, 나아가 중인의 사회적 배경과 지위를 연구하는 데 있어 중요한 일차 자료가 될 것이다. 「잡과방목 데이터베이스」 편찬과 개발에 직접 참여했던 필자로서는 『잡과방목 CD-ROM』의 간행과 더불어 잡과 연구, 나아가 잡과중인 연구가 더욱 활성화되기를 기대한다. 아울러 『잡과방목』 전산화를 계기로 그들과 관련된 각종 자료들, 예컨대 역학 · 의학 · 음양학 · 율학 등 잡학 천거안, 『역학보(譯科譜)』, 『역과팔세보(譯科八世譜)』, 『의과팔세보(醫科八世譜)』, 『의역주팔세보(醫譯籌八世譜)』 등과 같은 중인 족보의 디지털화 작업도 조속히 이루어지기를 바란다.

2
『사마방목』의 디지털화[2]

1) 생원 · 진사시와 『사마방목』

조선시대에 실시되었던 과거에는 문과, 무과, 생원진사시, 잡과가 있었다. 『사마방목』은 이 가운데 생원 · 진사시의 합격자 명부로서, 생원 · 진사시를 소과(小科), 감시(監試) 또는 사마시(司馬試)라고도 했던 데서 연유한 이름이다.

2 이남희, 「CD-ROM 사마방목 개발 과정」, 한국학중앙연구원 · 서울시스템 한국학DB연구소, 『CD-ROM 사마방목: 생원 · 진사시 합격자 명부』, 1997. 『CD-ROM 사마방목』은 조선시대 생원시와 진사시 4만 명의 합격자와 그 가계에 대한 신상정보를 한 장의 CD에 수록한 것이다. 이는 조선시대 사회구조를 연구하는 데 필수적인 사료인 '방목'을 최초(1997)로 데이터베이스화했다는 점에서 주목할 만하다. 『사마방목』 DB는 2005년부터 「한국역대인물종합정보시스템(http://people.aks.ac.kr)」에서 문과 합격자 명부인 문과방목, 무과 합격자 명부인 무과방목, 잡과방목과 같이 인터넷으로 서비스되고 있다.

생원과 진사에게는 성균관에 입학할 자격이 주어졌고, 성균관에서 수학한 후 문과에 응시할 수 있었다. 생원과 진사에게는 성균관에 입학할 자격이 주어졌고, 성균관에서 수학한 후 문과에 응시할 수 있었다. 대소과의 구별이 없는 단일과로서 3년에 한 번씩 정기적으로 보는 식년시(式年試), 국가에 경사가 있을 때 임시로 보는 증광시(增廣試)만 있었다.

시험은 초시와 복시 두 단계로 실시되었다. 초시에서 각각 700명씩 선발했는데 법제적으로 지역별 합격 인원이 배정되어 있었다(『경국대전』 권3, 예전 제과조). 서울 거주자들을 대상으로 한 한성시(漢城試)에서 200명, 도별 거주자를 대상으로 실시되는 향시(鄕試)에서 500명을 선발했다. 경기도 60명, 충청도와 전라도 각 90명, 경상도 100명, 강원도와

〈표 4.3〉 조선시대 생원, 진사 초시 도별 선발인원

구분	생원	진사	계(명)	합격률(%)
한성부	200	200	400	28.57
경기도	60	60	120	8.57
경상도	100	100	200	14.27
충청도	90	90	180	12.86
전라도	90	90	180	12.86
강원도	45	45	90	6.42
평안도	45	45	90	6.42
황해도	35	35	70	5.00
함경도	35	35	70	5.00
계	700	700	1,400	99.97

평안도 각 45명, 황해도와 함길도 각 35명으로 정해져 있었다. 이들을 대상으로 복시에서 생원 진사 100명씩을 선발했다. 이를 정리하면 〈표 4.3〉과 같다.

태조 원년(1392)부터 과거제가 폐지된 고종 31년(1894)까지 생원 · 진사시는 모두 230회 시행되었다. 230회 중 식년시가 163회, 증광시가 67회로 합격 인원은 각 100명씩인데, 19세기 후반 철종 조 이후부터는 잘 지켜지지 않았다.

현존하는 『사마방목』은 이 가운데 총 186회분으로 여기에 수록된 인원은 생원 1만 9,675명, 진사 2만 974명으로, 총 4만 649명이다. 이는 조선시대에 배출된 생원과 진사의 85%에 해당한다. 『CD-ROM 사마방목: 조선시대 생원 · 진사시 합격자 신상정보』에는 이들 4만 649명이 시험을 치를 당시의 신분과 이름, 자(字), 생년, 본관, 거주지와 함께 가족사항으로 부친, 조부, 증조부, 외조부 및 처부의 관직과 이름, 그리고 안항(雁行)이라 하여 형제의 이름이 기재되어 있다. 합격자 본인과 가계에 관한 등 신상정보가 담겨져 있어 조선 양반사회와 국가권력구조 등을 연구하는 데 귀중한 자료라고 하겠다.

특히 『사마방목』은 낱권으로 전 세계 도서관에 산재되어 있기 때문에 연구자나 일반인이 쉽게 그 전권을 구해볼 수 없었으나 이번에 책보다 전자도서(CD-ROM)로 먼저 간행되어 나오게 되었다. 말하자면 이 전자도서의 개발로 굳이 책을 간행할 이유도 없어진 셈이 되었다.

대부분의 양반들은 비록 문과에 응시하지 않는다 해도 생원 · 진사시에 응시했고, 이 시험에 합격하는 것만으로도 사회적으로 인정받고 고장에서 지도적 역할을 수행하면서 일정한 사회세력을 형성했다. 따라서 이 『사마방목』은 조선시대 양반 사족들의 개인정보를 얻는다는 점뿐 아니라 정치지배세력의 성격, 신분제의 변화, 향촌사회에서 사족

〈그림 4.10〉 성균관 명륜당(明倫堂)

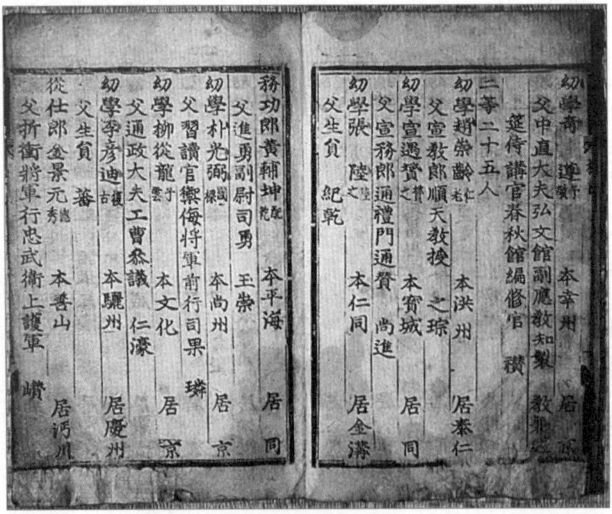

幼學裔 進 本幸州 居
父中直大夫弘文館副應教知製教
筵侍講官春秋館編修官
二等二十五人
幼學趙崇齡 本洪州 居泰仁
父宣教郎順天教授 之琮
幼學宣遇賢 本寶城 居同
父宣務郎通禮門通贊 尚進
幼學張 陸 本仁同 居金溝
父生員 紀乾

務功郎黃輔坤 本平海 居同
父進勇副尉司勇 王崇
幼學朴光弼 本尚州 居京
父習讀官禦侮將軍前行司果 璘
幼學柳從龍 本文化 居京
父通政大夫工曹參議 仁濠
幼學李彥迪 本驪州 居慶州
父生員 蕃
從仕郎金景元 本善山 居[illegible]川
父折衝將軍行忠武衛上護軍 嶙

〈그림 4.11〉 『사마방목』(1513, 보물 제524호)

들의 동향 등 양반사회를 이해하는 데 매우 중요한 기초 자료이다.

『CD-ROM 사마방목』은 한국학중앙연구원 역사연구실이 수집 · 정리한 『사마방목』의 전산 입력 자료를 기초로 하여 제작한 데이터베이스 전자도서이다(1997). 동 역사연구실은 조선시대 문과, 무과, 사마시, 잡과 등의 방목 전산화 작업의 일환으로 『사마방목』 전산화에 착수해 이를 모두 컴퓨터에 입력했으며, 『CD-ROM 국역조선왕조실록』을 개발한 바 있는 서울시스템 한국학 데이터베이스연구소에 CD-ROM 개발을 의뢰했다. 서울시스템 측은 세계에서 가장 많은 6만 5,000자의 한자 서체를 보유하고 있는 동사의 기술력을 활용해 입력된 자료의 오류를 모두 교정하고 포맷을 변환하는 한편, 인명 · 지명 · 관직 등에 쓰인 총 5,412종 145만 5,609자의 본문 한자 가운데 사용하지 않는 745자의 글꼴(font)을 새로 제작했다.

또한 『CD-ROM 조선왕조실록』 개발 과정에서 축적된 요소기술을 바탕으로 각 시험 회수별로 분리되어 있는 원 자료를 통합해 계층화하는 한편, 그 밖에 어휘 검색, 하이퍼텍스트 링크, 자료 검색 이력 관리, 책갈피 기능 및 검색결과의 저장 · 인쇄 기능 등을 지원하여 자료로서의 이용가치를 극대화했다. 이로써 자료를 일일이 뒤져보지 않아도 검색 기능을 통해 특정 인물을 중심으로 조선 양반사회의 계보도를 일목요연하게 그려볼 수 있게 되었다.

이처럼 『CD-ROM 사마방목: 조선시대 생원 · 진사시 합격자 신상정보』는 한국학중앙연구원 역사연구실의 사료 편찬 작업의 토대 위에 서울시스템 기술진의 데이터 가공, 서체 개발 및 고난도의 소프트웨어 개발 노력이 결합함으로써 인문 분야와 전산 분야 연구기관의 공동 작업을 통해 고전 국학자료를 전산화한 대표적 사례가 되었다는 데서 또 다른 의의를 찾을 수 있을 것이다.

2) 『사마방목 CD-ROM』 개발

『CD-ROM 사마방목』은 현존하는 조선시대 생원과 진사 선발 시험 합격자들에 대한 신상정보를 모두 수록하고 있다. 수록된 정보는 계층적 열람, 어휘 검색, 하이퍼텍스트 링크 등에 의해 다각적으로 검색될 수 있도록 했으며, 자료 검색 이력 관리, 책갈피 기능, 검색 결과의 저장 · 인쇄 기능 등을 제공하여 자료의 활용성을 높였다.

『사마방목』의 자료적 가치를 높이고 이 분야의 전문 연구에 대한 기여도를 증진시킬 수 있게 한 『CD-ROM 사마방목』의 제반 기능들은 원시 데이터에 대한 엄밀한 검증 · 가공 작업과 데이터베이스 운영 소프트웨어 개발의 노력에 의해 이루어진 결실이다. 앞으로 사마방목 DB를 이용하게 될 국학 연구자들의 이해를 돕기 위해 그동안의 개발 과정을 간략하게 서술하고자 한다.

데이터베이스 구축 과정에서 첫 번째 과제는 자료의 입력이라고 할 수 있다. 그런데 이와 같은 문자 데이터의 입력 작업은 데이터베이스를 구축하는 데 있어 빼놓을 수 없는 부분이지만, 전체 공정으로 본다면 일부분에 지나지 않는다.

이에 앞서 대상 데이터가 컴퓨터 내에서 모두 부호화될 수 있도록 코드체계를 정하고 그에 상응하는 서체를 개발해야 하며, 데이터베이스에 수록될 정보를 입력하는 소프트웨어 역시 개발되어야 한다. 특히 『사마방목』처럼 상용한자 이외에 벽자(僻字)를 상당수 포함하는 전문적인 한문 자료는 상용 워드프로세서로 입력할 수 없기 때문에 별도의 입력 에디터 개발이 필요하다.

이어 구축된 데이터베이스를 사용자가 손쉽고 빠르게 찾아볼 수 있게 해주는 정보 검색 소프트웨어의 개발이 뒤따라야 한다. 예컨대 한문 자료 구조에 가장 적합한 데이터베이스 구조 및 색인어 추출 방법, 방대한 어휘로 이루어진 색인 파일에서 최단 시간에 검색 어휘를 찾아내는 방법의 구현 같은 것이다. 이 같은 요소 기술의 개발이 이루어졌을 때 비로소 유용한 데이터베이스가 구축될 수 있다.

이런 이유에서 한국학중앙연구원에서 전산 입력한 기초 전산 데이터는 입력 및 교정 과정에서 많은 노력을 기울인 것임에도 불구하고 그것을 전산 시스템 상에서 활용할 수 있는 데이터베이스로 재구성하는 데는 적지 않은 시간과 인력이 소요되었다.

한국학중앙연구원의 자료는 산업연구원에서 작성한 Fox Base (FOX+) 프로그램 상에서 국가 표준 문자 부호계(KS C 5601) 내에서만 한자 입력 작업을 수행한 것이었기 때문에 이 한자 범위(4,888자)를 넘어서는 한자는 한글 독음(讀音)으로만 입력되어 있었다. 또한 64종의 태그(tag)를 사용하여 원시자료를 분석하고 있지만, 데이터 관리 프로그램으로 사용한 Fox Base는 기본적으로 고정 길이 정형 데이터 처리를 위한 프로그램이기 때문에 자연히 자료의 길이 및 개수에 제약이 있을 수밖에 없었다.

이에 서울시스템 한국학DB연구소에서는 먼저 초기 전산 데이터를 기계적으로 검증하여 데이터 기술(記述) 상의 오류를 정정하는 작업을 거쳤으며, 서울시스템의 한문 자료 처리용 에디터(PageStar 3.0) 상에서 비상용한자를 입력할 수 있도록 자료를 변환했다. 이어서 표준 상용한자 이외의 비상용한자를 입력하는 작업을 진행했다. 이를 위해 초기 전산 입력 자료에서 불완전한 입력 부분을 모두 추출했으며, 바뀌어야 할 한자의 확인 및 보완 입력 작업을 수행했다.

이 같은 전산 처리 작업의 결과 『사마방목』 원문의 총 입력 한자는 145만 5,609자로 나타났다. 그 구성을 보면 상용한자가 144만 3,158

자, 비상용한자가 1만 2,451자였다. 그러나 자종(字種) 면에서 분석해보면 상용한자가 2,869종, 비상용한자가 2,543종으로, 비상용한자의 비율이 47%에 달했다. 이는 조선시대에 이름을 지으면서 항렬을 따르거나 어려운 벽자를 취하는 성향으로 인해 나타난 결과로 생각된다.

『사마방목』에 출현한 벽자 가운데에는 『CD-ROM 조선왕조실록』을 제작하는 데 사용되었던 1만 7,000여 자의 범위를 넘어서는 것들도 있었다. 그래서 한국학DB연구소에서는 『사마방목』을 위해 별도로 한자 부호 정리 작업과 서체 제작 작업을 진행했고, 그 결과 745자의 추가 한자를 새로 개발했다. 따라서 사마방목DB에는 모두 1만 8,112자의 트루타입(True Type) 한자 서체가 지원된다.

앞에서도 지적했듯이, 전산 데이터는 그 내용을 그대로 입력하는 것이 아니라 원시 데이터에 자료를 이루는 각각의 요소들 간의 구조적인 관계를 밝히는 기호를 부가해야 한다. 이 기호 부가 작업은 자료를 전산가독형으로 만드는 데 필수적인 일로서, 모든 데이터베이스 구축 작업은 반드시 이 과정을 거쳐야 한다.

한국학중앙연구원의 전산 데이터에는 원시자료를 분석하여 64종의 태그를 사용했는데, 본 데이터베이스 구축 과정에서 태깅 오류 수정 작업을 진행했다. 그리고 그와 함께 계층적 정보를 포함하는 마크업을 부가했다.

『사마방목』 데이터베이스는 왕대별 시험 순으로 되어 있기 때문에 이를 중층구조로 엮어 인접 항목(레코드) 및 계층적으로 위 · 아래에 있는 항목 사이를 자유롭게 이동하여 관련 기사를 열람할 수 있도록 했다. 또한 자료의 순차적 · 계층적 구조에 대한 정보 이외에 문서 내에는 유관한 자료를 연결해주는 하이퍼텍스트 링크 정보를 기록했다. 그래서 문서를 열람하는 도중에 언제든지 별도의 창으로 밀접한 관계에 있는 다른 문서를 열람해볼 수 있다.

『CD-ROM 사마방목』에서 특히 유용한 기능은 하이퍼텍스트 링크 노드가 설정되어 있지 않은 임의의 단어를 가지고도 유관 자료를 불러올 수 있다는 것이다. 예컨대 어느 인물 자료에 기록된 그의 부친이나 형제의 이름 위에서 마우스 버튼을 누르면, 그의 사마시 합격 정보가 바로 나오게 되는 것이다.

그 밖에 데이터베이스 이용의 편의성을 높이기 위해 수행한 작업들은 〈표 4.4〉와 같다. 이 같은 과정을 거쳐 마침내 『사마방목』 데이터베이스가 구축되었다. 그 결과 사마방목DB에는 전체 1,226만 7,360자의 문자가 수록되어 있다. 이는 국역 『조선왕조실록』 데이터의 15분

〈표 4.4〉『사마방목 CD-ROM』 범례

① 모든 한자는 한글 독음을 병기했다. 이를 위해 데이터 가공 과정에서 모든 한자의 한글 독음을 자동 추출했고, 인명 · 관청 · 관직명 등에 쓰이는 특수한 독음은 추가로 수정 작업을 거쳤다. 따라서 사용자는 한글과 한자로 모두 원하는 정보를 검색할 수 있다.
② 초기 전산 자료상에서 혼재되어 있던 왕대별 · 시험별 합격자 명단과 해당 시험의 시험관 명단 데이터는 유관 자료끼리 상호 연계될 수 있도록 정규화 작업을 수행했다. 186회의 시험 중에서 176회분의 시험관 명단이 전하고 있는데, 이 명단은 모든 유관 자료에서 링크될 수 있도록 했다.
③ 형제 관계를 나타내는 '안항(雁行)'은 기초 전산 자료에는 이름만 입력되어 있으나, 하이퍼텍스트 검색의 편의성을 높이기 위해 성(姓)을 복원했다.
④ 자료에 등장하는 관직명 및 관청명에 대한 이해를 돕기 위해 1,000여 개의 전문 용어에 대한 해설을 담은 용어사전을 추가했다. 이 사전의 용어는 본문 중 해당 용어 2만 8,579건과 링크시켜 사용자가 손쉽게 불러올 수 있도록 했다. 단, 이 용어사전은 비전문 사용자의 편의를 도모하기 위해 CD 제작 과정에서 부가한 것이며 용어의 변화, 용례 등에 대한 충분한 검증을 거친 것이 아님을 밝혀둔다.

의 1에 이르는 분량이다. 그중에서 한글이 377만 3,555자, 한자가 234만 4,967자, 문장 부호 및 마크업에 쓰인 심벌 문자가 614만 8,838자이다. 이를 통해 태종에서 고종에 이르는 500여 년간의 생원 · 진사시 합격자 4만 649명에 관한 신상정보를 단 한 번의 클릭으로 접근할 수 있게 되었다.

3) 과제와 전망

『CD-ROM 사마방목』은 조선시대 사회구조를 연구하는 데 필수적인 사료인 '방목'을 최초로 데이터베이스화하여 간행했다(1997)는 데 의의를 지닌다. 처음으로 시행한 작업인 만큼 시행착오적인 낭비가 없을 수 없었지만, 한편으로는 동종의 사업을 보다 효과적으로 할 수 있게 하는 경험으로 간주될 수도 있을 것이다. 향후 국학 자료 데이터베이스의 간행을 계획하는 연구자나 기관에서는 『사마방목』 전산화에서 드러난 다음과 같은 문제점에 대해 유념해야 할 것이다.

첫째, 『사마방목』처럼 표준화되지 않은 한자의 사용이 불가피한 자료를 전산화할 때에는 문자 코드 제정 방법이나 입력 · 출력 방법에 대해 전문가와 충분히 숙의하고 그들에 의해 제시된 방안을 좇아 작업에 착수해야 한다. 방목과 같이 인명이 대부분인 자료의 경우 그 속의 한자들이 빠짐없이 구비된 에디터를 미리 입수하는 것은 사실상 불가능한 일이다. 부득이 일부 한자는 사후 제작을 전제로 작업을 진행해야 하는데, 이때 합리적인 마크업 방법의 채용이 사후 작업의 난이도를 가름하는 관건이 된다.

둘째, 자료 입력 시 입력의 정확성을 높이기 위한 검증 체제가 마련되어 수시로 입력 자료의 정확도를 확인하면서 작업을 수행해야 한다. 실제로 데이터베이스 구축 과정에서 상당수의 마크업 오기 및 오자, 불규칙적인 이체자의 사용을 발견할 수 있었다. 그런데 그중의 상당 부분은 입력 시에 간단한 검증 프로그램을 통해 방지될 수 있는 문제이다.

셋째, 원활한 자료 검색을 위해서는 이체자의 사용과 동의어 및 유사어의 처리 방안에 대한 기준이 확립되어 있어야 한다. 참고로 이번 제작 과정에서는 대부분의 인명은 이체자를 그대로 수용했으나, 관직명 · 관청명 등에 쓰인 이체자와 오자는 통일했다. 본관과 거주지에 나타나는 지명의 일관된 처리에 대해서는 학계의 검증이 없기 때문에 방목 자료 그대로 두었다. 단, 인명이나 지명에서도 입력자의 혼동이 빈번하여 문자 구분의 의미가 없는 글자는 한 가지 문자로 통일했다. 예컨대 '사도시(司䆃寺)'의 오기로 간주되는 '司道寺'는 '司䆃寺'로 통일했으며, 진주(晋州) · 진주(晉州)는 진주(晋州)로 통일했으나, 대구(大邱) · 대구(大丘), 완산(完山) · 전주(全州) 등과 같은 지명은 그대로 두었다.

넷째, 관청명 · 관직명은 용어사전을 통한 입력 통제와 함께 별칭에 대한 어휘사전(Thesaurus) 지원이 필요하다. 예컨대 자료에 따라 좌의정 · 좌상과 같이 같은 관직이 자료에 따라 다른 이름으로 기록된 경우가 많은데, 이것은 입력 단계에서 용어를 통일해주거나 참조 정보를 부기하는 것이 바람직하다.

고전 국학 자료의 데이터베이스 개발은 전산 기술자나 인문학 연구자 어느 한쪽의 노력만으로는 이루어질 수 없으며, 두 분야의 연구자들이 서로 긴밀하게 협력하여 공동 작업을 추진해나갈 때 이루어질 수 있다. 『CD-ROM 사마방목』은 한국학중앙연구원 역사연구실의 사료 편찬 작업의 토대 위에 서울시스템 기술진의 데이터 가공, 서체 개발 및 고난도의 소프트웨어 개발 노력이 가해짐으로써 비로소 간행될 수 있었다. 특히 후자는 『조선왕조실록』 CD-ROM의 개발이라는 대규모 연구개발사업을 통해 축적된 요소 기술의 기반이 있었기 때문에 가능했던 일이라고 할 수 있다.

제5부

고문서 표준화와 디지털화

1. 고문서정리 표준화
2. 고문서 DB 구축과 「고문서정리카드 입력기」

1
고문서정리 표준화[1]

1) 한국학과 전산화

지식과 정보가 부가가치 창출의 원천이 되는 지식기반 사회로 나아가는 정보혁명의 시대를 맞이했다. 무엇보다 이는 정보 기술의 발달에 기인한다. 과거 대형 컴퓨터에서만 가능했던 과학 계산 능력을 개인용 컴퓨터 수준에서도 갖출 수 있게 되었고, 1장의 CD-ROM에 수억 자를 담을 수 있게 되었다. 이 같은 기술의 발달은 전 세계를 하나의 네트워크로 묶어주는 인터넷시대를 열었으며, 이른바 '인터넷 혁명'은 계속 진화될 것이다.

1 이남희, 「디지털시대의 고문서정리표준화」, 『고문서연구』 22, 2003.

정보화 현상은 이미 공공 부문에서 시작하여 거국적으로 추진되고 있다. 정부에서는 「정보화촉진기본계획」(1996), 「Cyber Korea 21」(1999)을 추진했으며, 2002년에는 향후 5년간 국가정보화의 청사진으로 「e-Korea Vision 2006」을 수립했다(정보통신부, 「제3차정보화촉진기본계획(e-K Vision 2006)」(2002~2006), 2002. 4.). 법제적인 면에서도 「공공기관의 기록물관리에 관한 법률」(1999), 「지식정보자원관리법」(2000), 「전자정부법」(2001), 「온라인디지털콘텐츠 발전법」(2002) 등이 제정되었다. 1990년대 중반부터 범정부적 정보화 추진을 통해 괄목할 만한 정보인프라 구축 성과를 달성했다.[2]

근래에는 학술, 역사, 문화 등 중요한 지식 정보를 디지털화하여 인터넷으로 유통시키는 대규모 프로젝트가 진행되고 있다. 이 같은 정보화 혁명은 역사학을 비롯한 한국학 분야에도 새로운 바람을 불러일으키고 있다. 각종 원전과 번역물 자료가 디지털화되었다. 1995년 국역 『조선왕조실록』 전자도서가 간행된 이후 『국역 · 원전 삼국사기』, 『국역 · 원전 삼국유사』, 『국역 · 원전 고려사』, 『표점 · 교감 원전 조선왕조실록』, 『국역 · 원전 고종 · 순종실록』 등 대표적인 한국 5천 년 역사서가 디지털화되었다. 그리고 『비변사등록』, 『승정원일기』, 『일성록』, 『내각일력』 등의 대규모 역사 기록물의 전산화 작업이 진행되었다. 그

2 〈표 5.1〉 정보화 추진 주요 성과 지표(http://www.nca.or.kr, 2002)

구분	1998년 말	2001년 말
인터넷 이용자(만 명)	310	2,438
초고속인터넷 이용가구(만 가구)	1.4	781
정부 전자결재율(%)	21.2	80.6
정보통신산업수출액(억 달러)	305	384

밖에 각종 등록, 방목, 문집, 법전 등도 전산화되고 있다.

고문서 분야 역시 이 같은 정보와의 흐름에 예외일 수는 없다. 역사학 분야에서 생활사, 지방사, 민중사를 중시하는 경향과 더불어 고문서의 중요성은 한층 더 커지고 있다. 그에 발맞추어 고문서정리 작업 역시 진행되고 있다. 현 단계로서는 디지털시대에 맞는 고문서정리 작업이 필요하다고 하겠다. 고문서를 전산화한 선구적인 작업이 없지 않지만, 역시 전산화를 넘어서 표준화 작업으로 나아가야 할 것이다. 여기서 '표준화'란 표준(standard)에 따른 전산화 작업이라는 의미로 사용한다. 따라서 표준화 작업에는 이미 전산화가 전제되어 있다.

이 같은 문제의식하에 여기서는 향후 이루어지게 될 고문서정리 표준화 작업에 있어 고려해야 할 점들에 대해 논의해보고자 한다. 먼저 고문서 전산화가 이제 시작단계인 만큼 나름대로 적실성 있고 유용한 논의가 될 수 있기를 기대하면서 구축되어 있거나 진행 중인 고문서 전산화 사례를 소개한 후, 향후 보완해야 할 점들을 지적하고자 한다.

이어 표준화 작업을 추진하는 데 있어 고려해야 할 몇 가지 측면들, 특히 정보기술의 표준화라는 측면에 주목하고자 한다. 서술에 있어서는 실제 개발 사례를 염두에 둘 것이다. 고문서정리 표준화 과정에서 연구자들이 담당해야 할 기술적인 역할에 대해서도 살펴보고자 한다.

2) 고문서 전산화 사례

고문서의 전산화 작업은 이제 시작되었다고 할 수 있다. 그 같은 전산화의 선구적인 사례로는 역사통합정보시스템, 국립중앙박물관, 고문서 데이터베이스 등을 들 수 있다. 이에 대해서는 【부록 4】 고문서DB 서비스 현황 참조. 고문서를 웹에서 서비스하고 있는데 전산화 사례로 검토해보고자 한다.

【부록 4】에서 보듯이 전산화의 선구적인 사례로서 이들이 갖는 의미와 중요성은 크다고 하겠다. 하지만 표준화라는 점에서 몇 가지 문제점이 있다. 우선 「분류체계」에 대해 살펴보면, 한국역사통합시스템 고문서 초기 화면은 80여 개 항목으로 분류되어 있어 자료 선택에 있어 길라잡이를 제시해주지 못하는 한계점이 있다.

참고 자료로 제시되고 있는 「기관별 분류」의 경우에도 한국학중앙연구원과 규장각의 분류체계가 상이하다. 국립중앙박물관은 기관의 특성 때문인지 고문서를 유물로 분류하고 있다. 예컨대 호적 자료를 찾기 위해서는 '디렉토리 분류: 용도/기능 → 사회생활 → 사회제도 → 족보/호적'처럼 여러 단계를 거쳐야 비로소 원하는 고문서에 접근할 수 있다. 고문서 데이터베이스 웹사이트의 경우에도 수집된 문서를 기준으로 분류체계가 구성되어 있어 세부 항목에 접근하는 데 어려움이 있다. 요컨대 체계적 고문서 분류에 의거하지 않고 있다고 하겠다.

다음으로 고문서 「정리카드」에 대해 살펴보면, 같은 웹사이트임에도 불구하고 개별 고문서를 선택해보면 다른 방식의 고문서카드 화면을 볼 수 있다. 고문서를 분류 · 정리하는 방식이 통일되지 못해 전산화 결과 역시 달라진 것이다. 이는 단순히 두 기관에만 해당하는 것은 아닐 것 같다. 고문서정리는 카드정리부터 이루어져야 한다.

이렇게 볼 때 우리는 고문서 분류체계와 고문서정리카드에 있어 일정한 기준과 원칙에 따른 표준이 필요하다는 점을 새삼 확인할 수 있다. 고문서의 전산화에서 이들 작업은 일차적인 과제라 하겠다. 표준화된 분류와 정리카드에 의거하여 작업을 진행하면, 통일된 표준에 따른 표준화 규격의 정보 서비스가 가능해진다. 그렇게 되면 사용자는 원하는 정보를 다양한 방식으로 손쉽게 얻을 수 있다. 아울러 사업을 진행하는 쪽에서도 검색 시스템 개발비 같은 경제적인 비용의 절감은 물론 시간과 인력 같은 요소도 효율적으로 활용할 수 있다.

3) 고문서와 표준화

정보 기술의 가장 큰 특징은 빠른 기술의 변화로 인해 다양한 방식의 기술을 이용하여 동일한 기능을 다르게 구현한 산출물이 동시에 복수적으로 출현한다는 것이다. 그러다 보니 그들 산출물 간의 상호운용성 문제가 생겨 동일한 환경에서 사용할 수 없는 문제가 발생한다. 그 같은 현상은 대체로 중복투자, 예산의 낭비, 효율성의 저하, 사용자의 편의성 저해 등을 불러오게 된다. 그래서 일정한 원칙에 따른 표준이 더욱 필요해진다.

표준이란 국제표준기구(ISO)의 정의에 의하면 "기술적인 규격 혹은 정확한 기준을 문서화한 합의사항으로서 규칙, 지침 혹은 특성의 정의이다. 표준은 일관성 있게 적용되어 물질, 제품, 절차 및 서비스가 그 목적에 맞도록 보장한다"고 되어 있다. 다시 말해, 표준이란 방법, 절차, 규격 등을 약속해놓은 내용으로 호환성의 향상, 생산성 및 품질의 향상을 위해 중요하다고 하겠다. 표준이 사전에 약속된 내용인 데 반해, 표준화는 이 내용을 약속하는 과정이라고 하겠다.[3]

고문서와 관련된 표준화 작업에 있어서는 크게 두 가지 차원에서 생각해볼 수 있다. 우선 ① 고문서 '분류체계', 고문서 '정리카드' 같은 '고문서' 차원의 표준이 이루어져야 하며, 이어 고문서를 전산화하기 위한 기술적인 차원의 표준, 구체적으로 ② 문자코드, 문서표준화, 메타데이터, 시소로스, 이미지 하이퍼텍스트 등을 고려해야 한다. 여기에서는 두 번째 전산화 차원에 초점을 맞추어 살펴보고자 한다.

1 한자의 표준화: 유니코드(Unicode)

고문서의 경우 거의 한자로 되어 있기 때문에 한자문화권에서 공

3 한국전산원에서 조사한 「정보기술의 표준화」와 관련한 순위 조사를 보면 다음과 같다.

〈표 5.2〉 정보기술의 표준화 우선 순위(2002)

우선 순위	과 제
1	공통 메타데이터 표준
2	디지털 문서 제작 표준(가공-관리지침)
3	웹기반 환경의 관리기법 개발
4	XML 데이터 입력/저장/검색 표준
5	특수문자, 외국어 지원 문자집합 개발
6	지식정보자원 관리 보안 지침
7	지식정보자원 분야별 분류체계
8	지식정보자원 저작권 관리 지침
9	이용자 인증에 관한 지침 및 표준
10	통합뷰어 표준

유할 수 있는 지적 자산이라 할 수 있다. 하지만 같은 한자문화권(한국, 중국, 일본, 대만, 홍콩, 베트남 등)에 속한다 하더라도 문화적 환경이나 역사적 경험의 차이에 따라 각국이 독자적으로 쓰는 한자가 있는 만큼 일정한 기준에 따른 정보 처리의 제반 과정에 있어 표준화가 필요하다. 그러한 이유로 1993년 제정된 것이 유니코드(Unicode)로서, 이제 세계는 단일코드 시대에 접어들었다.

유니코드로 일컬어지는 ISO 10646-1 국제문자부호계(UCS: Universal Multiple-Octet Coded Character Set)가 유용하다. 1993년 전 세계의 언어 문자를 한 종류의 부호계 내에서 표현하고자 하는 목적에서 만들어진 것으로 6만 5,000자로 구성되어 있다. 거기에 한자는 2만 7,484자(Extention A 포함), 한글은 1만 1,172자가 포함되어 있다.

유니코드는 한자 2만 7,484자를 구현하고 있지만 내용적으로 보면 중국, 대만, 일본 등의 국가 코드를 그대로 수용함으로써 동자 이체자가 많다. 예컨대 柹(67BE)와 柿(67FF), 鄰(9130)과 隣(96A3), 戱(622F)와 戲(6232) 등이 그러하다(괄호 안은 해당 유니코드 번호). 그렇기 때문에 실질적으로 고문헌 자료를 인터넷으로 유니코드 체계에 따라 웹서비스를 하려고 할 때, 수용하지 못하는 한자가 있을 수 있다. 그래서 고문헌 자료 전산화를 위해서는 한자 처리 문제가 중요하다.

예컨대 원전 『고려사』를 보면 164만 9,416회의 한자가 쓰였으며, 한자의 종류는 6,157자이다. 기본한자는 4,025자종(65.4%)이 161만 7,279회로 98.1%의 빈도수, 확장한자는 2,132자종(34.6%)이 3만 2,137회로 1.9%의 빈도수를 보인다. 이는 고전 자료의 전산화를 위해서는 빈도수는 적지만 자종에서 많은 비중을 차지하는 확장한자의 개발이 중요하다는 것을 말해주는 것이다.

이러한 기본한자와 확장한자의 자종과 빈도수의 분포는 국역본의 경우에도 비슷한 결과를 보여주고 있어 흥미롭다. 먼저 국역 『고려사』를 보면 107만 2,402자의 한자가 쓰였으며, 한자의 종류는 5,912자에 이르고 있다. 구성을 보면 기본한자는 4,040자종(68.3%)이 105만 7,689회로 98.6%의 빈도수, 확장한자는 1,872자종(31.7%)이 1만 4,713회로 1.4%의 빈도수를 나타낸다.

또한 국역 『조선왕조실록』을 보면, 1,051만 2,333자의 한자가 쓰였으며, 한자의 종류는 9,014자에 이르고 있다. 구성을 보면 기본한자는 4,515자종(50.1%)이 1,035만 8,983회로 98.5%의 빈도수, 확장한자는 4,499자종(49.9%)이 15만 3,350회로 1.5%의 빈도수를 나타낸다.

그리고 조선시대 생원 · 진사시 합격자 명부인 『사마방목』을 보면 145만 5,609자의 한자가 쓰였으며, 한자의 종류는 5,412자에 이르고 있다. 그 구성을 보면 기본한자는 2,869자종(53.0%)이 144만 3,158회로 99.1%의 빈도수, 확장한자는 2,543자종(47.0%)이 1만 2,451회로 0.9%의 빈도수를 나타내고 있다.

이는 고문헌의 한자 자종(字種) 연구와 관련하여 주목되는 통계 수치라 하겠다. 한국학 자료의 전산화를 위해서는 빈도수는 적지만 자종에서 많은 비중을 차지하는 확장한자의 개발이 시급하다는 것을 말해주고 있다. 2000년 12월 서울에서 열린 IRG(Ideographic Rapporteur Group) 회의에서 유니코드 Extension B 4만 2,000자가 표준코드로 확정되었고 2001년 6월부터 유니코드 Extension C 제정을 위한 활동에 들어갔다. 예컨대 『조선왕조실록』의 188자가 Extension B 영역에도 포함되지 않은 미등록 한자로 밝혀짐에 따라 Extension C 제정을 위한 자료로 활용되게 된다.

고문헌을 번역하거나 원전을 입력할 때는 반드시 유니코드 에디터를 사용해야 한다. 그래야 이후 전산화 과정에서 중복 작업으로 인한

손실을 피할 수 있다. 일반적인 유니코드 에디터로는 혼글 2002, 워드 2000 이후 버전 등을 들 수 있다.

고문서 전산화에 있어 한자의 자형 선택 문제는 생각보다 훨씬 더 중요하다. 이체자가 있는 경우, 원문대로 입력할 것인지 아니면 정체자로 바꾸어 입력해야 할 것인지 결정해야 한다. 원문의 자형 그대로 입력할 경우, 각 시대마다 용도가 변형되었을 수도 있는 한자의 모습을 관찰할 수 있다. 반면 명백한 오자에 대해 일일이 교감 표시를 해야 하는 부담이 있다. 완전히 다른 글자임에도 불구하고 혼용되는 한자가 있기 때문이다. 그래서 어떤 자형으로 입력할 것인가를 미리 결정해야 한다. 탈초의 경우도 마찬가지이다. 인명은 이체자를 그대로 쓰더라도 관직명, 관청명 및 일반명사 등은 정체자로 통일하는 것이 바람직하다고 생각한다. 전산화의 기본 목적은 자료 검색에 있기 때문이다.

하지만 모든 한자를 빠짐없이 구비한 유니코드 에디터를 갖추는 것은 현실적으로 불가능하다. 따라서 입력 시 유니코드에 있는 한자는 그것을 쓰고, 없을 경우에는 인명은 제외하고는 유니코드 내에서 최대한 선별해 사용하는 것이 필요하다. 그래도 없을 경우에는 사후 서체 제작을 염두에 두고 입력해야 한다. 유니코드 Extension B 영역의 코드 번호를 부가해두거나, 이미지 파일로 임시 사용하거나, 특정한 마크업으로 표시해두는 것도 하나의 방법이라 하겠다. 그렇게 하면 데이터베이스 구축 과정에서 중복 작업을 피할 수 있을 뿐 아니라, 검색 프로그램에서 신출한자를 찾기 위한 정보로 유용하게 활용할 수 있다.

또한 문자코드의 표준화와 관련하여 한적 자료의 데이터베이스 구축 및 자료 검색을 위해서는 한자 음가(音價)에 대한 표준화도 시급한 문제이다. 유니코드와 함께 신출한자에 대한 음가 및 훈(訓)을 규정하는 문제도 학계에서 관심을 가지고 연구되어야 하겠다.

2 XML(eXtensible Markup Language)

국가 데이터베이스 구축 사업에서는 XML 기반의 문서 표준화를 채택하고 있다. XML의 특장점은 자료의 성격에 맞는 구조별 웹서비스를 할 수 있다는 것이다. XML은 SGML(Standard Generalized Markup Language)의 부분집합이라 할 수 있다. SGML은 서로 다른 시스템 사이에서 정보의 손실 없이 전송 · 저장 · 처리하기 위해 제정되었으며, 모든 문서 및 응용에 대한 범용 마크업을 정의하기 위한 방법을 표준화했다. 그런데 SGML은 매우 복잡하여 시스템 구축이 쉽지 않았다. 이에 1996년 W3C(World Wide Web Consortium)의 XML 워킹 그룹은 기존에 사용하던 HTML(Hypertext Markup Language)의 한계를 극복하고 SGML의 복잡함을 해결하기 위해 설계된 표준화된 텍스트 형식으로 XML을 제안했다.

중첩된 문서 구조의 검색이 가능하며, 각각의 요소별 복합 검색을 지원하여 다량의 자료를 최단 시간에 사용자에게 필요한 정보만을 서비스할 수 있다. 또한 관리자가 다양한 웹서비스를 위해 구조 변경을 자유롭고 손쉽게 할 수 있다는 장점이 있다.

게다가 사용자가 태그를 직접 정의할 수 있도록 XML DTD(Data Type Definition)를 사용할 수 있게 해줌으로써 문서를 보다 쉽고 효과적인 형태로 만들 수 있다. 개방성과 확장성 측면에서 XML 스키마(Schema)를 사용하기도 한다. 고문서 연구자의 전문적인 지식을 바탕으로 고문서 내용에 따른 DTD가 작성되어야 한다. 자료의 구성요소를 적절히 분석하여 구조를 드러내는 일은 자료의 성격을 정확하게 아는 사람만이 할 수 있기 때문이다.

XML DTD와 함께 데이터 부분, 화면 디스플레이를 위한 정보 XSL(Extensible Stylesheet Language)을 분리해 데이터의 활용성을 보장해주고 있다. XSL은 XML 문서를 변환 또는 표현하기 위한 언어로서 XML 문서의 각 요소들에 대해 글자 크기, 서체, 멀티미디어 자료 등의 디스플레이 정보를 부여해 브라우저에서 볼 수 있도록 해준다. 다시 말해 XML에 확장성과 유연성을 부여해준다.

고문서정리 작업에 있어 XML을 고려하는 것이 필요하다. XML DTD에 의거해 설정된 항목에 따라 고문서를 컴퓨터로 입력하면, 바로 표준화된 문서 양식에 따른 데이터베이스로 연동되어 구축할 수 있기 때문에 업무의 효율화와 함께 검색의 효과를 증대시킬 수 있기 때문이다.

3 메타데이터(Metadata)

고문서는 그 성격상 편차도 많은데다가 서로 다른 분류 방식으로 정리되고 있어 정보 검색을 위해서는 메타 검색을 지원하는 방식이 있어야 한다. 그래서 메타데이터가 필요하다. 메타데이터란 넓은 의미에서 '데이터에 관한 데이터' 혹은 전자자원을 기술하는 데 사용되는 데이터 요소로서, 기계가독목록(MARC)이 메타데이터의 전형이다. 메타데이터는 데이터에 관한 구조화된 데이터로서, 자원과는 독립적으로 존재하면서 다양한 접근점을 제공한다.

메타데이터 중에서도 데이터의 호환성을 유지하고 네트워크 자원의 신속한 검색을 목적으로 1995년 제정된 더블린 코어(Dublin Core)가 표준화되고 있다. 더블린 코어는 데이터의 형식과 구조를 단순화하여 원문의 저자나 발행자가 메타데이터를 직접 작성하고, 네트워크 출판을 위한 저작도구의 개발자가 이 정보에 대한 템플릿을 직접 소프트

〈표 5.3〉 더블린 코어 메타데이터 요소와 고문서

내 용	지적재산	구 현
title(문서명) subject(주제)	creator(발급자/수급자/찬자)	date(발행일)
description(발급목적) source(출처)	publisher(발행자/발행처)	type(자료유형)
language(언어) relation(해제)	contributor(탈초자)	format(표현형식)
coverage(지역/시대)	right(저작권)	identifier(식별자)

웨어에 포함할 수 있도록 하며, 작성된 데이터를 기초로 특정 분야에서 요구되는 상세한 수준으로 확장하여 사용하기 위한 것이다. 더블린 코어는 15개의 요소(element)를 기본으로 하며, 이 기본 요소는 내용, 지적재산, 구현의 세 가지로 나눌 수 있다. 이를 고문서 내용과 관련하여 항목을 연계시켜보면 〈표 5.3〉과 같다. 괄호 안이 고문서의 내용이다.

메타데이터를 통해 전자적인 형태의 정보 자원을 쉽게 식별하고 접근할 수 있도록 다양한 요소를 정확하고 간결하게 기술할 수 있으며, 사용자는 다양한 정보 검색, 나아가 다른 기관 고문서 자료와의 통합 검색도 할 수 있다.

4 시소로스(Thesaurus)

고문서에는 시대별 · 문서별내용별로 양식이나 용어가 다양하고 복잡하게 사용되기 때문에 정보 검색을 위해서는 동의어, 유사어 처리의 표준 및 용어의 통일 체계를 제공하는 시스템이 필요하다. 그것이 바로 시소로스다. 원문에 있는 용어는 그대로 쓰면서 같은 범주로 묶일 수 있는 유사 용어에 대한 어휘사전을 참조, 확인할 수 있게 하는 것이다. 역사용어에 대한 시소로스 개발 사업은 국사편찬위원회에서 2001년부터 2005년까지 연차별 사업을 통해 약 5만 단어가 수록된 한국역사용어 시소로스사전 구축을 목표로 추진해왔다(국사편찬위원회, 「국사편찬위원회의 사업현황과 향후 추진계획」, 2002. 5. 10).

따라서 「고문서용어 시소로스사전」을 작성하는 것이 필요하다. 전산화 과정에서 그것을 검색시스템에 반영시키게 되면, 사용자는 효율적으로 자료 검색을 할 수 있다. 또한 이는 고문서에 기록된 연대 표기나 명칭을 그대로 기술함으로써 고문서정리 담당자가 '고문서정리카드'를 입력할 때의 시간과 노력을 줄일 수 있다. 만약 각 기관의 고문서정리 담당자가 각 개별 고문서마다 사용된 용어의 상관성을 파악하면서 입력한다면 하루에 정리할 수 있는 고문서정리카드는 그 양이 얼마 되지 않을 것이다. 나아가 「고문서용어 시소로스사전」이 전자사전 형태로 「고문서정리카드입력기」에 탑재된다면 정리 담당자가 입력 단계에서 용어를 확인하고 참조하는 데 도움이 될 것이다.

다음으로 시소로스와 관련하여 주목할 것은 앞에서 지적한 한자의 정체자와 이체자 문제이다. 이체자 문제를 고려하지 않게 되면, 정보의 분석과 검색에 있어 심각한 오류를 내포하거나 불완전한 결과를 초래할 수 있다. 검색기에 이체자에 대한 상관 정보가 없다면, 검색 대상에서 누락될 것이기 때문이다. 이체자의 사용과 동의어 및 유사어의 처리 방안에 대해 분명한 기준이 확립되어야 한다. 그렇기 때문에 학계와 관련기관 전문가들의 토의를 거쳐 '한자정체자이체자사전표준'이 확립되어야 하며, 국가 공인 표준안으로 확정되어야 한다.

「한자정체자이체자사전」이 구축되면 이체자가 혼용된 상태에서도 완벽한 검색을 위해 정체자와 이체자를 통제하여 한꺼번에 검색해줄 수 있는 시소로스 체계를 검색운영프로그램에 구축할 수 있다. 따라서 사용자가 정보를 검색할 때 ① 정체자만을 검색 대상으로 하는 경우, ② 검색 범위를 이체자를 포함하여 검색하는 경우로 나누어 선택적으로 검색 범위를 제어할 수도 있어 정보 검색의 정확성과 효율성을 얻을 수 있다.[4]

5 하이퍼텍스트(hypertext)

고문서를 탈초하여 입력한 다음 전산화하여 데이터베이스로 구축한다 하더라도 그것은 원본이 아니다. 아무리 비슷하게 입력한다 하더라도 원본과 똑같을 수는 없기 때문이다. 입력 과정에서 오퍼레이터에 의해 차이가 생길 수도 있고, 연구자의 탈초 교감 과정에서 달리 해석될 수 있는 부문도 있다.

그런 문제를 해결하기 위해서라도 원문 상태 그대로 볼 수 있는 원본 이미지가 필요하다. 디지털카메라나 스캐너를 통해 원문을 그대로 입력하는 것이 필요하다. 기록물 보존을 위해서도 원본 이미지는 반드시 고해상도 컬러로 스캐닝하여 제공되어야 한다. 간혹 고문서 원본을 스캐닝하는 것이 아니라, 작업의 편의성과 비용 절감을 위해 간행된 책자에 수록된 고문서를 그냥 스캐닝하는 경우가 있는데 이는 최대한

4 한국고전번역원에서는 '고전용어 시소러스(http://thesaurus.itkc.or.kr)' 검색 서비스를 제공하고 있다. '고전용어 시소로스'는 『한국문집총간』에 수록된 용어들에 대해서 표제어를 중심으로 유의어, 관련어, 상하위어 등을 정리해, 용어 간의 관계 정보를 제공하는 것이다. 이를 통해 검색의 효율성을 향상시킬 수 있다.

〈그림 5.1〉 시권(試券)

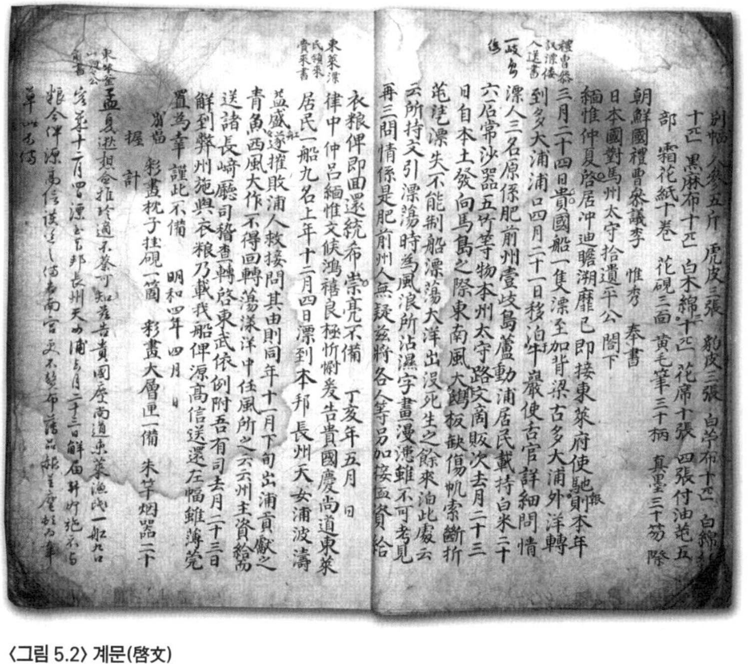

〈그림 5.2〉 계문(啓文)

피해야 한다. 컬러 원본 이미지가 제공되어야 수결이나 서압 등에 가려진 내용도 판독이 가능하기 때문이다.

하지만 원본 이미지의 경우에는 정보를 검색할 수 없다는 단점이 있다. 따라서 입력된 텍스트 정보와 원본 이미지를 동시에 제공할 수 있어야 한다. 그렇게 작업을 진행하게 되면, 사용자는 탈초된 한문 원문, 주석이 포함된 번역본, 그리고 원전 이미지라는 세 층위의 상호 보완적인 유익한 정보를 제공받을 수 있게 된다. 정보 활용이 극대화될 수 있음은 물론이다. 컴퓨터 검색 결과를 통해 내용을 파악하고, 고문서 원본 이미지를 바로 열람할 수 있기 때문이다. 이를 통해 생산성이 크게 신장될 수 있다. 이미지 이외에도 다양한 정보를 링크시킬 수 있다. 고문서 원본 외에도 그 시대의 다양한 문헌 자료와 유물, 유적 등의 멀티미디어 자료가 제공되면, 그 시대와 자료를 이해하는 데 큰 도움이 될 것이다.

기술적으로 텍스트 입력 자료와 이미지 스캐닝 자료를 연관시키기 위해서는 관련 정보를 데이터베이스에 부기해주어야 한다. 그러려면 데이터베이스 중간 중간에 스캐닝된 이미지 파일명이 링크되어 있어야 한다. 말하자면 이미지 파일을 유기적으로 결합하여 다른 자료로 연결시켜주는 통로를 만들어주는 것인데, 이를 하이퍼텍스트라 한다.

4) 과제와 전망

정부에서도 지식정보화를 기치로 내걸었으며 시대적인 추세로서 각 분야에서 정보화 사업이 추진되고 있다. 종래 전산화 · 정보화와 무

관해 보이던 역사학 등 한국학 분야에서도 정보화 작업이 활발하게 이루어지고 있다. 인문학과 전산화라는 측면에서 고문서의 전산화 작업을 넘어서 표준에 따르는 전산화로서의 '표준화' 작업에 대해 논의되어왔다. 고문서를 전산화하는 선구적인 작업이 이루어졌지만 고문서를 전산화하는 것만으로는 충분하지 않다. 수많은 전산화 작업들 사이의 상호 호환, 표준화가 이루어져야 하는 만큼 이제 표준화가 문제이다. 고문서의 성격상 시대와 문서에 따라 종류와 분량도 많으며, 편차도 큰 데다 관련기관이 서로 다른 분류 방식으로 정리하고 있어 표준화 작업은 더욱 시급하다고 하겠다.

고문서 표준화 작업에 있어서는 먼저 고문서 분류체계와 고문서정리표준안 같은 고문서 차원의 표준이 이루어져야 한다. 이어 표준에 따른 전산화를 위한 기술적인 차원의 표준, 구체적으로 문자코드, 문서표준화, 메타데이터, 시소로스, 하이퍼텍스트 등의 '기술적' 측면을 고려하는 것이 필요하다는 점을 지적해왔다.

그러면 그 같은 표준화 작업은 구체적으로 누가 할 것인가. 관련 연구기관들이 의거하여 따를 수 있는, 다시 말해 통용될 수 있는 '표준화안'의 제시와 정리가 필요하다고 하겠다. 그것은 특정한 연구자 한두 사람이 엄두를 낼 수 없는 방대한 작업이다. 정부가 하는 방법을 생각해볼 수 있지만, 역시 전문가적인 지식이 필요하다. 그런 측면에서 학계 차원에서 한국고문서학회가 갖고 있는 의의와 역할이 크다고 하겠다. 또한 구체적으로 전산화하기 위해서는 기술적인 차원의 표준화 역시 빼놓을 수 없다. 전문가에 대한 자문 없이 컴퓨터에 입력하거나 전산화하는 것은 효율성을 저하할 수도 있고, 심하게는 시간과 노력을 낭비하게 될 수도 있다.

그런 작업을 보다 원활하게 진행하기 위해서는 학계와 관련기관

담당자의 대화와 협조 체계 구축이 필요하다.[5] 우선 학계에서는 고문서 분류 체계와 정리를 위한 시안을 마련하고, 관련기관들은 같은 작업을 진행해야 하는 만큼 협의체를 구성하는 것 역시 도움이 될 것이다. 하지만 구체적인 표준화 과정에서는 전산 전문가와 고문서 연구자

5 한국고문서학회에서는 「한국고문서정리표준화연구」를 수행했으며 그 결과로 아래와 같이 '고문서 분류체계 시안'을 제시한 바 있다(한국고문서학회, 『고문서정리 표준화안 연구결과보고서』, 2003). 이 분류체계에서는 고문서에 수록된 내용과 주제를 현재 문헌분류법에서 활용하는 십진체계에 따라 배열하고 있다. 전문가뿐 아니라 다양한 계층의 고문서 이용자들이 쉽게 이용할 수 있도록 한 것이다.

〈표 5.4〉 고문서분류체계(한국고문서학회)

기본 항목	세부 항목
000 일괄문서	010 국왕 · 왕실 일괄문서 / 020 중앙기관 일괄문서 / 030 지방기관 일괄문서 / 040- 060 문중소장 일괄문서 / 070 기타 기관 · 단체 일괄문서 / 080 국외기관 일괄문서 / 090 기타
100 국왕 · 왕실	110 교령 / 120 보고 / 130 책봉 · 의례 / 140 공신 / 150 궁궐제도 / 190 기타
200 정치 · 행정	210 조직 · 운영 / 220 임면 / 240 명령 / 250 보고 / 260 외교 / 270 국방 / 280 포상 / 290 기타
300 사법 · 법제	310 법령 / 320 소송 · 판결 · 공증 / 340 형벌 / 350 사면 / 360 법의학 / 370 치안 / 390 기타
400 산업 · 경제	410 농업 · 수산업 / 420 유통 · 시장 / 430 재정 / 440 부세 / 450 회계 / 460 금융 / 470 매매 · 교역 / 480 상속 · 증여 / 490 토목 · 건축
500 사회	510 인구 · 호적 / 520 신분 / 530 진휼 / 540 족보 / 550 가족 · 친족 / 560 촌락조직 / 570 결사조직 / 580 사회운동 / 590 기타
600 교육 · 문화	610 관학교육 / 620 사학교육 / 630 가정 · 여성교육 / 640 과거 / 650 문학 · 저술 / 660 출판 · 인쇄 / 670 예술 / 680 과학 / 690 기타
700 종교 · 풍속	710 유교 / 720 불교 / 730 도교 · 기독교 / 740 민속신앙 / 750 일상의례 / 760 민속놀이 / 770 의식주 / 780 건강 · 의료 / 790 기타
800 개인자료	810 간찰 / 820 일기 / 830 행장 · 전기 / 840 시문, 기행문 / 850 금석문 / 860 비망기 / 870 연보 / 880 유서 · 유언 / 890 기타
900 기타	

들의 대화와 협조가 지속적으로 이루어져야 한다. 그럴 때 표준화 작업은 현실성과 더불어 적실성을 얻어낼 수 있을 것이다.

2
고문서 DB 구축과 「고문서정리카드 입력기」[6]

1) 정보화와 고문서

급속하게 전개되고 있는 정보화는 이미 인문학에도 새로운 장을 열어주었다. 역사, 문화 등 중요한 지식 정보를 디지털화하여 인터넷으로 유통시키는 대규모 프로젝트가 진행되었다. 이 같은 정보화 혁명은 역사학을 비롯한 한국학 분야에도 새로운 바람을 불러일으키고 있다. 각종 원전과 번역물 자료가 디지털화되었으며, 각 분야에서 다양한 작업이 진행되고 있다.

6 이남희, 「고문서정리 표준화와 DB 구축: '고문서정리카드 입력기' 개발과 활용을 중심으로」, 『고문서연구』 29, 2006.

고문서 분야 역시 예외는 아니다. 역사학 분야에서 생활사, 지방사, 민중사를 중시하는 경향과 더불어 고문서의 중요성은 한층 더 커지고 있다. 학계 내에서의 고문서 연구자층과 활용 범위가 확대되면서 고문서 자료의 전산화, 효율적 자료 이용의 필요성이 제기되고 있다. 그런 만큼 일차적으로 고문서정리 작업이 필요하며, 나아가 단순한 정보화를 넘어서 표준화를 지향하지 않으면 안 된다. 디지털시대에 맞는 표준화된 고문서정리 작업이 필요하다고 하겠다. 고문서 전산화의 표준화와 관련하여 문자코드(Unicode), 문서표준화(XML), 메타데이터, 시소로스 등을 고려하는 것이 필요하다. 이는 고문서입력기 개발에도 반영되어야 할 요소들이다.

고문서정리 작업을 일별해보면, 각 기관별 · 소장처별로 정리와 목록 작업이 이루어져왔다. 고문서 수집 정리는 전문 연구기관, 박물관 및 도서관, 지방자치단체의 문화기관 및 향토연구회 등에서 이루어지고 있으며 300만 점 이상 수집될 것으로 여겨진다. 정리와 목록이 완성된 고문서들의 경우, 그 일부가 영인 출판되기도 했고, 초서로 된 고문서의 경우 탈초 작업을 거쳐 간행되기도 했다. 수집 정리된 고문서를 영인 출간한다 하더라도 검색과 활용이라는 문제는 여전히 남는다. 자신에게 필요한 고문서를 찾아내는 것 자체가 관건이 될 것이다. 따라서 고문서의 활용도를 높이기 위해서는 먼저 표준화된 양식에 따라 목록을 만들고, 이어 그 목록을 구성하는 항목별 내용을 데이터베이스로 구축하는 것이 필요하다. 데이터베이스가 구축되면, 자신에게 필요한 고문서에 보다 쉽게 접근하여 활용할 수 있을 것이다.

이에 한국고문서학회에서는 국학진흥연구사업(2001. 11~2002. 9)으로 『한국 고문서정리 표준화 연구』를 수행했으며, 그 결과로서 '고문서정리카드 표준화안' 및 '고문서 분류체계 시안'을 제시했다(한국고문서학회, 『한국고문서정리표준화 연구』, 2002). 거기에는 「한국 고문서의 특징과 고문서정리표준화안의 기초적 연구」(정구복), 「디지털 시대의 고문서정리 표준화」(이남희), 「기록물의 서지기술」(남권희), 「일본의 고문서학과 양식분류」(이영훈), 「고문서 분류체계 시안」(이해준), 「고문서정리카드와 기술규칙」(정진영) 등이 수록되어 있다.

이러한 연구 결과에 힘입어 2차년도 사업(2002. 10~2003. 9)으로 '한국고문서목록기술규칙'과 '한국고문서분류표', '고문서용 한국문헌자동화목록형식' 표준화안 등을 제정했다(한국고문서학회, 『고문서정리 표준화안 연구결과보고서』, 2003). 거기에는 「고문서정리 표준화안 연구 경과 및 개관」(박성종), 「한국고문서목록기술규칙안」(옥영정 · 정진영 · 이창수), 「한국고문서분류표안」(이창수 · 이해준 · 배영활), 「한국문헌자동화목록형식안: 고문서용」(강순애 · 박재혁 · 이재선 · 신익철)이 수록되어 있다.

그리고 그것에 기초하여 「고문서정리카드 전용입력기」(이하 「고문서입력기」로 줄임)를 개발해 관련 기관에서 활용할 수 있도록 하고자 했다. 당시 필자는 「고문서입력기」 연구개발 책임자로 실제 개발 업무에 참여할 수 있었다. 『조선왕조실록』 CD-ROM 등을 개발한 서울시스템 한국학DB연구소장으로 연구개발 업무를 주관했으며, 세부 운영프로그램은 동 연구소 소프트웨어개발팀이 개발했다. 그런 만큼 다음에서는 그 같은 경험을 토대로 「고문서입력기」 활용과 표준화 문제에 대해 논의해보고자 한다.

「고문서입력기」는 고문서 소장 기관, 도서관, 박물관 혹은 개인 등이 수집하고 있는 고문서 자료를 정리하여 데이터베이스화하기 위해 정리카드에 필요한 항목(field)에 따라 입력하도록 한 것이다. 고문서를 체계적이고 일관되게 정리하기 위한 지침이라고 할 수 있겠다. 그렇게 개발된 입력기 프로그램은 CD-ROM으로 제작되어 유관 기관 및 연

〈그림 5.3〉「고문서정리카드 전용입력기 CD-ROM」(2003)

구자에게 제공되기는 했지만, 고문서정리 기관에서 실제로 활용하고 있는가 하면 아직 미흡한 실정이라 하겠다. 고문서입력기에 대한 정보가 널리 알려지지 않은 측면도 없지는 않다.

모처럼 「고문서입력기」가 개발되었지만 실제로는 거의 사용되지 않고 있는 이 같은 상황을 개발자의 한 사람으로 안타깝게 바라보면서 「고문서입력기」를 통한 데이터베이스 구축과 활용이라는 측면에 주목하고자 한다. 먼저 전산화와 관련하여 고문서정리 표준화의 필요성을 강조한 다음, 개발되어 있는 「고문서입력기」 내용과 개선점에 대해 검토할 것이다. 이어 그렇게 표준화된 입력기를 통해 가능하게 된 데이터베이스 구축에 관해 살펴볼 것이다.

이 같은 논의를 통해 고문서 연구자 및 관련 기관들 사이에서 고문서 목록 정리 표준화의 필요성에 대한 인식의 제고는 물론, 나아가 「고문서입력기」 활용에 관한 구체적인 방안이 활발하게 논의될 수 있었으면 좋겠다. 그를 토대로 학계 차원에서 거둔 성과로서의 「고문서입력기」가 수정과 보완 등의 업그레이드를 거쳐 고문서와 관련이 있는 기관들에 의해 공용될 수 있는 표준화안을 넘어서 표준으로 정착될 수 있기를 기대한다.

2) 「고문서정리카드 입력기」 개발

정보 기술의 가장 큰 특징은 빠른 기술의 변화로 인해 다양한 방식의 기술을 이용하여 동일한 기능을 다르게 구현한 산출물이 동시에 복수적으로 출현한다는 것이다. 그러다 보니 그들 산출물 간의 상호운용성 문제가 생겨 동일한 환경에서 사용할 수 없는 문제가 발생한다. 그 같은 현상은 대체로 중복 투자, 예산의 낭비, 효율성의 저하, 사용자의 편의성 저해 등을 부르게 된다. 그래서 일정한 원칙에 따른 표준이 더욱 필요해진다.

고문서의 전산화 작업은 진행되고 있으며, 그 같은 디지털화의 대표적인 사례로는 「한국역사통합정보시스템」 구축사업을 들 수 있다. 2005년까지 동 시스템에 구축된 고문서 자료는 2만 1,764건에 이르고 있다. 기관별로는 한국학중앙연구원 7,540점, 서울대학교 규장각 1만 3,612점, 한국국학진흥원 612점이다. 고문서의 서지사항, 해제, 원문텍스트, 원문 이미지 등을 전산화하여 서비스하고 있다. 고문서 전산화의 선구적인 사례로서 갖는 의미와 중요성은 크다고 하겠다.

하지만 고문서의 표준화라는 점에서는 문제점이 없지 않다. 기관별로 다른 분류체계를 따르고 있어 같은 사이트 내에서도 고문서 분류체계가 상이하기 때문이다. 문서를 분류 정리하는 방식이 다르기 때문에 전산화 결과 역시 다르게 나타나고 있다. 고문서정리 작업에 일정한 기준 또는 공동의 토대가 공유되지 못하고 있다. 목록 작업의 경우도 수집 및 소장 기관마다 따로 시행하고 있어 상호 간의 교류 및 공유를 어렵게 만들고 있다.

이렇게 볼 때 고문서정리에 있어 일정한 기준과 원칙에 따른 표준이 필요하다는 점을 새삼 확인할 수 있다. 고문서의 전산화에서 이들 작업은 일차적인 과제라 하겠다. 표준화된 정리카드에 의거하여 작업을 진행하면, 통일된 표준화 규격의 정보 서비스가 가능해진다.

아울러 표준화와 관련하여 주목해야 할 것은 한자 처리 문제라 하겠다. 고문서의 경우 거의 한자로 되어 있기 때문에 한자 문화권에서 공유할 수 있는 지적 자산이라 할 수 있다. 하지만 같은 한자 문화권이라 하더라도 각국에서 독자적으로 쓰는 한자가 있는 만큼 정보 처리 제반 과정에 있어 일정한 기준에 따른 표준화가 필요하다. 코드의 표준으로는 유니코드(Unicode)라 일컬어지는 ISO 10646-1 국제문자부호계(UCS: Universal Multiple-Octet Coded Character Set)를 채택하고 있다. 1993년 전 세계의 언어 문자를 한 종류의 부호계 내에서 표현하고자 하는 목적에서 만들어진 것으로 6만 5,000자로 구성되어 있다. 거기에 한자 2만 7,484자(Extention A 포함), 한글 1만 1,172자가 포함되어 있다. 따라서 「고문서입력기」는 유니코드(Extention A 포함)를 기반으로 개발되었다.

DB 구축과 관련하여 입력 시 유의해야 할 점은 한자의 자형 선택이다. 전산화에 있어 한자의 자형 선택 문제는 생각보다 훨씬 더 중요하다. 이체자가 있는 경우, 원문대로 입력할 것인지 아니면 정체자로 바꾸어 입력해야 할 것인지 결정해야 한다. 원문의 자형 그대로 입력할 경우, 각 시대마다 용도가 변형되었을 수도 있는 한자의 모습을 관찰할 수 있다. 반면 명백한 오자에 대해 일일이 교감 표시를 해야 하는 부담이 있다. 인명은 이체자를 그대로 쓰더라도 관직명 · 관청명 및 일반명사 등은 정체자로 통일하는 것이 바람직하다고 생각한다. 전산화의 기본 목적은 자료 검색에 있기 때문이다.

하지만 모든 한자를 빠짐없이 구비한 유니코드 입력기를 갖추는 것은 현실적으로 불가능하다. 따라서 입력 시 유니코드에 있는 한자(한국 한자어 포함)는 그것을 쓰고, 없을 경우에는 유니코드 내에서 최대한 선별해 사용하는 것이 필요하다. 그래도 없을 경우에는 사후 서체 제작을 염두에 두고 입력해야 한다. 이러한 신출한자의 입력 방법으로는 ① 유니코드 Extension B나 Extension C 영역의 코드 번호를 부가해두거나, ② 고문서 원본에서 스캐닝하여 이미지 파일로 임시 사용하거나, ③ 특정한 마크업으로 표시해두는 것을 들 수 있겠다. 각각의 장단점이 있으나 통상적으로 ①과 ②는 전문적으로 전산화 사업을 추진하는 과정에서 사용되고 있으며, 고문서정리카드를 입력하는 연구자의 경우에는 ③을 권장한다.

입력기에 없는 한자의 경우, 일관성을 가진 특정한 마크업과 함께 한자의 음, 소재정보를 표시해두면 데이터베이스 구축 과정에서 중복 작업을 피할 수 있다. 한자 쪽자를 한다거나 글자의 장평을 조절하여 만드는 경우, 데이터베이스 구축 과정에서 그러한 정보는 소실되기 때문이다. 또한 아무런 표시를 해두지 않는다면, 데이터베이스 구축 과정에서 미입력된 한자를 다시 고문서 원본에서 일일이 확인하지 않으면 안 된다. 확인해야 할 신출한자의 양이 많지 않으면 하루 이틀에 끝날 수 있지만, 그 분량이 많을 때 연구자는 어떤 글자인지 원본에서 일일이 확인하는 일련의 노력을 다시 수행하지 않으면 안 된다. 따라서 특정한 마크업은 검색 프로그램에서 신출한자를 찾기 위한 정보로 유용하게 활용된다.

고문서정리의 표준화 작업이 갖는 의의에 주목해 한국고문서학회에서는 「한국고문서정리표준화연구」 공동 작업을 추진했다. 그에 힘입어 '고문서정리카드, 한국고문서목록기술규칙, 한국고문서분류표, 고문서용 한국문헌자동화목록형식' 표준화안 등이 제시되었다. 이는 고문서 학계에서 시도된 표준화 관련 공동 작업으로서, 고문서를 체계적이고 일관되게 정리해가는 표준화 지침안이 제시된 것이라 하겠다.

「고문서입력기」는 위의 표준화안을 토대로 개발되었으며, 1910년 이전에 작성된 고문서 자료를 대상으로 그 목록을 작성할 수 있다. 뿐만 아니라 정해진 기본 항목(문서명, 문서종류, 발급자, 수취자 등)에 해당 사항을 입력하게 되므로 그 자체가 바로 마크업 기능을 하게 된다. 따라서 항목별 데이터베이스 구축이 한층 용이하게 되었다.

입력기의 각 항목은 고문서의 서지적 특성을 기술하기 위해 마련한 '한국고문서목록기술규칙안'(이하 「기술규칙안」으로 줄임)에 따르고 있다. '기술규칙안'은 고문서 목록 정리 표준화를 도모하기 위한 것으로 모든 고문서를 체계적이고 일관되게 정리하는 데 유용한 지침으로 사용될 수 있다. '기술규칙안'은 「고문서입력기」 프로그램 내부의 도움말에 탑재하여 연구자들이 손쉽게 참조하며 고문서 목록을 정리하여 입력할 수 있도록 했다.

그러면 이제 「고문서입력기」의 구성과 내용에 대해 검토해보기로 하자. 먼저 「기본입력」 화면의 구성을 보면 다음 〈그림 5.4〉와 같다.

입력은 (A) '기본입력'과 (B) '상세입력', 그리고 (C) '문서내용요약 및 기타 특기사항'의 세 부분으로 나누어진다. (A) '기본입력'은 고문서를 정리하는 도서관, 박물관 등의 기관에서 필수적으로 입력해야 할 항목이다. 그 내역을 보면, ① 문서종류(통칭), ② 분류번호, ③ 문서명, ④ 일괄문서, ⑤ 발급자, ⑥ 수취자, ⑦ 작성자, ⑧ 작성연도, ⑨ 장정형태, ⑩ 수량, ⑪ 크기, ⑫ 소장처, ⑬ 소장처 등록번호, ⑭ 키워드, ⑮

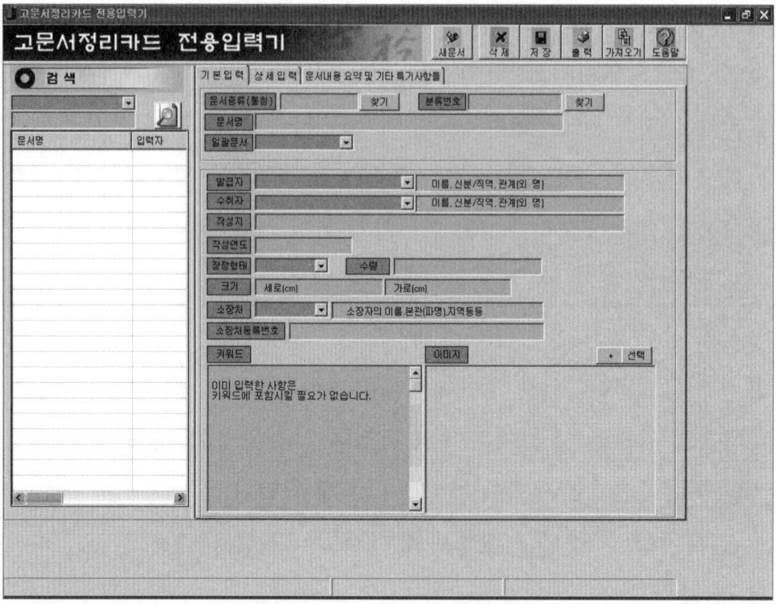

〈그림 5.4〉「고문서입력기」'기본입력' 화면

이미지가 해당된다. 고문서정리 기관에서 반드시 입력해야 할 필수 항목이라 하겠다.

이러한 각 항목들은 데이터베이스 구축 과정에서 '메타데이터(metadata)'를 구성하게 된다. 그들 메타데이터를 통해 전자적인 형태의 정보 자원을 쉽게 식별하고 접근할 수 있다. 또한 다양한 정보 검색은 물론, 나아가 다른 기관 고문서 자료의 통합 검색도 연계할 수 있다.

'기본입력' 항목에 해당하는 것들 중에서 몇 가지 기술 규칙을 살펴보면 다음과 같다. ② 분류번호는 직접 입력하는 것이 아니라 입력기 프로그램에 탑재된 「고문서분류표」 체크박스에서 선택할 수 있도록 했다. 이 분류표는 고문서에 수록되어 있는 내용들을 현행 문헌분류법에서 활용되고 있는 십진 체계로 배열했다(000 일괄문서/ 100 국왕 · 왕실/ 200 정치 · 행정/ 300 사법 · 법제/ 400 산업 · 경제/ 500 사회/ 600 교육 · 문화/ 700 종교 · 풍속/ 800 개인자료/ 900 기타).

③ 문서명의 경우, 문서명이 기재되어 있으면 문서상에 기재된 그대로 입력하며, 문서명이 기재되어 있지 않으면 「고문서명 통칭표」에 따라 문서명의 통칭을 체크박스에서 선택할 수 있다. 간찰(簡札), 감결(甘結), 검안(檢案), 계문(啓文), 계문서(契文書), 고목(告目), 고계(告計), 관문(關文), 교서(教書), 교지(教旨), 기문(記文), 노비전답안(奴婢田畓案), 녹권(祿券), 단자(單子), 망기(望記), 매매명문(賣買明文), 방물(方物), 분재기(分財記), 사은(謝恩), 상소(上疏), 소지(所志), 수표(手票), 시권(試券), 양안(量案), 완문(完文), 외교문서(外交文書), 용하기(用下記), 일기(日記), 입안(立案), 척문(尺文), 전령(傳令), 전여기(傳與記), 절목(節目), 족보(族譜), 좌목(座目), 진위(陳慰), 차자(箚子), 책문(冊文), 첩정(牒呈), 추수기(秋收記), 치부기(置簿記), 통문(通文), 품목(稟目), 하표(賀表), 해유(解由), 행장(行狀), 향약(鄕約), 호적(戶籍), 홀기(笏記) 등 49개 항목이다. 문서명의 통칭에 대해서는 논란거리가 되기도 했지만, 문서명 또는 제목이 없을 경우 '통칭'을 적어두기로 했다. 따라서 이에 대해서는 지속적인 검토가 요망된다.

그리고 ⑭ 키워드와 ⑮ 이미지 항목을 설정하여 향후 검색 등에 활용하도록 했다. 키워드는 이미 입력한 사항 이외에 검색 요소로 활용하기 위한 것인데, 향후 인터넷으로 서비스할 때 중요한 색인어로 기능할 것이다. 또한 스캐닝된 컬러 이미지는 원본 고문서를 화면상에서 그대로 확인할 수 있게 해준다. 고문서에 있어서 원본 이미지의 디지털화는 매우 중요하다. 아무리 정확한 입력과 교정 과정을 거쳤다고 하더라도 오자나 탈자가 나올 가능성이 있기 때문이다. 고문서 원본은 반드시 고해상도 컬러로 스캐닝하여 제공되어야 한다. 간혹 작업의 편의성과 비용 절감을 위해 영인된 책자에 수록된 고문서를 그냥 스캐닝하는 경우가 있는데, 이는 최대한 피해야 한다. 컬러 원본 이미지가 제공되어야 수결이나 서압 등에 가려진 내용도 판독이 가능하기 때문이다.

다음으로 (B) '상세입력'과 (C) '문서내용 요약 및 기타 특기사항' 메뉴는 '기본입력'에 제시된 항목에 기술할 수 없으나 중요하다고 생각되는 사항을 제시함으로써 이미 기술된 내용을 보완하거나 보완적인 정보를 입력하는 것이다. 주목할 점은 고문서정리 기관에서 선택적으로 입력할 수 있는 부가 항목이라는 것이다. 「고문서입력기」의 기본 및 상세, 문서요약 등의 항목을 실제로 모두 입력하려면, 하나의 고문서 문건을 정리하는 데도 많은 시간과 노력이 필요하기 때문에 선택항목으로 분리한 것이다.

(B) '상세입력' 화면은 〈그림 5.5〉와 같다. '상세입력' 메뉴는 ① 필집명, ② 증인명, ③ 서명 형태, ④ 인장 내용, ⑤ 인장 크기, ⑥ 인장 색상, ⑦ 인장 형태, ⑧ 인장 개수, ⑨ 문자, ⑩ 삽도 유형, ⑪ 서체, ⑫ 외국어 주기, ⑬ 원본 여부, ⑭ 보존상태, ⑮ 보존처리, ⑯ 재질, ⑰ 입수 유형, ⑱ 출판 및 영인 주기, ⑲ 이면기록 등이 해당된다.

(C) '문서내용 요약 및 기타 특기사항'은 ① 문서내용 요약, ② 일괄문서 포함구조, ③ 점련문서 등이 해당된다. 〈그림 5.6〉 참조. 특히 문서내용 요약은 대상문서의 내용의 개요를 기술함으로써 문서를 보지 않고도 내용을 파악할 수 있다. 목록 정리자는 6하 원칙에 따라 간결하게 기술하되 목록 내용과 크게 중복되지 않으면서 해당 문서의 특성을 알 수 있는 사항을 중심으로 기술하는 것이 좋다.

앞서 언급한 바와 같이 (B)와 (C) 메뉴는 각 기관에서 선택적으로 입력할 수 있는 항목이다. 각 문건의 세세한 사항을 모두 정리하여 입력한다는 것은 고문서 자료의 DB 구축과 활용이라는 측면에서는 장

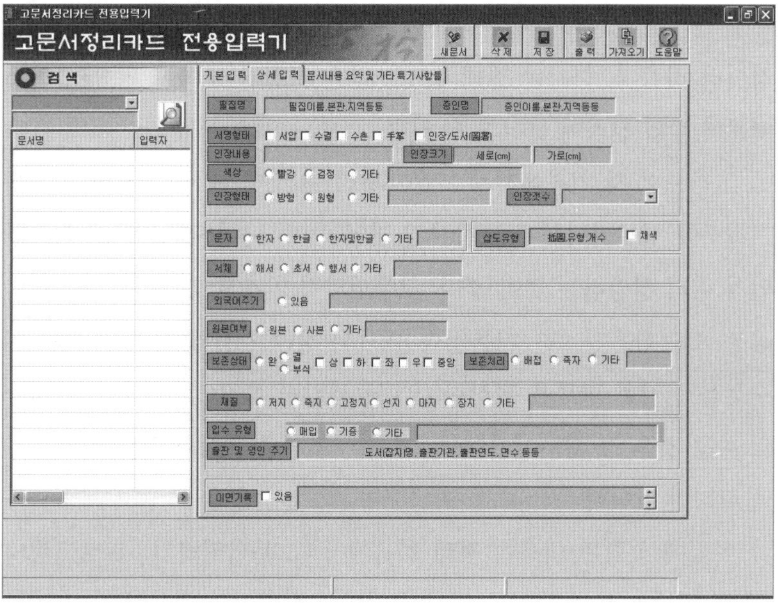

〈그림 5.5〉「고문서입력기」'상세입력' 화면

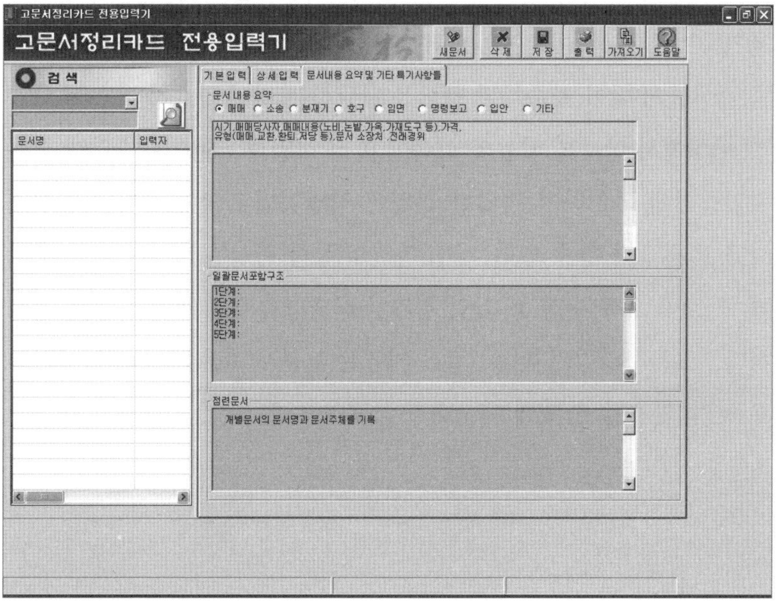

〈그림 5.6〉「고문서입력기」'문서내용 요약 및 기타 특기사항' 화면

점이라 하겠다. 하지만 절대적으로 많은 시간과 노력이 필요로 하기 때문에 작업 진척이 늦어질 수 있다.

그러므로 각 기관에서는 고문서정리 기간 및 예산 등 제반 사항을 고려하여 상세입력까지 포함시킬 것인지 아니면 기본입력에 머물 것인지 미리 결정하는 것이 좋다. 고문서입력기 프로그램에서 최소한의 공통 표준 항목인 (A) '기본입력' 메뉴와 정리 기관 및 개별 문서의 특수성을 반영한 항목을 확장한 (B) '상세입력' 및 (C) '문서요약' 메뉴로 나눈 것은 그 때문이다. 이는 자료 구조의 유연성과 입력의 효율성을 고려한 것이다.

이렇게 입력된 내용은 정리 기관에서 「고문서입력기」 프로그램의 '검색' 메뉴를 통해 원하는 문서를 열람하여 수정하거나 삭제할 수 있다. 그리고 고문서 서지사항을 정리하다 보면 동일한 대상 자료를 연구자의 관점에 따라 달리 입력할 여지가 많다. 그렇기 때문에 최대한 체크박스에서 선택할 수 있도록 하여 자의적으로 입력할 요소가 그만큼 줄어들게 되어 표준화된 양식을 지원하는 것이 필요하다.

이상에서 살펴본 메뉴와 항목에 따라 작업한 내용, 다시 말해 고문서입력기에 의거하여 작업한 파일은 작업자별로 취합하거나 통합하여 정보를 공유할 수 있다. 작업 파일의 통합 관리는 고문서의 중복 입력 체크 및 오류 수정 등 작업 결과물을 효율적으로 관리하는 데 필요하다. 「고문서입력기」의 이 같은 기능은 고문서 자료를 보다 입체적으로 정리, 활용할 수 있게 해준다고 하겠다.

3) 데이터베이스 구축과 활용

표준화된 입력기에 의거하여 작업을 진행하게 되면, 자동적으로 통일된 표준에 따른 표준화 규격의 정보 서비스가 가능해진다. '기본입력', '상세입력', '문서내용 요약 및 기타 특기사항' 등의 메뉴와 각 메뉴별 세부 항목이 일종의 마크업 기능을 해주게 된다. 따라서 입력 결과물은 마크업이 부가된 형태의 데이터베이스로 구축될 수 있다.

또한 데이터베이스에 수록된 고문서 목록 정리 데이터는 데이터베이스관리시스템(DBMS: Database Management System)이라는 소프트웨어를 통해 또는 DBMS와 연동하는 응용 프로그램을 통해 웹서비스까지 할 수 있게 되어 고문서의 디지털화 작업은 한층 더 원활하게 이루어질 수 있다. 고문서를 수집, 정리하는 기관은 별도의 데이터베이스 구축에 따른 경제적인 절감은 물론이고 시간과 인력 부분에서도 효율적으로 활용할 수 있을 것이다.

「고문서입력기」가 개발되었을 뿐만 아니라 입력기 프로그램이 CD롬으로 무상 제공되고 있음에도 불구하고 거의 사용하지 않고 있다는 점을 지적하지 않을 수 없다. 무엇보다 「고문서입력기」에 대한 정보가 널리 알려지지 않은 측면이 클 것이다. 필자가 확인한 바에 의하면, 한국연구재단 기초학문육성 프로그램의 지원으로 한국학중앙연구원에서 진행한 '장서각 전적 및 수집 고문서 기초연구팀'에서 활용한 정도에 그치고 있다. 그 결과물들은 「고문서입력기」에 의해 고문서 자료가 정리된 만큼 쉽게 데이터베이스로 구축될 수 있다.

이에 대해서는 「고문서입력기」 내부 문제와 입력기 외적인 문제를 생각해볼 수 있겠다. 외적인 문제부터 살펴보면, 각 기관에서 기존에 해온 고문서정리 작업과 상충되는 부분, 구체적으로 지금까지 작업해

온 정리 방식과는 다르기 때문에 '표준화'에 따라 다시 해야 한다는 난점이 있다고 하겠다. 아울러 고문서정리 기관들 사이에 「고문서입력기」를 바라보는 시각과 견해의 차이도 적지 않게 있는 듯하다.

「고문서입력기」 자체가 가지는 문제점도 있다고 하겠다. 우선 개별 항목 선정의 적합성 부분에 대해서는 여전히 다른 의견이 있을 수 있다. 한 건의 고문서 목록을 입력하는 데 시간과 노력이 많이 든다는 지적도 나왔다. 실제로 「고문서입력기」를 사용하여 고문서를 정리해 보니 프로그램 상 문제점들이 드러나기도 했다. 예컨대 파일관리 기능, 입력된 목록의 활용을 위한 검색 기능, 한자사전 기능 등이 보완 · 추가되어야 한다는 점, 그리고 필요한 최소 정보만 입력하게 함으로써 고문서를 입력하는 시간을 최소화해야 한다는 점 등이 제기되었다.

또한 다른 문제점으로는 「고문서입력기」 내부에 반영하고 있는 자료 구조에 대한 부분을 들 수 있겠다. 「고문서입력기」 내부 프로그램을 보면 정보 요소가 평면적으로 설계되어 있어 정보 요소 상호 간의 관계가 모호하다. 데이터의 상호 운영성에 대한 고려가 미흡하다는 점이다. 그런 만큼 XML(eXtensible Mark-up Language)에 기초한 문서 표준화가 지원되어야 할 것이다.

XML에 기초하여 문서 표준화 작업을 진행할 경우, 자료의 성격에 맞는 구조별 인터넷 서비스를 할 수 있다. 중첩된 문서 구조의 검색이 가능하며, 각각의 요소별 복합 검색을 지원하여 다량의 자료를 최단 시간에 사용자에게 필요한 적합한 정보만을 서비스할 수 있기 때문이다. 또한 관리자가 다양한 웹서비스를 위해 구조 변경을 자유롭게 할 수 있다는 장점이 있다. 그런데 현행 「고문서입력기」에는 그 부분이 고려되어 있지 않다.

이는 「고문서입력기」 프로그램 개발 당시, 개인용 컴퓨터에서 데이터를 계층 구조화시키는 것이 어려웠기 때문에 불가피하게 발생하는 것으로 파악된다. 따라서 향후 입력기 프로그램을 기술적으로 개선하거나 보완할 때 XML을 기반으로 각 항목 간의 성격에 따라 계층구조화하여 프로그램을 설계하는 것이 필요하다고 하겠다. 그러면 계층구조화를 어떻게 할 것인가? 하나의 참고 자료로 「고문서입력기」 데이터를 토대로 한 계층 구조화를 덧붙여두기로 한다. 이에 대해서는 〈표 5.5〉 「고문서입력기」 데이터의 계층 구조화 참조. 영문 코드명은 「고문서입력기」 프로그램 내부의 필드명으로 향후 입력된 데이터를 토대로 데이터베이스를 구축할 때 유용하게 활용할 수 있다.

〈표 5.5〉 「고문서입력기」 데이터의 계층 구조화

1. 외적 정보

1.1 소장 · 입수 정보

1.1.1 소장 정보

① 소장처 코드(DM_OWNER1)

② 소장처(DM_OWNER2)

③ 소장처 등록번호(DM_OWNER3)

1.1.2 입수 정보

① 입수유형(DS_SOJANG1)

1.2 연구 · 출판 정보

1.2.1 출판 · 영인 정보

① 출판영인주기(DS_SOJANG 2)

2. 내적 정보

2.1 일괄문서 정보

① 일괄문서(DM_BATCH)

② 일괄문서포함구조(DS_BATCH)

2.2 개별문서 정보

2.2.1 내용적 정보

2.2.1.1 문서명

① 문서명(DM_NAME)

2.2.1.2 발급자

① 발급자코드(DM_MAKER1)

② 발급자(DM_MAKER2)

2.2.1.3 수취자

① 수취자코드(DM_RECVER1)

② 수취자(DM_RECVER2)

2.2.1.4 문서 작성 관련인물

① 필집명(DC_PILJIP)

② 증인명(DC_JUNGIN)

2.2.1.5 작성연도 · 작성지역

① 작성연도(DM_MAKEYEAR)

② 작성지(DM_MAKELEGION)

2.2.1.6 이면기록

① 이면기록(유무)(DS_BACK)

② 이면기록내용(DS_JUGI)

2.2.1.7 점련문서

① 점련문서(DC_NAME)

2.2.1.8 문서내용

① 문서내용 요약(성격)(DM_INTRO1)

② 문서내용 요약(DM_INTRO2)

③ 키워드(DM_KEYWORD)

2.2.2 형태적 정보

2.2.2.1 형태 1

① 장정형태(DM_SIZE1)

② 수량(DM_SIZE2)

③ 크기

③-1 세로(DM_SIZE3)

③-2 가로(DM_SIZE4)

2.2.2.2 형태 2

① 원본여부(DS_REAL)

② 삽도유형(DS_TYPE1)

③ 채색(DS_TYPE2)

2.2.2.3 보존

① 보존상태1(기본)(DS_BOJON1)

② 보존상태2(상세)(DS_BOJON2)

③ 보존처리(DS_BOJON3)

2.2.2.4 표기

① 문자(DS_MUNJA)

② 외국어주기1(유무)(DS_LANG1)

③ 외국어주기2(종류)(DS_LANG2)

2.2.2.5 재질

① 종이(DS_JAEJIL)

2.2.2.6 서체

① 서체(DS_SUCHE)

2.2.2.7 서명

① 서명형태(DS_SIGN1)

2.2.2.8 인장

① 인장내용(DS_SIGN2)

② 인장형태(DS_SIGN_INJANGTYPE)

③ 인장크기

③-1 세로(DS_SIGN_INJANGSIZE1)

③-2 가로(DS_SIGN_INJANGSIZE2)

④ 인장색상(DS_SIGN_COLOR)

⑤ 인장갯수(DS_SIGN_COUNT)

그리고 이들을 알기 쉽게 그림으로 나타내면 〈그림 5.6〉의 「고문서입력기」 데이터 수형도와 같다. '고문서입력기 데이터의 계층 구조화' 및 '데이터 수형도'는 「고문서입력기」를 통해 고문서정리 작업을 수행한 한국학중앙연구원 고문헌관리학과에서 마련한 작업 결과를 참조했다.

향후 「고문서입력기」 프로그램을 개선하거나 보완할 때 이러한 고문서입력기 데이터의 계층구조화안을 참조하는 것이 좋겠다. 그렇게 한다면 각 항목들이 성격에 따라 계층구조화되어 자료의 활용성이 극대화될 수 있을 것이다.

하지만 위에서 살펴본 것과 같은 문제점이 있다고 하여 현행 고문서입력기를 활용하지 않는다면, 고문서정리카드 입력 문제는 각 기관별로 고심할 뿐 그 고민이 집적되어 학계에 공유되지 못할 것이다. 그리고 당연한 귀결로서 표준화된 양식에 따르는 고문서의 수집 및 정리, 데이터베이스 구축이라는 과제는 요원해질 것이다.

현 단계로서는 공동연구의 성과인 만큼 적극적으로 검토, 보완, 공론화하는 것이 필요하다고 하겠다. 아울러 고문서정리 기관들 사이에 「고문서입력기」에 대한 의견 교환과 더불어 보완 작업이 필요하다. 유지 보수할 수 있는 형태로 프로그램과 기능을 업그레이드시켜가는 작업이 수반되어야 할 것이다.

수정, 보완 등 업그레이드를 통해서라도 표준화된 입력 방식에 따라 해야 하는 이유는 그것이 원활한 데이터베이스 구축과 더불어 온라인 서비스와 직결되기 때문이다. 구축된 데이터베이스를 통해 온라인으로 서비스될 수도 있다. 수평적인 연계와 검색을 온라인상에서 하기 위해서도 필요하다. 그렇지 않을 경우, 개별 기관만의 데이터베이스 구축에 머물게 될 것이다. 고문서정리 기관들 사이의 수평적인 연

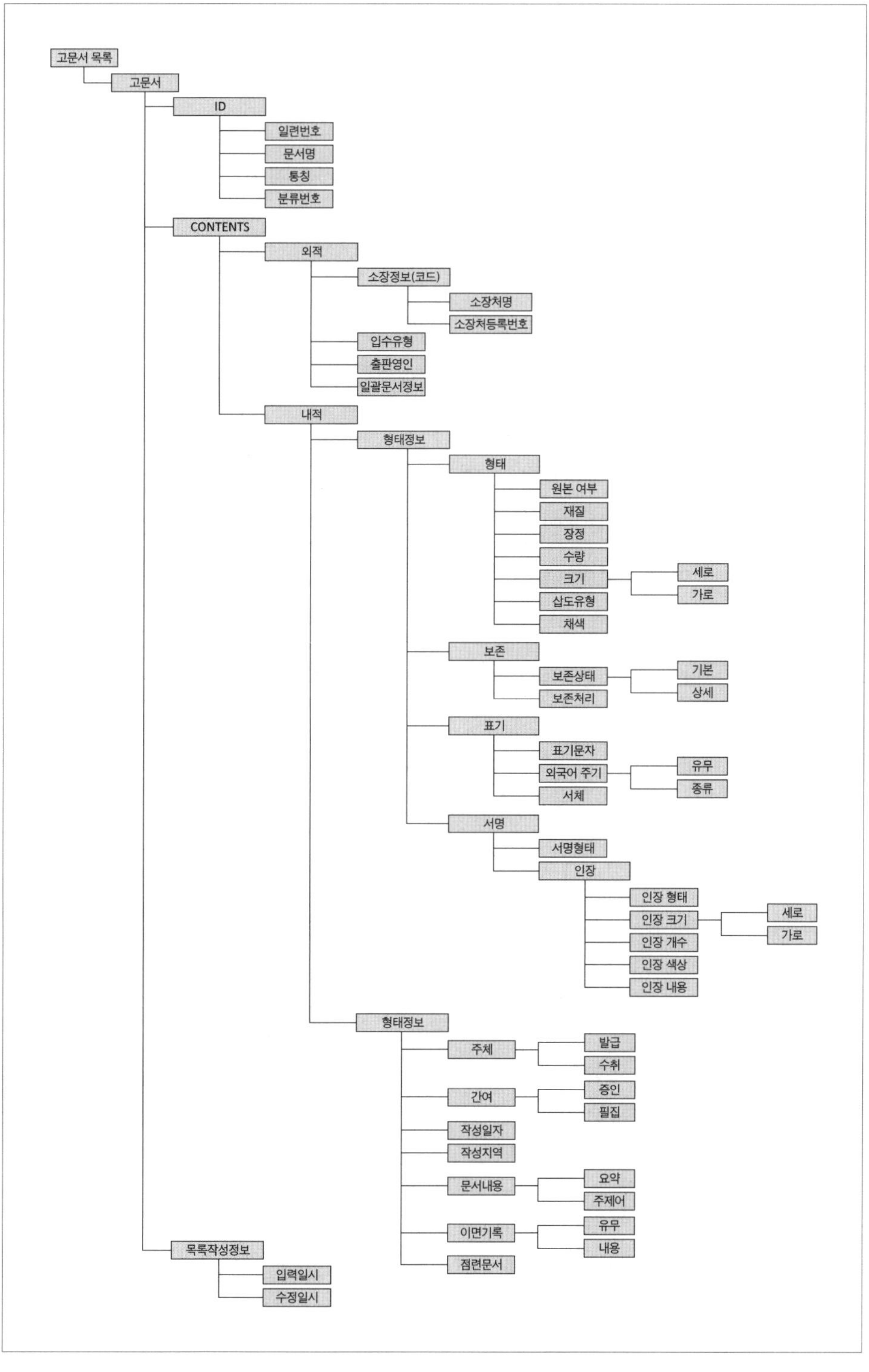

〈그림 5.7〉「고문서입력기」 데이터 수형도

계나 그들을 통괄하는 형태의 통합 데이터베이스도 쉽지 않다고 하겠다.

따라서 「고문서입력기」에 대한 보완 · 수정 작업이 필요하고, 각 기관들 사이의 의사소통과 의견 수렴 역시 요망된다. 이 과정에서 고문서학회가 중요한 조정자 역할을 할 수 있을 것으로 여겨진다. 학회가 주축이 되어 관련 기관에서 정리한 고문서 자료들을 취합하여 서비스할 수 있는 형태의 데이터베이스 구축과 웹서비스를 생각해볼 수 있지 않을까 한다.

고문서를 전산화하려는 노력이 이루어졌지만 단순히 전산화하는 것만으로는 충분하지 않다. 수많은 전산화 작업들 사이의 상호 호환, 표준화가 이루어져야 하는 만큼 표준화가 문제이다. 고문서의 성격상 시대와 문서에 따라 종류가 많고 편차도 큰 데다 관련 기관이 서로 다른 분류 방식으로 정리하고 있어 표준화 작업은 더욱 시급하다고 하겠다.

그와 관련하여 한국고문서학회에서는 2년에 걸쳐 '한국고문서정리표준화연구' 공동 작업을 추진했다. 그에 힘입어 고문서정리카드, 한국고문서목록기술규칙, 한국고문서분류표, 고문서용 한국문헌자동화목록형식 등 개별 표준화안이 제시되었다. 나아가 「고문서입력기」 CD롬을 개발하여 관련 기관 및 연구자들에게 제공했다. 이는 고문서학계에서 시도된 표준화 공동 작업으로 고문서를 체계적으로 정리해가는 데 유용한 도움이 되는 지침이라 할 수 있다.

그처럼 표준화된 「고문서입력기」로 작업을 진행하면 통일된 표준에 따른 표준화 규격의 정보 서비스가 가능해진다. 그리고 입력 결과물은 마크업이 부가된 데이터베이스로 구축된다. 이렇게 구축된 DB는 검색엔진과 결합되면 웹서비스까지 연동되어 고문서의 디지털화 작업이 효율적으로 이루어질 수 있다.

그런 만큼 공동 연구의 귀중한 성과라 할 수 있는 「고문서입력기」의 프로그램 및 구성의 보완, 수정 등의 업그레이드 작업과 동시에 고문서정리 기관들 사이에 입력기에 대한 의견 교환과 수렴 역시 활발하게 이루어져야 할 것이다. 이미 확정된 표준화안이 아니라 다 같이 하나의 '표준'을 만들어간다는 공감대 형성이 필요하다고 하겠다.

부 록

부록 1. 『조선왕조실록』 편찬 현황

대	왕대	원전 『조선왕조실록』					국역 『조선왕조실록』		
		편찬시기	편찬년도		책수	권수	책수	페이지 수	국역기관
1	태조실록	태종 10.1 ~ 태종 13.3	태종 13	1413	3	15	2	587	세종대왕기념사업회
2	정종실록	세종 6.3 ~ 세종 8.8	세종 8	1426	1	6	1	202	세종대왕기념사업회
3	태종실록	세종 6.3 ~ 세종 13.3	세종 13	1431	16	36	8	3,242	세종대왕기념사업회
4	세종실록	문종 2.3 ~ 단종 2.3	단종 2	1454	67	163	28	10,922	세종대왕기념사업회
5	문종실록	단종 2.3 ~ 세조 1.11	세조 1	1455	6	13	3	1,268	세종대왕기념사업회
6	단종실록	세조 10 ~ 예종 1	예종 1	1469	6	14	3	1,155	세종대왕기념사업회
7	세조실록	예종 1.4 ~ 성종 22.1	성종 2	1471	18	47	11	4,007	세종대왕기념사업회
8	예종실록	성종 2.12 ~ 성종 3.5	성종 3	1472	3	8	2	769	세종대왕기념사업회
9	성종실록	연산군1.4 ~ 연산군5.2	연산군 5	1499	47	297	41	13,780	세종대왕기념사업회
10	연산군일기	중종 2.6 ~ 중종 4.9	중종 4	1509	17	63	8	4,409	한국고전번역원
11	중종실록	명종 1 ~ 명종 5.10	명종 5	1550	53	105	52	16,617	한국고전번역원
12	인종실록	명종 1 ~ 명종 5.9	명종 5	1550	2	2	1	336	한국고전번역원
13	명종실록	선조 1.9 ~ 선조 4.4	선조 4	1571	21	34	16	4,973	한국고전번역원
14	선조실록	광해군 1.7 ~ 광해군 8.11	광해군 8	1616	116	221	42	12,695	한국고전번역원
	선조수정실록	인조 21.7 ~ 효종 8.9	효종 8	1657	8	42	4	1,312	한국고전번역원
15	광해군일기	인조 2.7 ~ 인조 11.12	인조 11	1633	64	187	25	7,902	한국고전번역원
16	인조실록	효종 1.8 ~ 효종 4.6	효종 4	1653	50	50	21	6,404	한국고전번역원
17	효종실록	현종 1.5 ~ 현종 2.2	현종 2	1661	22	21	8	2,717	한국고전번역원

대	왕대	원전 『조선왕조실록』					국역 『조선왕조실록』		
		편찬시기	편찬년도		책수	권수	책수	페이지 수	국역기관
18	현종실록	숙종 1.5 ~ 숙종 2.2	숙종 3	1677	23	22	9	3,098	한국고전번역원
	현종개수실록	숙종 6.7 ~ 숙종 9.3	숙종 9	1683	29	28	12	4,020	한국고전번역원
19	숙종실록	경종 1.11 ~ 영조 4.3	영조 4	1728	73	65	32	10,672	세종대왕기념사업회
20	경종실록	영조 2 ~ 영조 8.2	영조 8	1732	7	15	3	1,094	세종대왕기념사업회
	경종개수실록	정조 2.2 ~ 정조 5.7	정조 5	1781	3	5	1	380	세종대왕기념사업회
21	영조실록	정조 2.2 ~ 정조 5.6	정조 5	1781	83	127	36	12,393	세종대왕기념사업회
22	정조실록	순조 1.12 ~ 순조 5.8	순조 5	1805	56	54	27	9,663	세종대왕기념사업회 한국고전번역원
23	순조실록	헌종 1.5 ~ 헌종 4.윤4	헌종 4	1838	36	34	13	4,321	세종대왕기념사업회
24	헌종실록	철종 1.11 ~ 철종 2.8	철종 2	1851	9	16	2	695	세종대왕기념사업회
25	철종실록	고종 1.5 ~ 고종 2.윤5	고종 2	1865	9	15	2	813	세종대왕기념사업회

부록 2. 『조선왕조실록』 분류 편찬 항목(국사편찬위원회)

정치(政治)

왕실(王室)
- 종사(宗社)
- 종친(宗親)
- 비빈(妃嬪)
- 궁관(宮官)
- 행행(行幸)
- 사급(賜給)
- 경연(經筵)
- 의식(儀式)
- 국왕(國王)

정론(政論)
- 정론(政論)
- 간쟁(諫諍)

행정(行政)
- 중앙행정(中央行政)
- 지방행정(地方行政)

인사(人事)
- 선발(選拔)
- 임면(任免)
- 관리(管理)

사법(司法)
- 법제(法制)
- 재판(裁判)
- 행형(行刑)
- 치안(治安)
- 탄핵(彈劾)

군사(軍事)
- 군정(軍政)
- 중앙군(中央軍)
- 지방군(地方軍)
- 특수군(特殊軍)
- 금화(禁火)
- 부방(赴防)
- 군역(軍役)
- 휼병(恤兵)
- 병참(兵站)
- 통신(通信)
- 관방(關防)
- 병법(兵法)
- 군기(軍器)
- 전쟁(戰爭)

외교(外交)

원(元)

명(明)

야(野)

왜(倭)

유구(琉球)

동남아(東南亞)

중앙아(中央亞)

러시아(露)

구미(歐美)

변란(變亂)

정변(政變)

민란(民亂)

인물(人物)

경제(經濟)

재정(財政)

전세(田稅)

공물(貢物)

역(役)

진상(進上)

잡세(雜稅)

창고(倉庫)

국용(國用)

군자(軍資)

상공(上供)

전매(專賣)

금융(金融)

화폐(貨幣)

식리(殖利)

계(契)

물가(物價)

물가(物價)

수수료(手數料)

임금(賃金)

운임(運賃)

임대(賃貸)

상업(商業)

상인(商人)

시장(市場)

상품(商品)

무역(貿易)

교통(交通)

육운(陸運)

수운(水運)

마정(馬政)

도량형(度量衡)

농업(農業)

전제(田制)

양전(量田)

경영형태(經營形態)

토지매매(土地賣買)
권농(勸農)
농업기술(農業技術)
수리(水利)
개간(開墾)
농작(農作)
임업(林業)
축산(畜産)
양잠(養蠶)
면작(綿作)
과수원예(果樹園藝)
특용작물(特用作物)

수산업(水産業)
어업(漁業)
염업(鹽業)

광업(鑛業)
광산(鑛山)
채광(採鑛)
제련(製鍊)

공업(工業)
관청수공(官廳手工)
사영수공(私營手工)
농촌수공(農村手工)
장인(匠人)
수공업품(手工業品)

건설(建設)
건축(建築)
토목(土木)

사회(社會)

가족(家族)
가족(家族)
친족(親族)
가산(家産)
성명(姓名)

호구(戶口)
호구(戶口)
호적(戶籍)
이동(移動)

신분(身分)
양반(兩班)
중인(中人)
상민(常民)
신량역천(身良役賤)
천인(賤人)
신분변동(身分變動)

향촌(鄕村)
취락(聚落)
지방자치(地方自治)

계(契)

의생활(衣生活)
관복(官服)
상복(常服)
예복(禮服)
장신구(裝身具)

식생활(食生活)
주부식(主副食)
주류(酒類)
기호식품(嗜好食品)
기명제물(器皿祭物)

주생활(住生活)
가옥(家屋)
가구(家具)
택지(宅地)

윤리(倫理)
강상(綱常)
사회기강(社會紀綱)

풍속(風俗)
예속(禮俗)
풍속(風俗)
연회(宴會)

구휼(救恤)

보건(保健)

문화(文化)

사상(思想)
토속신앙(土俗信仰)
유학(儒學)
불교(佛敎)
도교(道敎)
동학(東學)
서학(西學)
기타(其他)

역사(歷史)
사학(史學)
편사(編史)
고사(故事)
전사(前史)

과학(科學)
수학(數學)
물리(物理)
화학(化學)
생물(生物)
천기(天氣)
역법(曆法)
지학(地學)

의약(醫藥)
의학(醫學)
약학(藥學)
수의학(獸醫學)

어문학(語文學)
- 어학(語學)
- 문학(文學)

예술(藝術)
- 음악(音樂)
- 미술(美術)
- 연극(演劇)
- 무용(舞踊)

교육(敎育)
- 인문교육(人文敎育)
- 기술교육(技術敎育)
- 특수교육(特殊敎育)

출판(出版)
- 인쇄(印刷)
- 서책(書冊)

부록 3. 『조선왕조실록』 전산화 범례

1. 『CD-ROM 국역 조선왕조실록』에는 국사편찬위원회의 『조선왕조실록』 분류사 편찬 자료 데이터를 반영하여 색인(索引)할 수 있도록 했다. 또한 각 기사의 끝 부분에 해당 기사의 『조선왕조실록』 원전(原典: 국사편찬위원회 영인본)의 면수와 항목 분류 정보를 부기하여 사용자의 편의를 도왔다.
2. 『CD-ROM 국역 조선왕조실록』은 연대기 자료인 『조선왕조실록』을 중층구조로 데이터베이스화하여 한 기사의 앞뒤 기사를 바로 찾아볼 수 있도록 했을 뿐만 아니라 월(月)-년(年)-왕대(王代) 간의 이동 및 접근도 자유롭게 했다.
3. 『세종실록』 「오례(五禮)」에 실려 있는 각종 그림과 도표 자료도 데이터베이스화하여 각 그림과 도표를 열람할 수 있을 뿐만 아니라 '그림 관련 기사 보기'를 통해 관련 텍스트와도 자유롭게 이동할 수 있도록 했다.
4. 국역본 413책 중 『세종실록』 23책과 28책은 각각 악보(樂譜)의 한문 원전과 칠정산(七政算)의 한문 원전이므로 수록 대상에서 제외했다. 또한 『세종실록』 22책 악보와 26책 칠정산 내편(內篇), 27권 칠정산 외편(外篇)도 보류되었다.
5. 각 실록의 명칭은 약칭을 원칙으로 한 후기 국역의 범례에 따라 『태조실록』·『정종실록』 등으로 칭했고, 「기사제목」을 표기할 때는 태조·정종·선수(『선조수정실록』)·현개(『현종개수실록』)·숙보(『숙종실록보궐정오』)·경수(『경종수정실록』) 등으로 약칭했다.

6. 『숙종실록』의 경우 원전과 국역본 모두 『숙종실록』 제1권, 『숙종실록보궐정오』 제1권, 『숙종실록』 제2권, 『숙종실록보궐정오』 제2권의 체제로 되어 있으나, 다른 수정실록과 체제를 통일하여 『숙종실록』과 『숙종실록보궐정오』로 각각 나누어 편집했다.

7. 총서와 부록의 체제는 다음과 같이 통일했다.

① 총서(總書)

- 왕의 출생, 성격, 일화(逸話), 즉위에 관련된 내용 등을 포함하는 각 실록 첫머리의 일진(日辰) 표시 없이 작성된 기사를 총서로 했다.
- 국역본 총서에 포함된 내용 중 명백하게 연대기로 분류되어야 할 기사는 일진을 참조하여 날짜를 복원한 후 연대기에 포함시켰다.
- 국역본에는 연대기에 포함되어 있으나, 내용상 명확히 총서로 분류되는 것은 총서로 추출했다.

② 부록(附錄)

- 기본적으로 국역본에 부록으로 분류되어 있는 것을 그대로 따랐으며, 왕의 전기(傳記) 자료, 즉 시책문(諡冊文) · 애책문(哀冊文) · 묘지문(墓誌文) · 행장(行狀) 등과 편수관 명단 등을 그 내용으로 한다.
- 국역본에는 연대기에 포함되어 있으나, 내용상 부록에 해당하는 것은 원 체제를 크게 해치지 않는 범위 내에서 부록으로 처리했다.

8. 원전 및 국역본의 ○표를 한 기사로 하여 각 기사마다 그 기사 내용을 축약 표현한 「기사제목」을 작성함으로써 검색 · 열람 시 내용 파악을 용이하게 했다. 또한 「기사제목」 안의 단어들은 검색 접근점으로도 쓰일 수 있게 했다.

9. 국역본의 ○표를 한 기사로 처리하되, 한 기사의 길이가 원고지 100매 분량이 넘는 경우, 열람의 편의를 위해 기사를 분할하고 해당 「기사제목」

뒤에 ①②③ 등의 번호를 달았다.

10. 사용자 편의를 위해 본문의 원주 · 역주 등에 색상을 부여하여 쉽게 구별되도록 했다. 색상의 종류와 내용은 다음과 같다.

- 【회색】: 『조선왕조실록』 원전 편찬 당시 편수관이 달아둔 원주(原註)를 표시한다.
- 【파란색】: 국역자가 단 역주(譯註)의 해당어를 표시한다. 이 부분을 클릭하면 역주를 볼 수 있다. 단, 역주 해당어가 너무 긴 경우에는 편의상 일부분만 해당어로 처리했다.
- 【연두색】: 국사편찬위원회의 『조선왕조실록』 항목 분류 정보 및 원전의 면수를 표시한다. 『세종실록』 「오례(五禮)」 편에서는 삽도(揷圖)의 제목을 표시한다.
- 【분홍색】: '사신 왈(史臣曰)'에 해당하는 사신의 논평 부분을 표시한다.
- 【하늘색】: 판본에 이동(異同)이 있는 『광해군일기』의 경우, 대본인 중초본(中草本)과 차이가 있는 정초본(正草本)의 내용을 표시한다. 【하늘색】 앞에 있는 〈 〉 표시는 〈 〉 내용이 【하늘색】으로 첨삭되었음을 말하고, 【하늘색】만 있는 경우는 【하늘색】 내용이 보첨(補添)되었음을 말한다.
- 【빨간색】: 검색 결과를 보여줄 때, 사용자가 검색 질의어로 준 단어를 표시한다.

11. 정확한 검색을 위해 인명(人名)의 성(姓)과 이름은 붙여 썼으며, 이름만 표기되어 있는 기사의 경우 성(姓)을 복원해주는 것을 원칙으로 했다. 종친의 이름에도 성을 복원했다.

12. 맞춤법과 띄어쓰기는 '한글 맞춤법 통일안'을 따르는 것을 원칙으로 하되, 원활한 검색을 위해 관직명 · 관서명 · 작호(爵號) · 제도 용어 등의 고유명사는 띄어쓰는 것을 원칙으로 했다.

예 이조 판서(吏曹判書), 사역원 정(司譯院正), 노비 변정 도감(奴婢辨定都監), 안평 대군(安平大君), 경외 출송(京外出送)

단, 관직명이 관서명 앞뒤로 나뉘어 표기된 경우와 작호가 한 글자인 경우는 붙여 썼다.

예 판의금부사(判義禁府事), 의안군(義安君)

13. 대화 · 운문(韻文) · 전교(傳教) · 교서(教書) · 상소(上疏) 등을 별행으로 처리한 후기 국역의 범례에 따라 『세종실록』 등도 위의 경우들을 별행으로 처리했다. 또한 한 단락이 길 경우, 독자의 편의를 위해 문단나누기를 했다.

14. 이해를 돕기 위해 병기한 한자는 그대로 수록하되, 한시(漢詩) 원문은 삭제했다.

15. 부호는 두 국역 기관의 전례를 따르는 것을 원칙으로 하되, 상이한 것은 아래와 같이 통일했다.

- ( ): 음(音)이 같은 한자를 묶는다.
- 〔 〕: 뜻은 같으나 음이 다른 한자를 묶는다.
- " ": 대화 등의 인용문을 묶는다.
- ' ': 2차 인용이나 강조 어구를 묶는다.
- 「 」: 3차 인용을 묶는다.
- 『 』: 4차 인용을 묶는다.
- 〔 〕: 5차 인용을 묶는다.
- 【 】: 6차 인용을 묶는다.
- 〈 〉: 국역자가 달아준 보충역(補充譯)을 묶는다. 다만 『광해군일기』에서는 중초본에 있는 내용을 묶는 데도 사용한다.
- 《 》: 책명을 묶는다.
- - -: 원주(原註) 안에 또 원주가 있는 경우 사용한다.

- : : 역주(譯註) 안에 또 역주가 있는 경우 사용한다.
- * : 원전(原典)의 대문(大文)에 삽입된 소자 쌍행(小字雙行)의 원주(原註)가 긴 경우 기사문 뒤로 옮긴 국역본의 체제에 따라 원래 있던 자리와 옮겨진 자리 앞에 사용하며 회색으로 나타난다.
- ○ : 원주(原註) 안에서 내용이 달라질 때 앞의 내용과 구별하기 위해 쓰거나, 한 기사 안에 소제목이 있고 그 소제목에 대한 설명이 있을 경우 소제목과 설명을 구별하기 위해 사용한다.
- □ : 한자의 모양이나 한글 음이 미상(未詳)인 경우 및 일진(日辰)이 미상인 경우 사용한다.
- ?? : 일진(日辰)이 착간되어 날짜를 알 수 없는 경우 사용한다.

부록 4. 고문서 DB 서비스 현황

1 한국역사통합시스템(http://www.koreanhistory.or.kr, 2003. 1. 10.)

● 고문서 분류

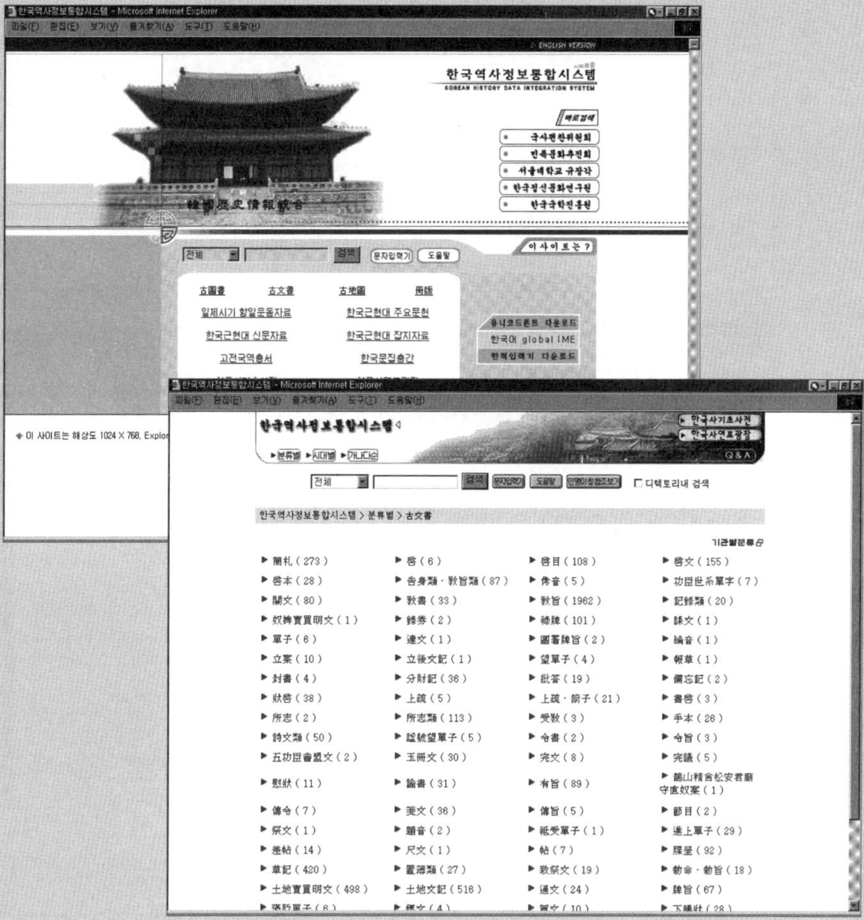

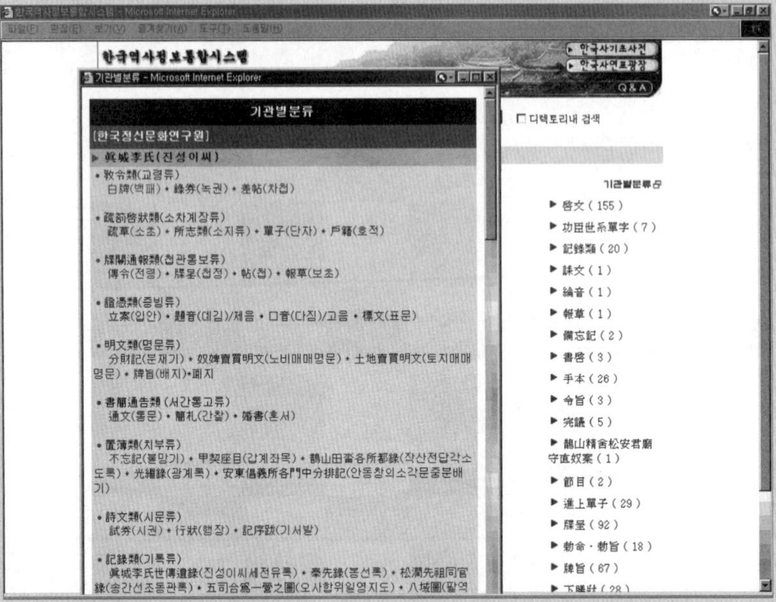
한국역사정보통합시스템
기관별분류 - Microsoft Internet Explorer
기관별분류
[한국정신문화연구원]
▶ 眞城李氏(진성이씨)
• 敎令類(교령류)
白牌(백패) • 祿券(녹권) • 差帖(차첩)
• 疏箚啓狀類(소차계장류)
疏草(소초) • 所志類(소지류) • 單子(단자) • 戶籍(호적)
• 牒關通報類(첩관통보류)
傳令(전령) • 牒呈(첩정) • 帖(첩) • 報草(보초)
• 證憑類(증빙류)
立案(입안) • 題音(데김)/제음 • 口音(다짐)/고음 • 標文(표문)
• 明文類(명문류)
分財記(분재기) • 奴婢賣買明文(노비매매명문) • 土地賣買明文(토지매매명문) • 牌旨(배지)•패지
• 書簡通告類(서간통고류)
通文(통문) • 簡札(간찰) • 婚書(혼서)
• 置簿類(치부류)
不忘記(불망기) • 甲契座目(갑계좌목) • 鵲山田畓各所都錄(작산전답각소도록) • 光繼錄(광계록) • 安東倡義所各門中分排記(안동창의소각문중분배기)
• 詩文類(시문류)
試券(시권) • 行狀(행장) • 記序跋(기서발)
• 記錄類(기록류)
眞城李氏世傳遺錄(진성이씨세전유록) • 奉先錄(봉선록) • 松澗先祖同官錄(송간선조동관록) • 五司合爲一營之圖(오사합위일영지도) • 八域圖(팔역
디렉토리내 검색
기관별분류
▶ 啓文 (155)
▶ 功臣世系單字 (7)
▶ 記錄類 (20)
▶ 誄文 (1)
▶ 綸音 (1)
▶ 報草 (1)
▶ 備忘記 (2)
▶ 書啓 (3)
▶ 手本 (26)
▶ 令旨 (3)
▶ 完議 (5)
▶ 鵲山精舍松安君廟守直奴案 (1)
▶ 節目 (2)
▶ 進上單子 (29)
▶ 牒呈 (92)
▶ 勅命 · 勅旨 (18)
▶ 牌旨 (67)

한국역사정보통합시스템
기관별분류 - Microsoft Internet Explorer
[규장각]
▶ 국왕문서(國王文書)
옥책문(玉冊文) • 공신회맹록(功臣會盟錄) • 교서(敎書) • 비답(批答) • 윤음(綸音) • 봉서(封書) • 유서(諭書) • 수교(受敎) • 유지(有旨) • 전지(傳旨) • 교지(敎旨) • 교첩(敎牒) • 차첩(差帖) • 녹패(祿牌) • 은사장(恩賜狀) • 치제문(致祭文) • 뇌문(뇌文)
▶ 왕실문서(王室文書)
전문(箋文) • 영서(令書) • 영지(令旨) • 휘지(徽旨) • 효유(曉諭) • 수본(手本) • 계목(啓目) • 도서패지(圖書牌旨) • 제문(祭文)
▶ 관부문서(官府文書)
전문(箋文) • 하문(賀文) • 상소초(上疏草) • 차자(箚子) • 계본(啓本) • 계목(啓目) • 초기(草記) • 계문(啓文) • 장계(狀啓) • 서계(書啓) • 시호망단자(諡號望單子) • 망단자(望單子) • 포폄단자(褒貶單子) • 진상단자(進上單子) • 지수단자(祗受單子) • 달문(達文) • 관(關) • 첩정(牒呈) • 상소(上疏) • 서목(書目) • 해유(解由) • 차첩(差帖) • 물금첩(勿禁帖) • 개명첩(改名帖) • 납속첩(納粟帖) • 허급첩(許給帖) • 마첩(馬帖) • 감결(甘結) • 전령(傳令) • 훈령(訓令) • 차사첩(差使帖) • 시호서경(諡號署經) • 망단자(望單子) • 녹표(祿標) • 노문(路文) • 초료(草料) • 척문(尺文 / 자문) • 문장(文狀) • 문장서목(文狀書目) • 고목(告目) • 품고(稟告) • 방위사통(防僞私通) • 행하(行下) • 고풍(古風) • 입안(立案) • 초사(招辭) • 입지(立旨) • 제음(제음 / 데김) • 전준(傳准) • 등급(等給) • 조흘(照訖) • 직부첩(直赴帖) • 첩문(帖文) • 고시(告示) • 준호구(準戶口) • 호구단자(戶口單子) • 호적표(戶籍表) • 조보(朝報) • 절목(節目) • 사목(事目) • 완문(完文)
▶ 사인문서(私人文書)
소지류(所志類 - 所志 白活 原情 單子 等狀 議送 上書 訴狀) • 상소(上疏) • 시권(試券) • 고음(口音, 다짐) • 진고장(陳告狀) • 진시장(陳試狀) • 공신자손세계단자(功臣子孫世系單子) • 조율시공의단자(照律時功議單子) • 입후성문(立後成文) • 화회문기(和會文記) • 분급문기(分給文記, 분깃문기, 分衿文記) • 금부문기(衿付文記, 깃부문기) • 별급문기(別給文記) • 허여문기(許與
디렉토리내 검색
기관별분류
▶ 啓文 (155)
▶ 功臣世系單字 (7)
▶ 記錄類 (20)
▶ 誄文 (1)
▶ 綸音 (1)
▶ 報草 (1)
▶ 備忘記 (2)
▶ 書啓 (3)
▶ 手本 (26)
▶ 令旨 (3)
▶ 完議 (5)
▶ 鵲山精舍松安君廟守直奴案 (1)
▶ 節目 (2)
▶ 進上單子 (29)
▶ 牒呈 (92)
▶ 勅命 · 勅旨 (18)
▶ 牌旨 (67)

● 고문서 정리 ①

한국역사정보통합시스템 - Microsoft Internet Explorer

고 문 서

서지

고음1 (侤音1) 서지정보

서 명	고음1
서명(한자)	侤音1
발/수/찬자	안동부/김종일/# (안동부/김종일/#)
간 행 년	미상 ()
규 격	23×41
관 인 수	3
소장처1	경상북도
소장처2	안동시
소장처3	법흥동 20번지 임청각
소장분류	法興 固城李氏文書
문서분류	證憑類 - 侤音

한국역사정보통합시스템

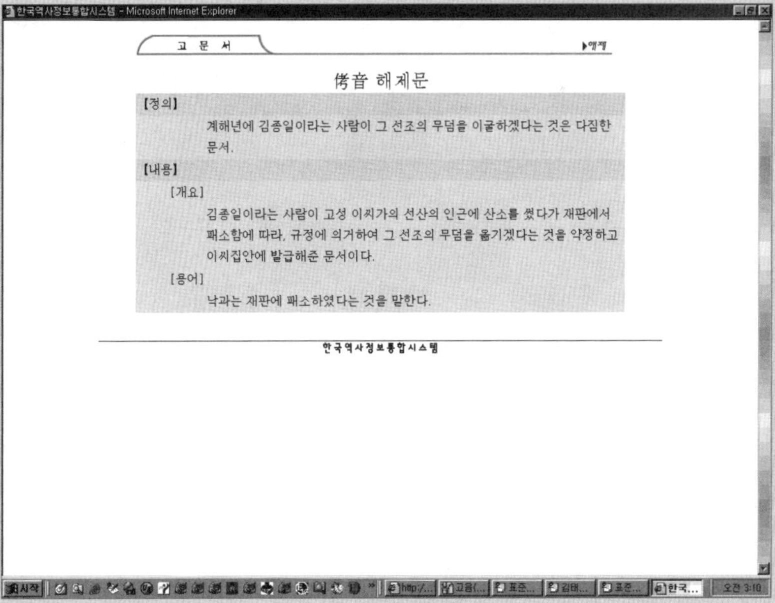
한국역사정보통합시스템 - Microsoft Internet Explorer

고 문 서

▶해제

侤音 해제문

【정의】

계해년에 김종일이라는 사람이 그 선조의 무덤을 이굴하겠다는 것은 다짐한 문서.

【내용】

[개요]

김종일이라는 사람이 고성 이씨가의 선산의 인근에 산소를 썼다가 재판에서 패소함에 따라, 규정에 의거하여 그 선조의 무덤을 옮기겠다는 것을 약정하고 이씨집안에 발급해준 문서이다.

[용어]

낙과는 재판에 패소하였다는 것을 말한다.

한국역사정보통합시스템

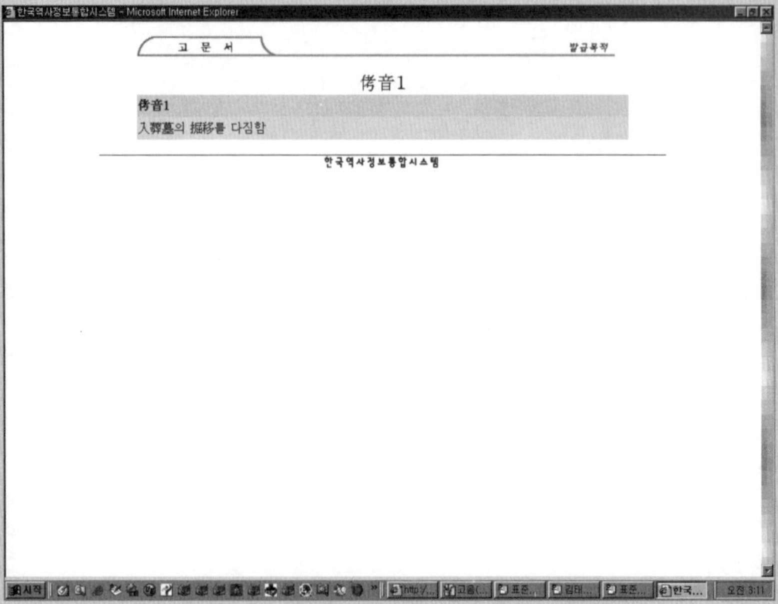
한국역사정보통합시스템 - Microsoft Internet Explorer
고 문 서
발급목적
侤音1
侤音1
入葬墓의 掘移를 다짐함
한국역사정보통합시스템

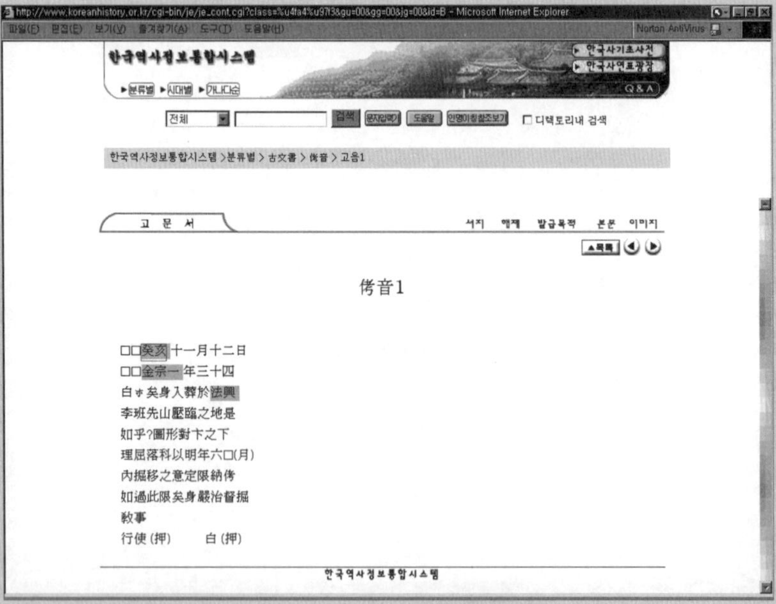
한국역사정보통합시스템
한국역사정보통합시스템 >분류별 > 古文書 > 侤音 > 고음1
고 문 서
서지 해제 발급목적 본문 이미지
侤音1
□□癸亥 十一月十二日
□□金宗一 年三十四
白ㅎ矣身入葬於法興
李班先山壓臨之地是
如乎?圖形對卞之下
理屈落科以明年六□(月)
內掘移之意定限納侤
如過此限矣身嚴治督掘
敎事
行使 (押)　　白 (押)
한국역사정보통합시스템

고문서 정리 ②

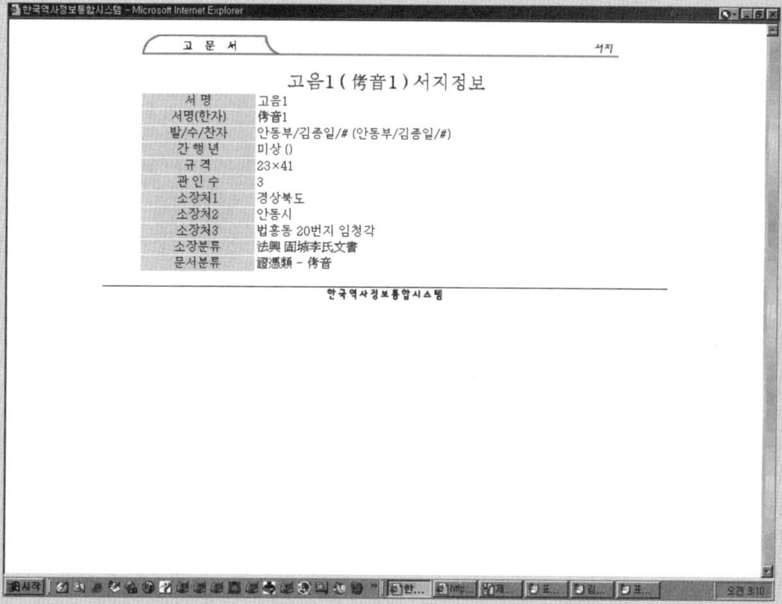
한국역사정보통합시스템 - Microsoft Internet Explorer

고 문 서 / 서지

고음1 (侤音1) 서지정보

서 명	고음1
서명(한자)	侤音1
발/수/찬자	안동부/김종일/# (안동부/김종일/#)
간 행 년	미상 ()
규 격	23×41
관 인 수	3
소장처1	경상북도
소장처2	안동시
소장처3	법흥동 20번지 임청각
소장분류	法興 固城李氏文書
문서분류	證憑類 - 侤音

한국역사정보통합시스템

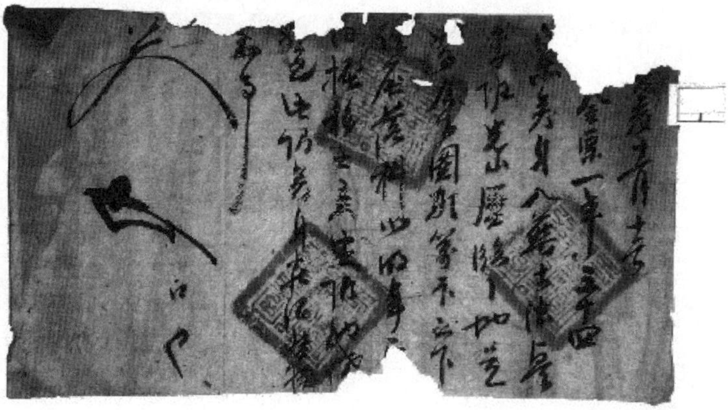

2 국립중앙박물관(http://www.museum.go.kr, 2003. 1. 10.)

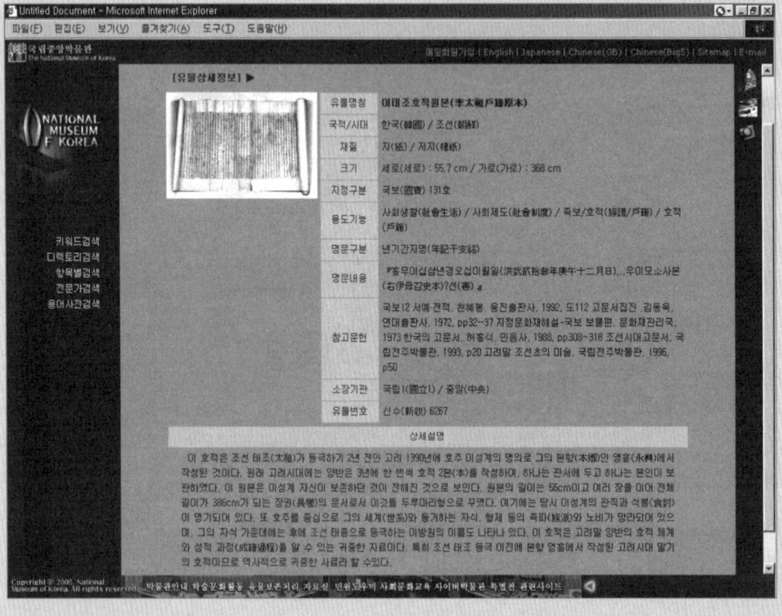

3 조선시대 고문서데이터베이스(http://tube.encia.net/olddb, 2003. 1. 10.)

조선시대 고문서 데이타베이스 - Microsoft Internet Explorer

파일(F) 편집(E) 보기(V) 즐겨찾기(A) 도구(T) 도움말(H)

조선시대 고문서 데이타베이스

2002년 1월 28일 현재 총 454건의 고문서가 등록되어 있습니다.

테이블 상단을 클릭하시면 올림차순 혹은 내림차순으로 자료정렬이 가능합니다.

Loged Members : 0

Total 454 articles, 12 pages/Now page is 1

전체보기 (454)
교령류
첩.관.통보류
증빙류
소송관련류
매매문기류
과거관련류
분재기류
관혼상제관련류
간찰
기타

no	subject	name	date	hit	*
454	동학관련문서 06999	박수환	2002/01/22	170	0
453	동학관련문서 05531	박수환	2002/01/22	41	0
452	동학관련문서 05532	박수환	2002/01/22	41	0
451	동학관련문서 05530	박수환	2002/01/22	41	0
450	전급기 03455	박수환	2002/01/22	40	0
449	지패 05049	박수환	2002/01/22	50	0
448	문안단자 00804	박수환	2002/01/22	32	0
447	수번기 08334	박수환	2002/01/22	20	0
446	문서 12890	박수환	2002/01/22	20	0
445	관상평 00923	박수환	2002/01/22	30	0
444	사주평 01014-2	박수환	2002/01/22	24	0
443	헌납문기 10992	박수환	2002/01/22	23	0
442	헌납문기 08242	박수환	2002/01/22	13	0
441	간찰 05346	박수환	2002/01/22	37	0
440	간찰 02119	박수환	2002/01/22	23	0
439	간찰 유01734	박수환	2002/01/22	22	0
438	간찰 유01342	박수환	2002/01/22	23	0
437	간찰 유01358	박수환	2002/01/22	18	0
436	간찰 유01361	박수환	2002/01/22	21	0
435	간찰 유01326	박수환	2002/01/22	17	0
434	간찰 유01334	박수환	2002/01/22	22	0
433	한글간찰 05373	박수환	2002/01/22	33	0
432	한글간찰 00744	박수환	2002/01/22	28	0
431	한글간찰 05251	박수환	2002/01/22	23	0
430	한글간찰 00682	박수환	2002/01/22	37	0

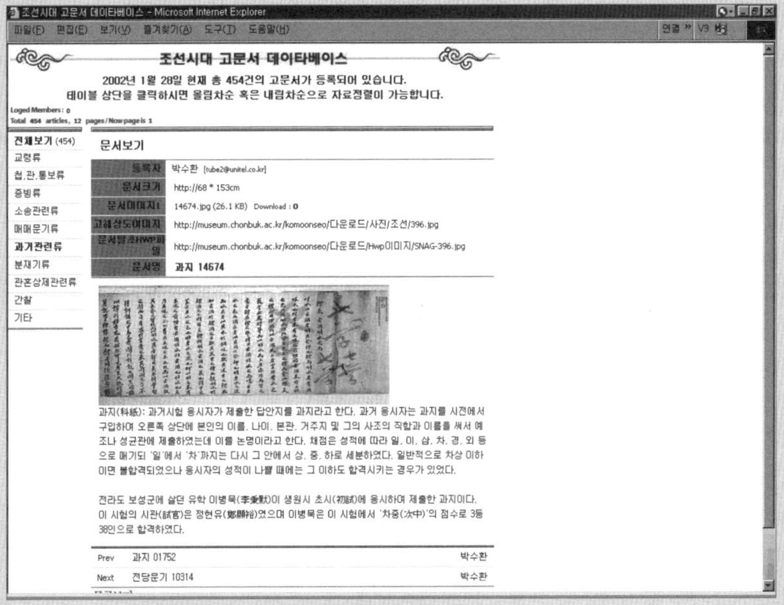

조선시대 고문서 데이타베이스 - Microsoft Internet Explorer

파일(F) 편집(E) 보기(V) 즐겨찾기(A) 도구(T) 도움말(H)

조선시대 고문서 데이타베이스

2002년 1월 28일 현재 총 454건의 고문서가 등록되어 있습니다.

테이블 상단을 클릭하시면 올림차순 혹은 내림차순으로 자료정렬이 가능합니다.

Loged Members : 0

Total 454 articles, 12 pages/Now page is 1

전체보기 (454)
교령류
첩.관.통보류
증빙류
소송관련류
매매문기류
과거관련류
분재기류
관혼상제관련류
간찰
기타

문서보기

등록자	박수환 [tube2@unitel.co.kr]
문서크기	http://68 * 153cm
문서이미지1	14674.jpg (26.1 KB) Download : 0
고해상도이미지	http://museum.chonbuk.ac.kr/komoonseo/다운로드/사진/조선/396.jpg
문서탈초HWP파일	http://museum.chonbuk.ac.kr/komoonseo/다운로드/Hwp이미지/SNAG-396.jpg
문서명	과지 14674

과지(科紙): 과거시험 응시자가 제출한 답안지를 과지라고 한다. 과거 응시자는 과지를 시전에서 구입하여 오른쪽 상단에 본인의 이름, 나이, 본관, 거주지 및 그의 사조의 직함과 이름을 써서 예조나 성균관에 제출하였는데 이를 논명이라고 한다. 채점은 성적에 따라 일, 이, 삼, 차, 경, 외 등으로 매기되 '일'에서 '차'까지는 다시 그 안에서 상, 중, 하로 세분하였다. 일반적으로 차상 이하이면 불합격되었으나 응시자의 성적이 나쁠 때에는 그 이하도 합격시키는 경우가 있었다.

전라도 보성군에 살던 유학 이병묵(李秉默)이 생원시 초시(初試)에 응시하여 제출한 과지이다. 이 시험의 시관(試官)은 정현유(鄭顯裕)였으며 이병묵은 이 시험에서 '차중(次中)'의 점수로 3등 38인으로 합격하였다.

Prev	과지 01752	박수환
Next	전당문기 10314	박수환

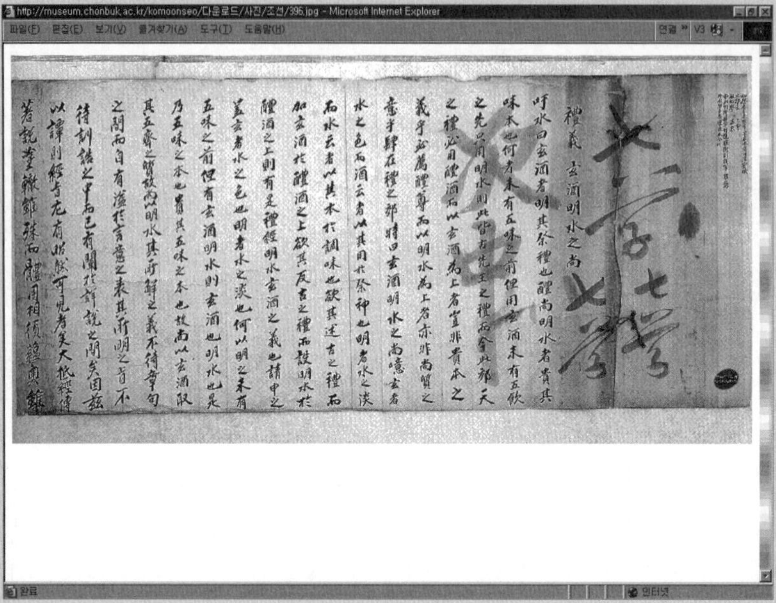

http://museum.chonbuk.ac.kr/komoonseo/다운로드/Hwp이미지/SNAG-396.jpg - Microsoft Internet Explorer

파일(F) 편집(E) 보기(V) 즐겨찾기(A) 도구(T) 도움말(H)

(396) 과지

幼學李秉默年二十五本廣州居寶城
父學生乙會
祖幼學基東
曾祖折衝將軍行龍驤衛副護軍鎮綠
外祖學生崔璟永本全州

七學

七學

七學

禮義 玄酒明水之尚
吁 水曰玄酒者 明其祭禮也 醴尚明水者 貴其味本也 何者未有五味之前 但用玄酒 未有五飮之先 只用明水 則此皆古先王之禮 而今此郊天之禮 必用醴酒 而以玄酒爲上者 豈非貴本之義乎 必薦醴尊 而以明水爲上者 亦非尚質之意乎 肆在禮之郊 特曰玄酒明水之尚 噫 玄者水之色而酒云者以其用於祭神也 明者水之淡而水云者以其本於調味也 欲其述古之禮而加玄酒於醴酒之上 欲其反古之禮而設明水於醴酒之上 則有是禮經明水玄酒之義也 請申之蓋玄者水之色也 明者水之淡也 何以明之未有五味之前 但有玄酒明水 則玄酒也明水也 是乃五味之本也 貴其五味之本也 故尚以玄酒取其五齊之質 故尚以明水其所解之義 不待章句之間 而自有溢於言意之表 其所明之旨 不待訓詁之中 而已有闡於詳說之間矣 因茲以譯則經旨尤有昭然可見者矣 大抵經傳著說塗轍雖殊 而體用相須纖奧雖
次中

완료

인터넷

저자 후기

역사와 문화와 디지털

"어디로 가야 할지 모르겠거든 온 길을 되돌아보면 된다"는 아프리카 속담이 있다. 어디서 오고 있는지 모른다면 어디로 가야 할지 알 수 없다는 말이다. 새로운 길과 방향을 찾고자 할 때 한 번 되돌아보는 것은 결코 낭비는 아니라고 생각한다. 되돌아봄을 통해서 자신이 어디에 서있고 어디로 가야 할지 가늠해볼 수 있기 때문이다. 그래서 역사는 항상 과거와 현재의 끊임없는 대화이자 동시에 미래를 구상해보는 것이다.

이 책은 그동안 필자가 발표했던 글들을 한데 묶은 것이다. 지금까지 25년 동안 디지털 인문학에 관심을 갖고 일하면서, 그 분야와 관련해서 자신의 생각과 주장을 담은 글들을 써왔다. 다른 각도에서 보자면 역사문화학의 디지털화가 어떻게 시작되어 지금에 이르렀는가 하는 과정을 되돌아보는 것이기도 하다. 그들을 한 권의 책으로 묶음으로써 매듭을 하나 짓고 싶다는 생각이 들었다. 지나온 과정을 되돌아보는 것은 회고가 아니라 앞으로의 방향과 진로에 대해 다시 생각해보려는 것이다. 다시금 새롭게 한 걸음 내딛고 싶다는 바람도 담겨 있다.

인문학 전공자로서의 필자가 데이터베이스 구축 같은 새로운 영역을 접하게 된 것은 1991년 9월이다. 박사과정을 수료할 무렵 서울시스템 한국학DB연구소에서 일하면서 공부하게 되었다. 한국학DB연구소는 전통 인문학과 최신 컴퓨터가 만나는 최첨단 연구소였다. 국학자료의 전산화, 멀티미디어 기술 개발과 연구에 참여할 수 있는 기회를 얻었다. 고전 자료 전산화의 관건이었던 한자 입력방법의 개발, 한·중·일 동양 삼국의 한자를 처리할 수 있는 한자코드 정리 작업도 추진했다. 족보 전산화 작업에 참여하기도 했다. 실로 귀중한 경험이었다.

이어 고문헌 데이터베이스 구축, 원천 데이터의 전산 입력에서 교열, 검색 소프트웨어 및 프로그램 개발에 이르는 과정을 기획, 주관하여 진행할 수 있었다. 그런 일련의 결과물이 사회 전반에 걸쳐 지대한 영향을 미치게 될 것이라고는 미처 예상하지 못했다. 하지만 어느 순간 그 위력을 실감할 수 있었다. 지금도 필자에게는 자랑스러운 순간들 중의 하나로 기억되고 있다.

개인적으로 일반적인 역사학 연구에서 벗어나는 듯한 우려도 없지는 않았다. 하지만 『조선왕조실록』을 비롯해 『삼국사기』, 『삼국유사』, 『고려사』, 문집, 방목 등의 기본 역사 사료 전산화 작업에 참여하고, 중요무형문화재, 전국 문화유적총람, 서울600년사, 인천시사, 제주도 신화 전설, 조선후기 여항문화(閭巷文化) 등을 멀티미디어 디지털콘텐츠로 개발한 것은 든든한 자산이 되어주었다. 역사문화의 정보화 및 대중화에 작은 힘이나마 보탰다는 일종의 보람 같은 것도 느낄 수 있었다. 아울러 역사학 연구에서도 나름대로 기여한 부분, 역사의 과학적 연구, 역사학의 대중화 작업도 있지 않을까 한다.

그러던 차에 하나의 전기를 맞게 되었다. 2003년부터 직장을 원광대학교 한국문화학과로 옮기게 되었다. 디지털화 현장에서는 조금 멀어지는 듯한 느낌도 없지 않았다. 그동안 쌓은 경험과 이론을 통해 인문학과 디지털화의 만남을 한층 더 심화시킬 수 있으리라는 것, 그리고 젊은 세대 교육과 전문 인력 양성에 대한 생각과 기대가 더 컸던 듯하다. 이후에도 이른바 '산학협력'(産學協力)을 통해 역사문화 디지털 콘텐츠화 작업에 계속 참여할 수 있었다. 그 무렵 조선왕조실록과 현재를 아우르는 역사칼럼 '클릭 조선왕조실록'을 2년간(2003~2005) 『월간중앙』에 연재하기도 했다.

그로부터 다시 10여 년이 흘렀다. 인문학을 기반으로 하면서 문화콘텐츠와 접목시키는 응용인문학 교과목을 만들어 학문적으로 그 분야를 개척해간다는 자부심도 가질 수 있었다. '문화콘텐츠산업 창업학교'를 개설하여 운영하기도 했다. 문화콘텐츠 산업의 중요성과 가능성, 그 분야와 관련된 취업과 진로의 길을 소개해주고 싶었다. 현재 학부에서는 문화콘텐츠학 융복합전공, 그리고 대학원에서는 문화콘텐츠학과를 설치하여 운영하고 있다. 최근에는 문화자본주의시대와 문화산업에 관한 전면 특집 기획기사를 『원대신문』에 5회에 걸쳐 연재하기도 했다(2015).

그동안 필자는 디지털을 통해서 새롭게 태어나는 고전의 세계를 한껏 누릴 수 있었다. 디지털과 고전의 만남, 역사와 문화의 융합을 통해 오래된 지혜가 미래를 열어갈 수 있다는 것도 알게 되었다. 창조적인 인문학의 가능성과 새로운 지평을 예감하고 있다고 해도 좋겠다.

다가올 미래에는 '역사'와 '문화'가 파워라는 것, 다시 말해 인문학에서 창조적인 원동력을 찾을 수 있다는 믿음에는 변함이 없다. 역사와 문화가 디지털과 만날 때 한정된 시공간을 훌쩍 뛰어넘을 수 있을 것이다. 창조적인 공간이라 해도 좋겠다. 미래의 가능성은 그곳에 있다고 생각한다. 그런 흐름 자체가 이미 대세가 되어 '역사'를 만들어가고 있지 않은가.

지금까지 공부해오고 또 이 책을 낼 수 있게 된 것은 그동안 많은 분들의 두터운 보살핌과 격려가 있었기 때문이다. 이 자리를 빌려 고마운 마음을 전하고자 한다. 새 책이 나온다는 기쁨과 설렘은 언제나 울타리가 되어주는 가족과 함께 나누고 싶다. 인생의 길동무이자 좋은 독자이기도 한 남편, 새롭게 세상을 바라보게 해주는 두 아들 진학(辰學)과 진우(辰禹), 모두에게 고맙고 또 사랑한다는 말을 전하고 싶다. 그리고 그동안 써온 글들을 이렇게 아담한 책으로 만들어준 북코리아 이찬규 대표님과 편집부 여러분께 감사드린다.

2016년 1월 10일
솜니 신용벌 연구실에서
이 남 희

참고문헌

강순애, 「한국 민간 소장 고문헌의 DB 구축과 공동 활용 방안」, 『서지학연구』 38, 2007.

______, 「기록관리의 역사에 관한 국내의 연구 동향」, 『한국기록관리학회지』 13-3, 2013.

강진갑, 『한국문화유산과 가상현실』, 북코리아, 2007.

권덕영, 「역사와 역사소설, 그리고 사극: 장보고와 '해신'을 중심으로」, 『역사와 현실』 60, 2006.

김광철, 「고려사의 편찬과 역주」, 동아대학교 · 서울시스템, 『CD-ROM 고려사』, 1999.

김기덕, 『영상역사학』, 생각의 나무, 2005.

______, 「영상역사학: 역사학의 확장과 책무」, 『역사학보』 200, 2008.

______, 「문화콘텐츠의 핵심원천으로서의 역사학」, 『역사학보』 224, 2014.

김기덕 외, 『우리 인문학과 영상』, 푸른역사, 2002.

김기봉, 『팩션시대, 영화와 역사를 중매하다』, 프로네시스, 2006.

김기협, 「고려사의 컴퓨터 화일 설계」, 『대구사학』 23, 1983.

김남일, 「고문서 메타데이터 표준화 현황과 과제」, 『고문서연구』 34, 2009.

김대길, 「고문서 수집, 정리의 실제와 과제」, 『고문서연구』 31, 2007.

김덕묵, 「향토문화전자대전 디지털마을지의 새로운 방향모색」, 『한국민속학』 58, 2013.

김석근, 「지역주의, 동아시아공동체, 그리고 중화패권주의」, 『오늘의 동양사상』 11, 2004.

김영순 · 김현 외, 『인문학과 문화콘텐츠』, 다할미디어, 2006.

김종명, 「고려대장경의 전산화와 인문학적 중요성」, 『불교연구』 15, 1998.

김현, 「동양학자료 전산화의 구상과 과제」, 『민족문화연구』 21, 1987.

______, 「한국 고전적 전산화의 성과와 과제」, 『민족문화』 18, 1995.

______, 「고문헌 자료 XML 전자문서 편찬 기술에 관한 연구」, 『고문서연구』 29, 2006.

______, 「문화콘텐츠: 인문지식 향유의 새로운 트렌드」, 『철학연구』 90, 2010.

______, 『인문정보학의 모색』, 북코리아, 2012.

김현 외, 『지역문화 콘텐츠 제작의 실제』, 북코리아, 2009.

김흥규, 「유니코드 시대의 정보환경과 한국학」, 『21세기 정보화 시대의 한국학』, 한국정신문화연구원, 1998.

남권희, 「한국학 자료 전산화의 문제점과 바람직한 방향」, 『국학연구』 2, 2003.

류준범, 「역사 자료 전산화와 사료 비판」, 『역사문제연구』 20, 2008.

임승표, 「남 · 북한 국역 조선왕조실록 체제 · 내용 비교」, 『민족문화』 17, 1994.

박경하, 「영상기록현황과 역사민속학에서의 활용」, 『역사민속학』 14, 2002.

______, 「귀화인 김충선의 생애와 역사문화콘텐츠로의 재현 사례」, 『다문화콘텐츠연구』 19, 2015.

박경하 외, 「인본적 신산업기술정책의 방향과 과제」, 『인문콘텐츠』 7, 2006.

박광용, 「TV사극에 문제 있다: 한중록을 중심으로」, 『역사비평』 6, 1989.

______, 「사극 〈왕도〉에서 왜곡된 홍국영의 참모습」, 『역사비평』 13, 1991.

______, 「드라마 속의 역사」, 『외대』 36, 1995.

박병호, 「고문서 수집, 정리의 실제와 과제」, 『고문서연구』 31, 2007.

박종우, 「고전 전산화에 있어서 신출한자의 유형과 처리 방안」, 『민족문화연구』 39, 2003.

______, 「인명용 한자의 국제표준화 방안 연구」, 『어문연구』 143, 2009.

박찬수, 「남 · 북한 국역 조선왕조실록 용어 비교」, 『민족문화』 17, 1994.

박향재, 「조선왕조실록의 검색시스템에 관한 연구」, 『계명대학교산업기술연구소논문보고집』 4, 1983.

안승준, 「고문서 수집, 정리의 실제와 과제」, 『고문서연구』 31, 2007.

유동환, 「한국 전통 문화유산 콘텐츠개발 현황과 과제」, 『국학연구』 12, 2008.

______, 「문화콘텐츠 기획과정에서 인문학 가공의 문제」, 『인문콘텐츠』 28, 2013.

이건식, 「디지털지식정보 자원의 부가가치 창출 방안」, 『인문콘텐츠』 3, 2004.

이규옥, 「한국 고전 전산화에 있어서 이체자 처리 방안」, 『고전 전산화를 위한 이체자 인코딩 및 DB구축방안』, 문자코드연구센터, 2005.

이기동, 「역사소설, 사극의 공과 과」, 『한국사시민강좌』 20, 1997.

이남희, 「전산화를 통해서 본 조선왕조실록」, 『서지학연구』 13, 1997.
______, 「CD-ROM 사마방목 개발과정」, 『CD-ROM 사마방목』, 1997.
______, 「조선시대 자료의 전산화」, 『조선시대사학보』 12, 2000.
______, 「향토사 자료의 전산화 과정과 그 효용성」, 『향토문화』 12, 2000.
______, 「조선왕조실록 디지털화 과정과 방향」, 『청계사학』 17 · 18, 2002,
______, 『지식정보화관련 법령분석과 인문학 진흥을 위한 정책제안』, 인문사회연구회, 2002.
______, 「한국 철학 원전의 전산화」, 『오늘의 동양사상』 7, 2002.
______, 「디지털시대의 고문서정리 표준화」, 『고문서연구』 22, 2003.
______, 「동북아문화공동체의 정체성과 그 구축 방안」, 『동양사회사상』 11, 2005.
______, 「고문서 정리 표준화와 데이터베이스 구축」, 『고문서연구』 29, 2006.
______, 「생활사 아카이브 구축을 위한 문서자료의 조직」, 『영남학』 14, 2008.
______, 「고문헌 디지털 아카이브 구축과 한자 처리 문제」, 『영남학』 17, 2010.
______, 「조선사회의 유교화와 여성의 위상: 15 · 16세기 족보를 중심으로」, 『원불교사상과 종교문화』 48, 2011.
______, 「인문학 디지털아카이브 전망과 과제」, 『원불교사상과 종교문화』 56, 2013.
______, 『조선왕조실록으로 오늘을 읽는다』, 다할미디어, 2014.
이성무 · 최진옥 편저, 이남희 DB편찬, 『잡과방목 CD-ROM』, 한국정신문화연구원 · 동방미디어, 2002.
이욱, 「고문서 수집, 정리의 실제와 과제」, 『고문서연구』31, 2007.
이정현, 「유니코드 한자 검색의 문제점 및 개선방안」, 『정보화정책』 19-3, 2012.
이해준, 「지방사 연구에 있어서 고문서자료의 활용」, 『정신문화연구』 46, 1992.
______, 「고문서 분류체계 시안」, 『고문서연구』 22, 2003.
임영상, 「'문화콘텐츠 개발'과 인문학」, 『인문콘텐츠』 6, 2005.
임영상 · 방일권, 「고려인 연구와 영상물, 영상아카이브」, 『인문콘텐츠』 4, 2004.
정경란, 「한국향토문화전자대전의 사업현황 연구」, 『한국콘텐츠학회지』 13-2, 2015.
전경목, 「한국 현대사회와 고문서」, 『고문서연구』 19, 2001.
정선영, 「정보자료의 보존대책: 수재의 예방과 복원대책」, 『서지학보』 10, 1993.
정진영, 「고문서 정리카드와 기술규칙」, 『고문서연구』 22, 2003.
천혜봉, 「한국 현대사회와 고문서: 국가지정 고문서와 문화재 정책」, 『고문서연구』 19, 2001.

최진옥, 「한국사 자료의 전산처리」, 『정신문화연구』 56, 1994.

한문희, 「국가문화유산 종합시스템 구축사업」, 『인문콘텐츠』 3, 2004.

허성도, 「고려사의 한자사용 빈도와 벽자」, 『고려시대연구 I』, 한국정신문화연구원, 2000.

허흥식, 「한국학 사료의 정리와 단계별 전산화의 수렴」 『21세기 정보화 시대의 한국학』, 한국정신문화연구원, 1998.

_____, 「고려사 제지의 역주와 선행사업」, 『고려시대연구III』, 한국정신문화연구원, 2001.

홍성덕, 「전주의 역사문화 정체성과 전주학 연구」, 『역사와 실학』 56, 2015.

홍영의, 「고려시대 관련 역사소설의 대중성과 향후 전망식」, 『인문콘텐츠』 3, 2004.

張軸材, 「『四庫全書』 電子版工程: 大規模閑寂電算化的理論與實踐」, 『韓中日 漢字 文獻 電算化의 現況과 課題』, 국립국어연구원, 1999. 10.

경제인문사회연구회, 『문화산업 분야에서의 인문학 활용 현황과 활성화 방안』, 2005.

고려대 민족문화연구원, 『'지식정보자원관리사업 신출한자 통합관리를 위한 목록 및 지침 작성' 과제 결과보고서』, 한국전산원, 2004.

국립국어원, 『국제 표준코드 한자 Ext.B의 한자 표준음 연구』, 2004.

_____,『21세기 세종계획 문자코드 표준화연구』2003~2007, 2003~2007.

국립국어원 · 문자코드연구센터, 『신출한자 국제 표준화 연구』, 2008.

국사편찬위원회 고중세사실, 「원전 조선왕조실록 표점 지침」, 1994.

국사편찬위원회, 『신출한자 통합정리 및 검색시스템 업그레이드』, 2006.

문화관광부 편, 『국제문자코드 한자의 표준화 연구』, 1999.

문화체육관광부, 『문화산업백서』(2000~2007), 2000~2008.

문화체육관광부 · 한국문화콘텐츠진흥원, 『CT-BT-NT-IT 융합기술 종합발전계획』, 2006.

안전행정부, 「국가DB사업 관리지침」, 2013.

역사학회, 『역사학과 지식정보사회』, 서울대출판부, 2001.

인문콘텐츠학회 · 경제인문사회연구회, 『인문콘텐츠의 사회적 공헌』, 북코리아, 2013.

정보통신부, 『2001년 정보화 관한 연차보고서』, 2001.

_____, 『정보통신백서』, 2004.

정보통신부 · 한국전산원, 『2001년도 지식정보자원관리사업 한국역사분야 정보화전략계획(ISP) 수립사업 완료보고서』, 2002.

한국고문서학회, 『한국고문서 정리표준화 연구』, 2002.
_____, 『고문서 정리 표준화안 연구결과보고서』, 2003.
한국사상사연구소, 『삼국유사인득(三國遺事引得)』, 통나무, 1992.
한국인터넷진흥원, 『한국인터넷백서』 2007~2013, 2007~2014.
한국전산원, 『국가정보화백서』 1993~2006, 1993~2006.
_____, 『한국인터넷백서』 2000~2006, 2000~2006.
한국정보문화진흥원, 『데이터베이스구축 방법론』, 2006.
한국정보사회진흥원, 『국가정보화백서』 2007~2008, 2007~2008.
한국정보화진흥원, 『국가정보화백서』 2009~2014, 2009~2015.
한국정신문화연구원, 『한국학자료의 전산화 연구』, 1982.
_____, 『한국학편년사료대계』, 1997.
_____, 『21세기 정보화시대의 한국학』, 1998.
한국콘텐츠진흥원, 『2015콘텐츠산업통계』, 2015.

고려시대사료데이터베이스(http://db.history.or.kr/KOREA)
공공누리(http://www.kogl.or.kr)
공유마당(http://gongu.copyright.or.kr)
국가공유자원포털(http://www.data.go.kr)
국가기록유산포털(http://www.memorykorea.go.kr)
국가문화유산종합정보서비스(http://www.heritage.go.kr)
문자코드연구센터(http://riks.korea.ac.kr/ccrc)
문화예술종합정보시스템(http://www.culture.go.kr)
문화유산활용정보통합서비스(http://www.dheritage.go.kr)
문화재지식정보센터(http://info.cha.go.kr)
문화콘텐츠닷컴(http://www.culturecontent.com)
옛문서 생활사 박물관(http://life.ugyo.net)
오아시스(http://www.oasis.go.kr)
왕실도서관장저각디지털아카이브(http://yoksa.aks.ac.kr)

유교넷(http://www.ugyo.net)

유니코드 컨소시엄(http://www.unicode.org)

인터넷통계정보검색시스템(http://isis.kisa.or.kr)

조선시대 전자문화지도 시스템(http://www.atlaskorea.org)

한국경학자료시스템(http://koco.skku.edu)

한국고전종합DB(http://db.itkc.or.kr)

한국문화관광연구원(http://www.kcti.re.kr)

한국사데이터베이스(http://db.history.or.kr)

한국역대인물종합정보시스템(http://people.aks.ac.kr)

한국역사정보통합시스템(http://www.koreanhistory.or.kr)

한국인터넷진흥원(http://www.kisa.or.kr)

한국정보화진흥원(http://www.nia.or.kr)

한국족보자료시스템(http://jokbo.skku.edu)

한국콘텐츠진흥원(http://www.kocca.or.kr)

한국학자료센터(http://www.kostma.net)

한국향토문화전자대전(http://www.grandculture.net)